TASCABILI BOMPIANI

LEMURI

926

Meri Lao
Todo Tango
Cronache di una lunga convivenza

TASCABILI
BOMPIANI

L'autrice ringrazia Gianni Pennacchi e Sergio Staino per il loro prezioso aiuto

ISBN 88-452-3282-4

Via Mecenate 91 - Milano

I edizione Tascabili Bompiani ottobre 2004
II edizione Tascabili Bompiani gennaio 2005

SOMMARIO

Agli amici che in Italia fanno tango e lo scrivono, lo ascoltano,
lo interpretano e lo vivono, al di là degli stereotipi e delle mode,
come una forma di resistenza (umana).

MOTIVI PER UN ALTRO TANGO

> ... Però quando dio o troilo o chi sia
> prende fra le sue mani la vita bandoneón
> e le suggerisce di piangere o di rallegrarsi
> uno sente il decoro tremendo di essere tango
> e si lascia cantare e nemmeno si ricorda
> che là c'è l'astuccio che aspetta.
> *Mario Benedetti*, 1990

Credo di non avere mai detto "Tango argentino". Per me il tango si qualifica da solo, senza aggettivi. Un genere fatto di musica, parola, autori, interpreti, tasselli di identità da ricomporre ogni volta, col quale convivo da quando ho imparato a parlare. Tutt'al più ho detto "Tango rioplatense" e non mancherà l'occasione di spiegare perché.

Ora mi preme alludere a questa lunga convivenza, fatta di bizze, abbandoni, infedeltà palesi e riappacificazioni. Quante volte mi son detta: basta col tango, e intraprendevo altre tematiche, viaggiavo per il mondo, ma a una minima sollecitazione esterna, mi ci trovavo di nuovo immersa. Era un'illusione quella di girare pagina e passare ad altro.

Ho sempre favorito l'aspetto musicale e i contenuti letterari. Per chi viene da quelle latitudini il ballo è l'ultima cosa, una conseguenza. Siamo preda di immagini sonore imbrigliate alle parole che emergono, a folate. Si sono alloggiate senza che ce ne accorgessimo. Letras per il soliloquio o per dialogare con gli assenti.

Ho cominciato a ballarlo nel 1943, epoca di connubi irripetibili tra musica e poesia. Avevo 15 anni, ragazza alta cresciuta in fretta, siccome non dimostravo l'età che avevo, mi permettevo qualche capatina ai balli di carnevale dove suonavano a turno l'orchestra di Aníbal Troilo e quella di Duke Ellington. Dal vivo. Posso dirmi una testimone privilegiata.

In Italia, più che l'ascolto, si cercano le occasioni per ballarlo. Ho voluto aggiornarmi iscrivendomi a una scuola di ballo romana. Impossibile però ballare coi piedi appena operati o col gesso a una gamba, in carrozzina o con le stampelle. C'è chi afferma che mi sono fatta venire i mali agli arti inferiori per avere la scusa di non ballare. Non per l'età: ho energia da vendere (*tengo energía para regalar*, significativa la differenza in spagnolo, eh?). Ad ogni modo, detto tra noi, il ballo del basettone cipiglioso col cappello e la donna che gli si arrampica con la coscia come panda sull'eucaliptus, non mi interessa. Anzi, mi annoia: ciascuno ha le proprie intolleranze.

Come se avesse il potere taumaturgico di rimandare indefinitamente l'incontro con la realtà o di inventare una realtà parallela, il tango tallona gli emigrati di ieri e gli esiliati di oggi. Scissi, laggiù vivono di materiali europei e qui di materiali oltreoceanici, conservando una parte di sé inguaribilmente straniera. Tornano varie volte, ma non si sentono a loro agio né qui né là. Convalescenti del passato, si ritrovano in una condizione di perenne sfasamento con ciò che accade. A immagine e somiglianza del tango, anacronistico come le ninne nanne.

Eppure è categoria dello spirito, ha una sua universalità. A tutti arriva, prima o poi, il contrappasso, la tangata. Guardare il cielo stellato e farsi venire un groppo in gola. Pensare, come ti ha suggerito il tango, "che la vita è un soffio", "le nevi del tempo hanno argentato le mie tempie" e "le ore che passano non tornano più". Tornare al luogo dove hai trascorso l'infanzia. Alla vecchia panchina. Al primo editore.

Ho compiuto un'operazione tango, tornando ai libri lasciati e dialogando con loro, per sconfessarli o riscattarli.

Quanti errori, e non tutti attribuibili alla gioventù. Credevo ci fosse un'antinomia tra il centro e la periferia, e solo più avanti ho capito, guardando delle mappe catastali, che erano i terreni nel centro cittadino, i più cari, a venire sfruttati e suddivisi in conventillos, mentre le case unifamiliari, con giardino, si costruivano in periferia. Dov'era insediata la malavita? Nei tuguri malfamati suburbani o negli antri di perdizione dei cabaret del centro? Cantonate storiche come quella della scomunica papale da parte di Pio X, le abbiamo prese tutti. Ma fa più male, perché fa sentire complici, essere stati indotti a confondere il francese Charles Romuald Gardes e l'uruguayano Carlos Gardel, per nascondere torbidi onori familiari e montagne di diritti d'autore.

Posso invece sentirmi gratificata di aver accolto Piazzolla quando niente faceva presagire che un giorno sarebbe diventato un fenomeno musicale planetario; di aver incluso l'acerbo Caetano Veloso che ignorava di avere scritto un tango ante litteram (*Janelas abertas n. 2*), diventato subito spunto creativo per architetti come

Anna Maria Sacconi e Massimiliano Fuksas; di aver trattato per la prima volta il tango nella letteratura, pur commettendo l'irriverenza di accostare l'allora poco frequentato Borges al suo odiato Discepolín; di aver assunto nell'iconografia la *Donna in déshabillé* della quasi sconosciuta Diane Arbus che oggi, a distanza di 33 anni dal suicidio, attira più di 8 milioni di visitatori alla retrospettiva itinerante del Moma.

Portatore di messaggi misti, il tango è però ancora accerchiato dai luoghi comuni. Il pacchetto di aggettivi con cui lo si suole definire (sensuale, peccaminoso, trasgressivo, lascivo, scandaloso, ruffiano e simili) finisce col banalizzarlo e limitarlo. Lo si considera un effimero stagionale. Difetta di una collocazione nella normale cultura. Nei negozi discografici, Piazzolla continua a essere provvisoriamente ospitato negli scaffali del jazz, e gli altri ricevono un posto altalenante che va dalla musica "etnica" alla "latina" alla "salsa" alle "offerte".

Sono altre le vie del tango, capillari, sotterranee. Mentre la grande industria anglosassone del disco affonda, senza che riesca a compensarne le perdite quella dei video musicali in continua espansione, il tango, col suo carattere rétro che lo rende refrattario alla TV per più di pochi secondi, riscatta il repertorio dei 78 giri gracchianti.

Crescono le associazioni dove lo si coltiva come ballo, in stretto rapporto coi professionisti dei paesi d'origine. I giovani musicisti appena usciti dall'Accademia o dal Conservatorio scoprono, attraverso il tango, la gioia di trarre dai maestri, trascrivere, adattare a sé, improvvisare e ricostruire, in una staffetta vivificante di talenti. E non ultimo, il tango offre una chiave efficace per entrare nella letteratura latinoamericana e nella lingua spagnola, una delle più parlate al mondo, pur se non gode del carattere di lingua franca.

Il tango va consumato esattamente nell'interludio tra la mancanza e la pienezza, essendo una forma di sopravvivenza, una maniera di riconoscersi e rappresentarsi, di esorcizzare la nostalgia, l'abbandono, il senso di estraneità. Una delle condizioni più stralunate e poetiche della cultura latinoamericana, della cultura dell'esilio in genere, della cultura pronta a nuove ibridazioni e acclimatazioni, che si è addentrata ormai in chissà quali sobborghi dell'anima.

Dei titoli di tanghi citati in questo libro troverete gli incipit musicali a pagina 115 e i testi delle canzoni nel capitolo Letras a pagina 153.

RIOPLATENSE DOC

La nascita rioplatense

A definirlo argentino si commette peccato di riduzione e di falsa generalizzazione. La verità è che il tango nasce nelle città situate su entrambe le rive del Río de la Plata e dell'estuario formato dagli affluenti Paraná e Uruguay. Un'area di intensa comunicazione che, pur appartenendo a due paesi diversi, costituisce un'unica comunità storica, sociale e linguistica. Nella parte argentina, la capitale Buenos Aires, insieme ad altre città come Rosario e La Plata. Nella parte uruguayana, la capitale Montevideo, insieme ad altre città come Fray Bentos e Colonia. Tra i bonaerensi e i montevideani ci sono più punti di contatto che non tra i bonaerensi e altri argentini come i tucumani o i salteños, che hanno creato, fra l'altro, numerose "danze nazionali", ma non il tango. Il genere musicale rioplatense nasce verso il 1880 durante uno straordinario processo di inurbamento.

In quell'ambiente confluiscono gli "uomini limitrofi", come li designerà appropriatamente Cátulo Castillo, uno dei più versatili parolieri del tango. Provengono da correnti interne ed esterne. Sono i contadini nomadi, gauchos decaduti, e gli europei immigrati. Gli uni hanno perduto la cultura legata alla terra, il senso del rastreo (del leggere le tracce), l'uso delle boleadoras e il cavallo. Gli altri hanno smesso di essere europei e non si sentiranno mai del tutto americani: li avevano illusi di trovare la terra, ma al loro arrivo questa era già in mano all'oligarchia.

Finiscono per vivere a stretto contatto coi discendenti degli schiavi. In periferia, ai bordi della campagna brulla, soggetti agli allagamenti, tra "fango e pampa" come dice il tango *Sur*, o anche in centro, nei *conventillos*, abitazioni povere fatte a budello coi servizi igienici in comune. Non riescono ad andare a tempo con la città che cresce vertiginosa. In uno spazio labile, un mondo di tensioni irrisolte, di identità claudicanti e compenetrabili.

Né contadino né uomo di città

Il gaucho, già un misto di indio e spagnolo, errante tra le libere praterie e le mandrie che riusciva a dominare da solo col cavallo, assediato da recinzioni di filo spinato o dalla legge, approda ai margini della città. Prova un acuto senso di estraneità di fronte al vorticoso conglomerato urbano, instabile tra la pampa e le strade intorno al mattatoio, dove i cavalli fanno camminare i tramway appena appaltati dagli inglesi.

Non ha più lo spazio per praticare i suoi ritmi, la payada, la cifra, il cielo, il fandango, il malambo, il gato, la huella, il pericón, il triunfo, il triste, la media caña, l'estilo, la firmeza. Spesso, per reazione, diventa un compadre, il guappo di periferia, pugnale alla cintura, solitario, devoto al politico del suo comité. Oppure diventa un compadrito, il bulletto fanfarone, chiacchierone, tutto esteriorità, e anche cafishio se gli capita una donna da sfruttare.

Uno spazio mobile, quello urbano, sta prendendo forma. Un io mobile, anzi, un noi mobile, si va creando con l'apporto dell'altro, dello straniero, appena sceso dalla nave.

In cerca di una nuova identità in cui calarsi, finiscono per creare un genere musicale a loro immagine e somiglianza. Un genere musicale di frontiera: prodotto di meticciato, crogiolo, fusione. Ecco dove risiede la sua forza e la sua singolarità.

Meticcio non è soltanto colui che nasce da diversità etniche ben precise: meticcio può essere uno stato di cultura fatto di memorie, storia, lingua, usanze, mentalità e ambienti differenti, o dai diversi modi di reagire all'esperienza dell'emigrazione e del viaggio. Stato di cultura e reattività che trovano la loro espressione nel tango.

Etimo incerto

Tango, milonga, candombe, conga, rumba, pachanga, bailongo, mondongo, mandinga, carimbo: sono termini di radice africana che circolavano in tutti i paesi schiavisti. Sebbene i paesi del Plata, caratterizzati da coltivazioni estensive e da una ricchezza prevalentemente agropecuaria, non attinsero al lavoro schiavo quanto quelli basati sulle piantagioni intensive di cotone, canna da zucchero, tabacco o caffè, Buenos Aires e Montevideo furono i porti più importanti del Cono Sud per il traffico negriero.

Sembra che il termine tango designasse il porto dell'Africa dove i trafficanti raccoglievano i cosiddetti "pezzi d'ebano", e anche il posto in terra americana dove li vendevano. Ma lo si può anche spiegare come la deformazione della parola "tambor", tamburo, strumento immancabile della musica nera (anche se estraneo al tango), che per estensione designava i luoghi dove si erano insediati i neri. I quartieri bassi vicino al porto, San Telmo di Buenos Aires e i dintorni della Plaza Matriz, a Montevideo, erano chiamati "mandinga", nome che designa una popolazione dell'Africa Occidentale, il Mali, ma nel Plata indica il diavolo in persona. Dal temibile si scivola al godibile, e i "barrios mandinga" vengono denominati "barrios del tambor". Nella pronuncia kimbumba il termine "tambor" diventa tambó, poi tangó e successivamente l'accento, da tronco, si fa piano, fissandosi come "tango". Un processo affine a quello subìto dal termine afro-brasiliano "candomblé", che nel suo percorso verso sud si trasforma in "candombe", caricandosi di nuove connotazioni musicali.

Lo studioso Fernando Ortiz, includendo il termine "tango" fra i cubanismi, ricorda i gruppi di uomini mascherati che, capitanati da "diavoletti", al suono di strumenti primitivi, correvano e ballavano per le strade dell'Avana alla fine dell'Ottocento, durante la festa dei Re Magi. Nel redigere il Vocabolario Congo, relativo al bantú che si parla a Cuba, Lydia Cabrera, esperta in religioni afro-caraibiche, spiega che la parola "tango" significa "sole", ed elenca diversi suffissi che indicano specificamente il sole che brucia, il sole andato via, il sole che sorprese la civetta, il sole sulla terra, il sole in cielo.

A spingere ancora il tema della negritudine, è possibile avanzare un'altra ipotesi etimologica di grandissima suggestione: la parola tango trarrebbe origine da Shangó (Changó o Xangó), il nume più popolare del pantheon yoruba (lucumí), dio delle tempeste e della folgore. I suoi devoti sanno che, da quando Orúnla, il più vecchio degli dèi, gli cedette i tamburi in cambio del dono della divinazione, Shangó estese il suo dominio sulla danza e sulla musica. Nel particolare legame che intercorre tra queste arti e le funzioni magiche o religiose, i riti di passaggio all'età adulta, le crisi di possessione, Shangó, iracondo e litigioso, essenza della virilità, è rappresentato col colore rosso e l'ascia doppia, e gli corrisponde una gestualità spigolosa, tagliente, a scatti. La musica capace di evocarlo ha un ritmo binario basato sulla ripetizione delle durate lunga/breve, una melodia priva di note prolungate, un canto di tipo sillabico, e un andamento vivace e scorrevole.

Sebbene questa congettura etimologica dischiuda una prospettiva simbolica appassionante, occorre tener presente che il terreno del tango, instabile, aleatorio, non lascia posto alle affermazioni definitive. Nondimeno molti studiosi, fermandosi alle ricerche del folclorologo argentino Carlos Vega risalenti agli anni Trenta, hanno escluso categoricamente la componente nera.

Tre coppie di neri ballano separati, battendo le mani, mentre la quarta coppia, seduta, osserva.
Lo spartito più antico (datato prima del 1862) in possesso del collezionista argentino Bruno Cespi, intitolato El Relámpago *(Il Lampo), zarzuela in tre atti del Maestro Barbieri, Cori e Tanghi arrangiati per pianoforte da R.S. Allú, Litografia Wiegeland e C., Via Misiones 131, Montevideo. Andamento ritmico e melodico del tanguillo caditano di zarzuela, del tutto riconducibile all'habanera. Sarà "tango" come parola, ma non è quello rioplatense.*

Il candombe dei neri

Il candombe, ballo preferito della popolazione rioplatense nera, è ancora vivo. Nato dalla semplice imitazione dei balli dei padroni, in coppie separate, con l'aggiunta di sgambetti, finte, fermate subitanee e altri passi fantasiosi, diventerà un genere musicale complesso. Richiede come strumenti i tamboriles, alti tamburi oblunghi, ciascuno con la propria "llamada", a formare una densa rete polifonica e poliritmica.

Come maestro di sala, ha un personaggio molto rispettato, che prende il nome di "escobero" o "bastonero", a seconda che brandisca una scopa o un bastone per guidare i brevi interventi cantati e i movimenti coreografici. Dotati di grande destrezza acrobatica, gli escoberos più vecchi indossano l'uniforme militare carica di decorazioni. Il candombe inizia come ballo di fila, gli uomini da una parte, le donne dall'altra; non appena si formano le coppie, coi piedi disegnano delle esse sul pavimento, dopodiché si dispongono a ruota, gli uni di fronte alle altre o affiancati, girando tutt'intorno al locale. Procedono con passi misurati, in modo apparentemente indeciso, e le donne con movimento ondulante. Il tutto avviene in presenza del re e della regina che siedono sul trono, salutano e benedicono.

Nel 1812 s'interrompe il flusso dei neri nel Río de la Plata, l'anno dopo sono dichiarati liberi, i vecchi si estinguono nelle prime linee di fuoco delle guerre dove venivano arruolati al posto dei padroni, nel 1871 una epidemia di febbre gialla fa strage dei neri del quartiere San Telmo di Buenos Aires, cosicché oggi solo nella popolazione montevideana è rimasta una percentuale consistente di quest'etnia.

Lo scambio tra bianchi e neri avviene con naturalezza: in spagnolo esiste una sola parola per indicare il colore o la persona dalla pelle scura. Lauro Ayestarán ricorda che le società dei negros chiedevano ai musicisti italiani appena sbarcati di comporre brani per il loro carnevale. La comparsa dei neri viene accolta dal carnevale bianco. Bianchi truccati da neri e neri che fanno il verso ai bianchi.

Nelle file della comparsa "Los Negros", rimasta negli annali del carnevale del 1866, figurano i rampolli dell'aristocrazia bonaerense, tra i quali Luro, Láinez, Mitre, Cané, García Lezica, Martínez de Hoz. Nel 1874, sulle scene del carnevale montevideano infuria la comparsa "Los Negros lubolos": sempre bianchi col volto coperto di bitume, che suonano i tamboriles, scuotono barattoli di latta contenenti chicchi di mais o procedono rumorosi con pentolame vario, piazzandosi davanti alle sedi delle autorità principali. Lì si esibiscono nel loro repertorio, composto per lo più da strofette irriverenti cantate sul ritmo del candombe e anche del valzer. Ma qualche legame sotterraneo col tango deve pur esserci se El Chicoba, uno degli storici brani ispirato all'"escobero", viene dichiarato come tango, e se la musica del candombe ancora tramanda con insistenza un vecchio ritornello che dice così: "Cum tango Carám cum tango, Cum tango Carám cum tá".

E l'America l'è lunga e l'è larga

È ancora vivo il ricordo dell'avvocato Castelli e del generale Belgrano, figli di emigrati liguri, che nella giunta rivoluzionaria del 1810 dichiarano l'Argentina indipendente dalla Spagna. La politica liberale di Domingo Faustino Sarmiento e Juan Bautista Alberdi, nell'intento di trasformare la capitale argentina in una grande, colta e raffinata città europea, apre le porte, come sancito dalla costituzione del 1853, "agli uomini del mondo che vogliano abitare sul suolo argentino". Ma il sogno dorato dell'élite si tramuta in incubo con l'arrivo di una massa anonima di emigrati, nella maggior parte italiani, maschi e in età lavorativa, che da lì a poco avrebbero triplicato la popolazione della capitale. D'altronde l'esodo è stimolato dal governo italiano, come soluzione alle tensioni sociali e nella speranza di riequilibrare la bilancia dei pagamenti con le rimesse ai parenti rimasti nella penisola. Per l'emigrazione italiana in Uruguay ha fatto da traino la permanenza di Garibaldi a Montevideo, tra il 1843 e il 1851. Edmondo De Amicis, non ancora autore di *Cuore*, racconterà in *Sull'Oceano* la traversata compiuta nel 1884 sulla nave che lo portava da Genova a Montevideo per tenere conferenze nelle città del Plata su Garibaldi e altri illustri italiani; lui, invitato dal giornale *La Nación* di Buenos Aires, insieme ad altri 70 privilegiati sistemati in prima e seconda classe, mentre 1600 persone, "un carico di carne umana", "gente costretta a emigrare dalla fame, dopo essersi dibattuta inutilmente, per anni, sotto l'artiglio della miseria", è ammassata in terza classe.

Un milione duecentomila nella seconda metà dell'Ottocento. La stessa quantità nei primi vent'anni del Novecento. Tanti sono coloro che hanno intrapreso il salto transoceanico nell'ignoto. Se negli Usa si è arrivati a contare un emigrante italiano ogni sei-otto abitanti, nei paesi rioplatensi la proporzione è di uno a due. Caso unico nel mondo, che non invano si denomina alluvione migratoria.

La popolazione alluvionale va ad aggiungersi a quella coloniale. A Sud di Buenos Aires, sulla foce del Plata, si insediano i liguri: è il quartiere La Boca, fatto di case basse, lamiere coloratissime, in uno stile che richiama certi scorci delle Cinque Terre; la sua nota squadra di calcio, il Boca Juniors, viene abitualmente chiamata xeneise (*Sur*). I siciliani invece si radicano a Nord, creando il quartiere Palermo, con l'ippodromo che costituisce una delle attrattive principali (*Mala entraña, Por una cabeza*). L'incipiente capitalismo industriale si impadronisce della periferia per impiantarvi le fabbriche.

Nostalgia allo stato puro: "volver"

Presto la periferia diventa città. L'espansione urbana fa sì che si mescolino le persone che prima erano divise in compartimenti stagni. Di fronte al nuovo habitat cittadino, gli emigranti si sentono separati dalla distanza, fuori posto e fuori tempo. Incoincidenti con la realtà, vivono nel ricordo del paese lontano e con l'idea ossessiva del ritorno.

Si tratta di nostalgia allo stato puro: da "nostos", ritorno al paese, e "algia", dolore. Desiderio violento di tornare, malinconia per le cose che forse non si rivedranno più. La nostalgia ramifica all'interno, incrina la gioia di vivere. Per renderla sopportabile, non rimane altro che inscenare la propria vita, ricostruire la propria identità, esorcizzarla, nutrirsi di essa, rappresentandola.

Ecco il verbo "volver" del tango, il verbo tornare, lo stesso verbo degli emigranti.

Una scorsa sui nomi e sui titoli

Anche da un veloce spoglio degli elenchi dei tanghisti si può comprendere che i cognomi italiani raggiungono facilmente il 90%, cifra che supera di molto gli indici demografici.

Non bisogna lasciarsi ingannare da pseudonimi come Hugo del Carril (Piero Bruno Hugo Fontana), Jorge Casal (Salvador Pappalardo), Rodolfo Lesica (Rodolfo Alberto Aiello), Ray Rada (Raymundo Rogatti), Pepita Avellaneda (Josefa Calatti), Valeria Lynch (María Cristina Lancellotti), Linda Thelma (Hermelinda Spinelli) o Alba Solís (Angela Herminia Lamberti).

Figli o nipoti quasi tutti. Alcuni nati in Italia e portati laggiù da bambini, come gli strumentisti Cayetano Puglisi e José Giambuzzi; come i parolieri Mario Battistella, di Verona, Luis César Amadori, di Pescara, e Julián Centeya (all'anagrafe Amleto Vergiati), di Parma; come i cantanti Alberto Marino, di Verona, Francisco Fiorentino, di Napoli, Ignacio Corsini, di Troina, e Alberto Morán, di Streve; come Antonio Scatasso, compositore e bandoneonista, di Napoli; come Modesto Papávero, autore del testo e della musica di *Leguisamo solo*, e Salvador Merico, che, poco più che adolescente, porterà in Argentina la ricca esperienza di aver suonato il trombone nella sinfonica di Berlino diretta da Richard Strauss.

La tenera dimestichezza con le cose italiane è testimoniata da appellativi come "Bachicha" al bandoneonista Deambroggio, "El Barbeta" al paroliere e sceneggiatore cinematografico Homero Manzi, "El Naso" al nihilista Enrique Santos Discépolo, "La Pipistrela" a Tita Merello, amata performer e attrice.

Titoli famosi ne registrano l'ineffabile legame: *Qué hacés Pulentún*, *Giuseppe el zapatero*, *Domani*, *Farabute*, *Atenti pebeta*, *Oh mamma mía*, *Yira yira*, *Doña Fiaca*, *Adiós Nonino*, ultimo omaggio di Piazzolla a suo padre. Nei paesi del Plata si suol chiamare nono e nonino i nonni di origine italiana, e non abuelo o abuelito come negli altri paesi ispanoparlanti.

Si va dalla pennellata poetica di *Tinta roja* sull'italiano, il suo biondo amore lontano e il bon vin, alla macchietta greve di *Soy una fiera*. Quando le parole non bastano, ecco *La Cantina*, che cita la tarantella suonata sulla nave, e *Canzoneta*, *El piccolo navío* e *La Violeta*, che addirittura ricantano i motivi musicali della penisola cari agli emigrati.

I paesi del Plata rimarranno paesi di emigrati, non solo italiani: a quel 50% va aggiunto un 25% costituito da spagnoli, e quell'altro 25% comprendente quarantacinque diverse nazionalità, tra le quali si affermeranno gli ebrei, che faranno dell'Argentina (dopo Israele, Usa e Regno Unito) una delle comunità più importanti del mondo.

Il lunfardo, gergo popolare

Anche nella lingua è palese questo incontro di culture. Nelle città del Plata ci si esprime in uno spagnolo diverso, come pronuncia e terminologia, da quello dei connazionali (argentini e uruguayani) di provincia e delle vaste zone rurali. Diverso, e persino incomprensibile per gli altri ispanoparlanti. Esso è caratterizzato dal lunfardo, il gergo popolare che, come ogni cosa proveniente da quell'imprecisa frontiera, si riteneva fosse linguaggio di delinquenti, ma che tutti quelli del luogo conoscono e utilizzano variamente. Controlingua di sincretismo, il lunfardo viene accolto in quest'altra opera di sincretismo che è il tango. E veicolato dai suoi titoli e dai suoi testi, non tarderà a penetrare nella letteratura colta.

Il lunfardo contiene termini provenienti dal gitano andaluso, dal francese e dall'argot, dall'inglese attinente allo sport, ma, per oltre l'ottanta per cento, è di derivazione italiana, soprattutto dei dialetti della penisola. In quelle latitudini il vocabolo "gringo", quasi privo di connotazioni spregiative, indica soprattutto l'italiano e non lo yankee, come avviene negli altri paesi latinoamericani. Il lunfardo gli assegna altri svariati nomignoli: tano (da napoli-tano), tanoira, manyapulenta, tallarín (spaghetti), manache (da mannaggia), vichenzo, bachicha, geneise (dato il predominio di genovesi) e cocoliche.

Un testo in lunfardo chiuso, come *El Ciruja*, incomprensibile per altri ispanoparlanti, riesce a mandare in visibilio un lettore ligure, lombardo o piemontese. *Shusheta*, titolo del notissimo "gran tango de salón" di Juan Carlos Cobián e corposa parola di *Así se baila el tango*, designa chi si comporta e si veste in maniera affettata e leccata. L'aggettivo invariabile "minga" in frasi ellittiche come "minga de laburo" (*El Ciruja*) o "minga de puerta cancel" (*Ventanita de arrabal*), è oriundo dei dialetti del Nord.

Ci si imbatte in altre gustose eredità linguistiche: le interiezioni per avvertire di un pericolo (atenti, guarda, isa!), un certo suffisso per formare l'accrescitivo (testún, fiacún, ranún, grasún, pelandrún, belinún, miquetún, pulentún); alcune desinenze tratte da cognomi italiani (fiaquini, locateli, pasqualeti, tocateli); participi passati alquanto imprevedibili (escashato, avivato, azonzato, fotuto, firmatto cadorna). Gli esempi rigurgitano.

Alcuni termini derivano dal caló dei gitani spagnoli (come *curda*, ubriacatura), altri dell'inglese (come *orsai*, off-side, fuori gioco; *jailaife*, high life, dell'alta società) e altri del francese (come *fané*, avvizzito; *chiqué*, elegante).

Lunfardo e vesre

Così come l'argot ha il verlan (l'*envers* detto al rovescio), il lunfardo usa il vesre (*revés* detto al rovescio), che in italiano potremmo tradurre empiricamente "vesciorro". Metatesi, figura grammaticale che consiste in alterare l'ordine delle sillabe. In teoria si potrebbe fare il vesre di qualunque parola purché sia almeno bisillaba; nella pratica però, per attecchire nella lingua, deve avere una certa scorrevolezza. Ecco le più frequenti: *gongri* (gringo), *choma* (macho, maschione), *dorique* (querido, detto di un amante), *darique* (querida, detto di lei), *tovén* (vento, denaro), *camba* (bacán, arricchito, che fa da padrone), *jovie* (viejo, vecchio), *orre* (reo, vagabondo), *zabeca* (cabeza, testa), *gomía* (amigo), *troesma* (maestro, per antonomasia Gardel) e, naturalmente, *gotán* (tango).

Prima quindicina illustre

1897 - *El Entrerriano* di Mendizábal
1901 - *La C... de la L...* di Campoamor
1902 - *Venus* di Bevilacqua
1904 - *Unión Cívica* di Domingo Santa Cruz
1905 - *El Choclo* di Villoldo
1905 - *La Morocha* di Villoldo/Saborido
1906 - *La Payanca* di Berto
1908 - *La Catrera* di Bassi
1909 - *Una Noche de Garufa* di Arolas
1911 - *Rodríguez Peña* di Greco
1912 - *El Zurdo* di Maglio

1913 - *De Pura Cepa* di Firpo
1914 - *El Apache Argentino* di Aróztegui
1914 - *El Chamuyo* di Canaro
1916 - *La Cumparsita* di Matos Rodríguez

Copertina del primo spartito de La Cumparsita, *1916.*

La Cumparsita

Anche il tango ha il suo carnevale, che, come quello del samba brasiliano, coincide con la stagione estiva. Nel Rio de la Plata sono tre le principali istituzioni preposte al dio Momo: il corso, il tablado e la comparsa. Corso, vocabolo addirittura italiano (in spagnolo si direbbe "avenida") è la sfilata dei carri allegorici nelle vie del centro cittadino. Invece il tablado, ereditato dagli spagnoli, è il palco alzato nei diversi quartieri di periferia dove si esibiscono i gruppi di avanspettacolo. La comparsa, infine, è il quadro vivente nero del carnevale bianco.

Tanto in italiano quanto in spagnolo per comparsa s'intende l'insieme di persone vestite con la stessa maschera che partecipano a una sfilata di carnevale; oppure, nel teatro e nel cinema, il figurante al quale non si affidano le parti parlate.

Orbene, in base a un automatismo che dovrebbero spiegarci i glottologi, quando i rioplatensi fanno la caricatura della parlata italiana trasformano la polenta in "pulenta", la bombacha in "bumbacha", la forca in "furca" e la comparsa in "cumparsa". È anche la pronuncia dei neri, forse per canzonare a loro volta gli italiani. Poco prima del carnevale, infatti, vanno in giro per le case del quartiere a chiedere "una monedita pa' la cumparsa". Ecco perché la parola "cumparsa" non esiste nei dizionari di lingua italiana né in quelli della Real Academia Española. Men che meno il diminutivo "cumparsita". Tutti però sappiamo che si tratta del tango più conosciuto al mondo, nato a Montevideo nel 1916, dal diciottenne Gerardo Matos Rodríguez, e dedicato alla Federazione di Studenti dell'Uruguay. Quasi a simboleggiare il miscuglio di razze, di nazionalità e di stato sociale.

Il cocoliche, accento creativo

Il cocoliche è una pronuncia, un accento più o meno marcato, più o meno grottesco dell'italiano quando si esprime in spagnolo. Si manifesta anche nella storpiatura dei verbi irregolari. Il teatro rioplatense lo prende di mira, giocando per esempio sulla difficoltà a emettere le consonanti aspirate, le maledette "ge" e "jota" che lui tramuta in ci forte, per cui invece di dire "caja" (cassa) dice "caca" (cacca) e tutti ridono. In compenso, grazie a lui i nativi riescono a pronunciare agevolmente l'esse fricativa, suono assente nella lingua spagnola.

Provvisorio e personale come la mezzalingua dei bambini, il cocoliche rifiuta di essere codificato. Da non confondere con l'itagnolo, che si impadronisce temporaneamente degli italiani alle prime lezioni di spagnolo e degli ispanoparlanti alle prime lezioni nella lingua di Dante. Il cocoliche è di marca rioplatense. Alcuni non se ne liberano mai.

Il tormentone del bordello

Qualcuno, convinto di appartenere a una cultura superiore, ha scritto che le origini del tango erano postribolarie. Qualcun altro, dà il caso che fosse il poeta modernista alquanto reazionario Leopoldo Lugones, l'ha definito "reptil de lupanar": di solito si rispolverano, per condire lo stereotipo, termini obsoleti come "lupanare", "meretricio", "lenocinio", "prossenetismo". Un altro ancora, tanto per chiarire al volgo il concetto, ha precisato che i tanghi, nel casino, non solo venivano ballati (strisciando, alla maniera dei rettili), ma creati di sana pianta. Vogliamo fare un salutare paragone col jazz? Chi mai accosta più il genere statunitense al proibizionismo e alle case chiuse?

Eppure l'indagine sociologica realizzata dagli argentini Hugo Lamas e Víctor Di Santo su questo punto particolare della "tango fiction", dopo un attento spoglio dei rapporti della polizia relativi alle case di tolleranza, risponde che non risulta nemmeno un caso in cui vi siano implicati musicisti o ballerine, né alcun indizio che possa far pensare all'esecuzione in loco di canzoni o balli. Almeno fino al 1915.

Il tango era già nato, fuori. E già circolava in "particellas" (spartiti per pianoforte o per pianoforte e canto): brani ingenuotti come quelli di Villoldo o "música de salón" con copertine di gusto ricercato che raggiungevano una tiratura di centomila esemplari e si vendevano a dieci centavos l'uno.

La storica uruguayana Yvette Trochon, indagando sul traffico di bianche nella regione più vasta comprendente il Brasile, l'Argentina e l'Uruguay nel momento di maggiore visibilità pubblica, tra il 1880 e il 1932, offre un quadro eloquente sulla corruzione della polizia, la lentezza della giustizia e l'inoperanza delle leggi contro il prossenetismo. Mette in luce una mentalità collettiva nei confronti della prostituta che oscillava tra *la costurerita que dio el mal paso* (la sartina che ha commesso lo sbaglio) e la donna malefica e "malata" che vuole perdersi. Una sottocultura con norme diverse stava a regolare queste donne e gli uomini che si relazionavano con loro: sia il trafficante, sia il lenone, il medico che le controllava come uniche portatrici di malattie veneree, il poliziotto, il cliente. Spesso l'emarginazione e il disprezzo si estendeva agli anarchici, e agli immigrati indesiderabili come i francesi e gli ebrei a capo del traffico internazionale di bianche.

Un recente studio di Furio Biagini sulla presenza ebraica nel tango rioplatense documenta il rigetto da parte della comunità giudaica dei potenti trafficanti senza scrupoli della Zvi Migdal, che contribuì a far sciogliere nel 1930, senza però riuscire a cancellare l'opinione corrente per cui l'ebreo argentino veniva identificato col ruffiano.

Sono tutte equazioni dettate da vecchi pregiudizi, che sarebbe ora cadessero.

Non sussiste documentazione che le case di María la Vasca, Hansen o Laura, nominate dal tango, fossero case di prostituzione. Si sa che il pianista Rosendo Mendizábal e altri compositori e interpreti di grido vi lavoravano per contratto. È notorio che in luoghi di intrattenimento come questi ci fossero delle taxi-girl, ricercate dai clienti scompagnati per le loro qualità di brave ballerine. Se al di là della pista, del palco dell'orchestra, nei séparés, nei camerini o nelle stanze del piano di sopra avvenissero dei convegni di sesso, ciò non si può addebitare alla storia del tango. Non confondiamo produzione con distribuzione. Una cosa è l'invenzione, un'altra la pratica, la circolazione.

Nessun tango di quelli che, per dirla borgianamente, "costeggiano la nostra vita", è stato creato negli ambienti del sesso mercenario. I ritratti del bullo con vocazione di prosseneta risalgono soprattutto agli anni Venti e si fermano agli anni Trenta. Peraltro, sono stati superati. Valgono solo per turisti.

Titoli picareschi

Alcuni titoli si imperniano sui doppi sensi: non testi di canzoni, ma solo titoli. Si tratta di brani puramente strumentali, il più delle volte andati perduti. Picareschi, giocosi, improntati ai detti e alle macchiette popolari, come *Piantá piojito que viene el peine* (Scappa pidocchio che arriva il pettine), di Ernesto Fornarini, musicista classico, o *No arrugues que no hay quien planche* (Non gualcire che nessuno stira) di Calvello. È normale che si giochi sulla parola "tocar", che in spagnolo significa toccare e suonare: *Tocá-*

mela que me gusta (in qual caso, la desinenza al femminile corrisponde al maschile). Si scherza sui passi del ballo e le trovate coreografiche: *No, señora, voy torcido* (Nossignora, vado storto), *Che, sacámele el molde* (Senti, fammene un calco) di Juan Roncallo. *Colorado el siete* (Rosso il sette), che si è pensato fosse il numero civico di un localino compiacente indicato dalla luce rossa, certamente allude al sette rosso dispari della roulette, gioco che non ha segreti per i nottambuli del tango. *Siete palabras* (Sette parole), versione espurgata di *Siete pulgadas* (Sette pollici), che senz'altro si riferiva a un attributo intimo misurato in erezione, batte, se vogliamo, un altro curioso record: all'atto di percepire i proventi, ben cinque musicisti si sono dichiarati aventi diritto. Altri titoli, del tutto precari, imbastiscono doppi sensi col rullo del pianoforte meccanico, come *Metele el rollo a la vieja* (Mettile il rullo alla vecchia). Un brano che il pianista uruguayano Manuel O. Campoamor scrisse nel 1901, *La Cara de la Luna* (La Faccia della Luna), è il titolo eufemizzato di *La Cotorra de la Lora* (La Cocorita della Pappagalla), allusione all'organo femminile in versione locale, che per gli argentini sarebbe *La Concha de la Lora*, in versione più forte. Senonché il brano viene abitualmente indicato con le sole iniziali, *La C... de la L...*

D'altronde, chi ne ricorda la musica? Chi li sa fischiare? Chi li suona? Chi li canta? Chi li balla?

Io conosco travestimenti di tanghi famosi, cioè testi diversi applicati alla musica originale, da fare arrossire il macho più coriaceo. Li ho sentiti, nelle tavolate dopo cena, dagli amici musicisti che avevano bevuto qualche bicchiere di troppo. Si imparano subito (a maggior ragione una astemia come me). Non mi verrebbe mai in mente di includerli nell'antologia delle Letras. Anche perché non appartengono alla vera, fuggevole, così poco raccontata storia del tango. E non concedono la fruizione dolorosa della tanghitudine.

SENTIERI DELLA TANGHITUDINE

Tanghitudine

Forse interessa al lettore conoscere il travaglio sotterraneo che è occorso per offrirgli il neologismo di cui sopra. Ecco un quadro riassuntivo dei vocaboli che si sono presentati alla mente e delle tappe superate:

Drasticamente esclusi: Tangofonia, tangologia, tangosofia, tangoscopia, tangografia, tangòtica, tangòdica.

Tralasciati: Tangomania, tangopatia, tangofilia, tangalgia, tangofrenia, tangocardia, tangogenia.

(Calzano tutti benissimo, ma per un oggetto di studio o per un quadro clinico).

Cercare un termine che aiuti a intendere il tango come una seconda natura che si insedia, per sortilegio, nelle cose e nella gente.

Sospesi in evidenza, per sottolineare un aspetto particolare:

Tangame: implacabile
Tanganza: messianico
Tangherìo: chiassoso
Tanghismo: dottorale
Tanghezza: confortante
Tangùme: edulcorato
Tangatura: pedante
Tangagità: crudele
Tangamento: accademico
Tanguggine: ruminante
Tangalità: astratto
Tangherìa: sguaiato
Tanghìa: tagliente
Tanghità: estremista
Tangosi: maniaco-depressivo
Tanghèria: squallido
Tangaggine: balordo
Tangorragia: macabro
Tangorrea: irrefrenabile
Tanghizie: sibaritico
Tanghìgia: utilitario
Tanghippica: allibratore
Tangùrria: libidinoso
Tanghilarità: ridanciano
Tangacidità: caustico
Tangosità: palpabile
Tangaggio: esperto
Tanghìo: marinaresco

Tangazione: aziendale
Rosa finale della scelta, messa a fuoco:
Tanghiloquio: quasi, ma suggerisce poco la musica
Tangumòre: bene, ma troppo incline al sorriso
Tangòre: meglio, seppure molto desolato
Tangùra: vicinissimo, anche se troppo lacerante ancora
Tanghitudine!

Ecco! Risveglia tutte le sensazioni precedenti e aggiunge l'incenso del tabacco, il suono tortuoso del bandoneón, grigi paesaggi d'autunno, veli di lontananza, i fumi dell'alcol, vie piovose del ricordo, schermi contro il mondo indifferente, rimescolio interiore, algomanìa, penombrata immobilità, ricerca di qualcosa che si è perduto e non si sa cos'è. Momento culmine della tanghitudine è il tango di Cátulo Castillo e Aníbal Troilo, *La última curda*.

Colore della tanghitudine il grigio, come il cielo d'autunno, la sua stagione, come le tempie nell'età dell'uomo più incline a voltarsi indietro, come i muri delle città che hanno generato il tango. Grigio come la pioggia, l'elemento atmosferico che più si associa alla malinconia e al pianto, alla catarsi e alla dissolvenza.

Altra tecnica propiziante è la sigaretta. Il fumo sveglia immagini di fugacità e di consumazione. Si fuma "in mancanza di".

... Una sigaretta e caffè per aspettare,
boccate con pretese di baci,
profumo che parla di donna...
(*Y siempre igual*)

... E mentre fumo, il fumo forma
la tua figura
e nell'aroma del tabacco,
la tua fragranza
mi racconta della distanza,
del tuo oblio e della mia follia...
(*Tabaco*)

... Fuma, amico, fuma e parliamo
e mentre fumi ricorderemo
che con il fumo della sigaretta
se ne va la gioventù...
(*Nubes de humo*)

Non tutto procede sotto l'insegna della tanghitudine allo stato chimicamente puro.

Tanghiloquio e tangumore permeano copiosamente la cronaca di costume, la letteratura in lunfardo, il giornalismo umoristico, persino gli editoriali politici più autorevoli del Río de la Plata. La tangaggine sta alla tanghitudine come i lustrini e gli orpelli della cerimonia stanno alla parte più segreta del rito. Molti testi nuotano nell'immenso dominio del provinciale, l'oleografico, la leziosità goffa, la presunta finezza, il ridicolo dozzinale che la lingua spagnola dissacra sotto i termini di *cursi*, *sensiblero*, *chabacano*, *ramplón*, e il lunfardo dà manforte con quelli di guaso, guiso e baratieri. Riportata al nostro codice specifico, la *cursilería* è la madre della tangaggine, che a sua volta si apre generosa al kitsch e al camp, indifferente ai contenuti eccessivi, pura rappresentazione, “bella perché orribile”, come ha detto Susan Sontag.

Lui, lei e il percalle

Raramente le donne cantate dal tango sfuggono a un preciso punto di riferimento, il percalle. La cotonina a buon mercato che le ricopriva quando vivevano vicino alle gore di periferia sarà abbandonata per la seta, il velluto, i laminati, il satin e persino per l’ermellino. Nel percalle risiede però la loro più profonda verità, sempre pronta ad affiorare come ricordo del passato, come simbolo di tempi non contaminati. Anche per l’uomo, più del suo *funyi* e dei capelli arruffati, il percalle rappresenta un mondo senza rivolgimenti che rimpiange. Infiniti quadri riscattati al passato hanno un particolare illuminato dal percalle.

... o quel corpo abituato
a vestirsi di percalle...
(*Margot*)

... balla nell’ombra il ritmo del tango
la pallida gonna di percalle...
(*Patio mío*)

... hanno irretito i cuori
le tue vesti di percalle...
(*Nobleza de arrabal*)

... quella storia così cara
con odore di acqua di rose
e freschezza di percalle...
(*Escuela de tango*)

... e l’acqua bassa del percalle
e astrale del cabaret...
(*Siempre París*)

... farfalla di periferia
con piccole ali di percalle...
(*La reina del arrabal*)

... Milonguita, gli uomini ti han fatto male
e oggi daresti tutta l’anima
per vestirti di percalle...
(*Milonguita*)

... Esterina e Mimì, come Ninòn,
lasciando i loro destini di percalle
indossarono infine lenzuoli mortuari di rayon
all’eco funerea della tua canzone.
(*Che, bandoneón*)

La scelta appare inevitabile. Percalle passato-identità, altrimenti cambiamento-disgregazione. Un tango, intitolato *Percal*, presenta in tutti i possibili termini l’alternativa.

Andare in centro e trionfare e dimenticare il percalle...
So solo che alla fine hai scordato il percalle...
Gettati via, son rimasti avviliti il tuo percalle e il mio passato...

La gioventù se ne è andata, io non spero più ormai,
meglio lasciare indietro i desideri che non furono e il vestito di percalle...
Percalle son cose del percalle! Percalle, tristezza del percalle...!

Il mate, rito della tanghitudine

Il mate, detto anche tè del Paraguay o tè dei Gesuiti, è un infuso che si estrae dalle foglie di yerbamate; la yerbamate si mette in un recipiente, chiamato ugualmente mate, ricavato da una zucca svuotata ed essiccata; ci si versa sopra l'acqua bollente e si sorbisce con una bombilla (cannuccia filtro), talvolta d'argento. Più inoffensivo del tè, il mate appartiene alle consumazioni leggere, diurne, familiari. Con lo zucchero, per i bambini; "cimarrón" cioè selvaggio, grezzo e amaro, per gli adulti.

Molti testi ne parlano: come cerimonia del cerchio di amici, *El bulín de la calle Ayacucho*; come offerta della donna al risveglio del suo uomo, *La Morocha*; come pensiero gentile di lui che porta biscottini a casa, da prendere insieme al mate a merenda, *Mi noche triste*; come calamita rioplatense capace di attirare al pari del tango, *Madame Yvonne*; come segno di miseria, il non avere neanche fondi vecchi di yerbamate da riciclare, *Yira yira*; come colore delle trecce nel ricordo confuso di un amore perduto, *Trenzas*.

Un messaggio dal Cyberspazio ci informa che una cosa semplice come il mate sta a dimostrare certi valori. La solidarietà: si sopporta un mate slavato e cattivo perché la conversazione è buona. Il rispetto dei tempi: tu parli mentre io bevo e ti ascolto, e viceversa. La sincerità di dire chiaro: "Basta! Cambia la yerba!" La modestia di chi prepara il mate migliore, la generosità di chi lo offre come benvenuto, l'ospitalità dell'invito, sia sul tappeto di un salotto, sia sull'erba di un prato contadino. Il garbo che ci vuole per domandare: "È caldo, vero?" La giustizia verso l'altro, l'obbligo di dire grazie almeno una volta al giorno, l'etica e la franchezza che ti portano a condividere un mate, che, come sai, non è solo un mate. Quando prendiamo un mate insieme?

Mate.Ar (Mate punto Argentina, e anche "matear", bere il mate) è il nome di un Premio ai migliori siti di musica, tango e folclore. Si intitolano al mate alcune irresistibili pagine Web di autosarcasmo uruguayano. Le componenti ironiche e ludiche, che nel tango sono scarse, sono invece presenti nell'identità rioplatense.

PER MANO DELLE DONNE

Una volta tanto, lasciamoci condurre dalle donne

Si suole raccontare la fandonia che le donne oneste si siano tenute lontane dal tango. Basta sfogliare la sezione "sociales" (cronaca mondana) delle riviste argentine "Caras y Caretas" e "PBT" tra gli ultimi anni dell'Ottocento e i primi del Novecento, per vedere l'abbondanza di foto di signorine della medio-alta borghesia che festeggiano i battesimi, i compleanni, i matrimoni, ballando il tango. Cioè, ben prima che fosse diventato canzone, con l'avvento del grammofono o del pianino meccanico, era una musica e un ballo interclassista.

Tutte noi ragazze abbiamo ceduto alla tentazione. L'unico problema era quello di tenere basso il volume della radio o di togliere la cornetta al grammofono perché i grandi non protestassero.

Federica Matta, Il Tango della Sirena, *Parigi, 2004. Le Sirene ci hanno fatte diventare amiche. Quando ha saputo che stavo per consegnare alle stampe* Todo Tango, *Federica mi ha inviato questo disegno. Ricordando la mia insofferenza per il ballerino col cappello, gliene ha messo uno che si può eliminare senza gravi danni.* Quelle délicatesse, *Federica. È bellissimo, lasciamoglielo.*

Tutte abbiamo imparato presto a ballarlo: le donne di malaffare e quelle dabbene, madri e figlie tra loro o coi maschi alla loro portata, coi compagni di scuola, col fidanzatino imberbe, alcune col genitore, altre col nonno, dai quali abbiamo raccolto qualche segreto coreografico.

Tutte l'abbiamo cantato. Ci si passava i testi delle canzoni a scuola, nell'ora di ricreazione, o per telefono. Li abbiamo anche eseguiti, a orecchio o con lo spartito, se in grado di suonare qualche strumento in particolare (io alternavo gli Studi di Chopin per l'esame a *Taconeando* di Maffia). Li abbiamo sentiti e risentiti e ballati nelle serate in casa, dai vicini del quartiere, ai picnic, alcune ai "bailes formativos" nei cortili dei casermoni popolari, altre nei pergolati delle associazioni di emigrati o nei circoli sociali e culturali dove tutti si conoscono come una grande famiglia. E, compiuta la maggiore età (21 anni, allora), potevamo anche accedere agli hotel di lusso e nei grandi teatri, in occasione dei veglioni di carnevale, dove si esibivano le migliori orchestre, di tango e di jazz, del momento.

Mia madre, stonatissima, ripeteva i tanghi che aveva sentito appena sbarcata a Buenos Aires, molti anni prima che io nascessi. Si commuoveva con tanghi come *Fea* ("Nella speranza che la gente non la veda, passa la povera brutta che va a lavorare in fabbrica"), io ero di gusti più ricercati. In ogni caso, su quanto ho visto e udito, posso testimoniare per tre o quattro generazioni.

Nel ballo

Come in tutti i balli di coppia unita, l'abbandono della donna a chi la guida è necessario e funzionale. Fred Astaire guida Ginger Rogers e non viceversa (eppure lei faceva le stesse cose del partner, per giunta con tacchi alti, come ci teneva a puntualizzare). Accordo tacito, semplice norma di circolazione, convenzione utile, anche in condizioni di assoluta parità. All'uomo spetta il compito di farsi strada, con la compagna, fra gli altri. Lei non è succube, ma sicura di sé, il suo compito è elaborare ciò che l'uomo le offre: lo spazio, l'occasione di lustro e di creatività. Lui non la guarda? Neanche lei guarda lui, guarda nel vuoto per concentrarsi, per poter seguire meglio il segnale, "la marca", la pressione della mano sulla sua schiena.

Negli anni Trenta e Quaranta è una pratica generalizzata. Molte coppie nella vita si sono conosciute durante i balli. Chi era giovane a quei tempi racconta: "Avevamo tre minuti soltanto (la durata di un brano) per fare colpo su di lei, e perché ci permettesse di invitarla ancora".

Ancora oggi, la quasi totalità delle coppie di ballerini professionisti sono marito e moglie. Viaggiano coi loro marmocchi stra-accuditi e coccolati da tutta la compagnia.

Problemi di altezza. *La ballerina, stilista e pittrice argentina Marcela Troncoso propone un'ingegnosa soluzione di fronte all'avanzata delle donne nordiche europee nelle sale da ballo rioplatensi, Stoccolma, 2004.*

Cantanti, strumentiste, compositrici

Le donne hanno sempre cantato il tango: a cappella oppure accompagnandosi al piano o con la chitarra. In casa, nelle feste private, nei salotti, sulle scene. E incidentalmente anche in chiesa, senza troppo scandalo: Nina Miranda, una cantante uruguayana, racconta che, appena treenne, accompagnando sua madre a messa, si unì al coro cantando a squarciagola *Pato te peinás a la gomina* (Sei al verde e ti pettini con la brillantina), che aveva imparato dalla radio.

Un'attrice non era completa se non sapeva anche cantare: chi facendo leva sulle qualità drammatiche, da diseuse con spiccato senso del ritmo o intonando a fior di labbra; chi sulla bellezza fisica e lo stile del canto. Dapprima definite come cupletistas, tonadilleras, estilistas, passeranno a chiamarsi cancionistas, oggi cantantes. Molte ragazze umili, operaie della sartoria, fiammiferaie, a servizio, sognavano di diventare attrici o cancionistas. Incontabili le cantanti professioniste, che forse superano il numero dei colleghi maschili. La radio, sin dagli anni Venti, è fucina di talenti.

Se, agli albori dell'Ottocento, gli spartiti per pianoforte e piano/canto si pubblicano ad altissime tirature, vuol dire che nelle case benestanti, nelle associazioni culturali e ricreative di una certa categoria (il pianoforte implica una spesa cospicua) si suona e si canta il tango. Saper suonare il piano e cantare erano peraltro le qualità più esibite dalle ragazze di buona famiglia, le cui scelte musicali generalmente si orientavano verso l'opera lirica o i pezzi di salon. "Para matizar", per variare, mettevano sul leggìo lo spartito dell'ultimo tango, e si lanciavano anche a cantarlo. Subito gli stessi parenti e i vicini di casa facevano circolare commenti sulle qualità vocali e le agili dita della tale ragazza, e così il suo avvenire era assicurato, almeno nel compito di rallegrare le cosiddette "rutinas" di compleanno, battesimo, nozze, che servono a farsi le ossa.

Rare, invece, le strumentiste professionali. Fino agli anni Cinquanta esse sono le componenti anonime delle orchestre di signorine, istituzione pomeridiana del café concert andata in disuso. Trovano ostacoli di impiego, sia per la quantità di musicisti uomini, sia per una legge in difesa del lavoro femminile e minorile che vieta loro le ore notturne.

Per quel che riguarda le creatrici, nel tango si ha probabilmente la medesima proporzione rispetto ai compositori di ogni altra categoria musicale.

Eloísa, concertista aristocratica e tanghista

Il caso della musicista Eloísa d'Herbil de Silva, venuto alla luce grazie al puntuale lavoro di ricerca di Oscar Himschoot, del Club de Tango di Buenos Aires, basterebbe a sfatare anche il luogo comune del preteso rigetto da parte degli ambienti perbene, nonché il sedicente analfabetismo musicale dei compositori e degli interpreti.

La marchesa Eloísa d'Herbil, nata a Cadice nel 1842, morta a Buenos Aires a 101 anni, discendente dei duca di Accadia di Foggia e dei Cannito, principi di Loreto, pianista prodigio, allieva di Franz Liszt e di Gottschalk, premiata da Isabella II di Spagna e dalla regina Victoria, si è esibita come solista con le orchestre principali d'Europa. Visse tra Buenos Aires, La Habana e Rio de Janeiro, perché suo padre Joseph importava la carne e il tasajo argentini destinati al consumo degli schiavi brasiliani e cubani. Eloísa sposò Federico de Silva y Barbosa, un nobile uruguayano proprietario di una casa d'aste nonché direttore di una società filarmonica.

Nel 1872 esegue al teatro Colón una sua habanera, *Vente a Buenos Aires* (Vieni a Buenos Aires), e compone diversi tanghi criollos da concerto, tra i quali *Che, no calotiés* (che nel più schietto lunfardo significa “Ehi, non raccontare frottole”), *Y a mí qué* (Che me ne importa), *Que sí que no*. La brava e colta Eloísa non aveva alcun pregiudizio nei confronti dell’incipiente tango.

Nel 1889 scrive *La Multa*. A quei tempi andava in uso cucire addosso a una canzone brevi strofette attinenti a un noto evento di cronaca o di costume fornito dalla vita quotidiana. Il tema de *La Multa* si riferisce alla contravvenzione di 50 pesos che era tenuto a pagare chi per strada rivolgeva un complimento galante a una donna. Anni dopo sarà ripreso, in una divertita schermaglia, da Angel Villoldo, col tango *Los cincuenta*, al che Eloísa risponde componendo una parodia del famosissimo *La Morocha* del 1906 dello stesso Villoldo. *Yo soy la Rubia* (Io sono la Bionda): “Ho la grazia della donna della capitale, / come la francese sono chic, / sono spiritosa come la spagnola / so flirtare con leggerezza come un’inglese. / E preparo il buon mate amaro”.

Rosita e il suo Vals

Rosita Melo (1897-1981), all’anagrafe Clotilde Rosa Mele, è uruguayana, di Montevideo. Come tante ragazze di famiglia benestante, impara a suonare il piano. Non disdegna la musica popolare, anzi, scrive di suo pugno qualche tango come *Oración* e *Tatita* (diminutivo di “Papà”, in quechua).

Appena quattordicenne, Rosita compone il valzer *Desde el alma*. Basta il titolo, bastano le prime quattro note della melodia a ricordarlo, tanto è diventato famoso. Roberto Firpo lo registra con la sua orchestra nel 1920. Osvaldo Pugliese, in tempi recenti, ne realizza un arrangiamento scintillante.

Desde el alma presenta una grande originalità come musica, essendo l’incrocio dei due stili di valzer dominanti all’epoca: il viennese e il boston. Con radici europee e con influenze nordamericane, ma cresciuto nel Río de la Plata, il vals di Rosita si sottrae alla “hesitation” del boston, quella pausa sul terzo tempo di battuta che rischia sempre di trasformarsi in un meccanismo convulsivo.

Nel 1922 Rosita convola a giuste nozze con un poeta non proprio brillantissimo, Víctor Piuma Vélez, il quale avrà l’idea di rivestire di un testo “romantico” il noto valzer. Successivamente, il testo sarà sostituito da un altro che Piuma firma congiuntamente a Homero Manzi, per farlo interpretare da Hugo del Carril nel film *Pobre mi madre querida* del 1948. Accanto a questi due nomi di letterati, e indicato con la semplice iniziale, il nome dell’autrice è passato sempre in sordina, e solo da poco si sa che l'ha composto una donna.

Al di là di ogni giudizio di valore, le parole risultano superflue e sono in pochi a ricordarle, mentre la musica di *Desde el alma* è celeberrima. Se non altro, si tratta del valzer più eseguito al mondo, dopo quelli viennesi e insieme a *Sobre las olas* (1891) del messicano Juventino Rosas, per anni abusivamente attribuito a Johann Strauss figlio.

Caricatura di Paquita Bernardo in "Lo que canta el pueblo", 5 gennaio 1925.

La Paquita bandoneonista

Francisca Bernardo, "La Paquita" (1900-1925), nata a Buenos Aires, non è l'unica, bensì la più grande della mezza dozzina di donne bandoneoniste della sua epoca. Iscritta come allieva di pianoforte al Conservatorio, non appena incontra un bandoneón si mette di buona lena a impararlo, di nascosto, con l'aiuto del metodo di Augusto Berto. Solo successivamente, dati i magnifici risultati, riceverà l'attenzione del maestro Pedro Maffia.

Il suo debutto avviene nel 1921 nel Café Domínguez della vecchia Calle Corrientes, dove successivamente prenderà posto il caffé Los 36 billares. Paquita Bernardo dirige altri due giovani come lei, il pianista Osvaldo Pugliese e il violinista Elvino Vardaro. Era tale l'attrattiva esercitata sul pubblico da questo eccezionale trio, che ogni sera il traffico doveva essere fermato a Paraná, la traversa di Corrientes.

Mercedes Simone, disegno pubblicato in "Caras y Caretas" il 2 dicembre 1933.

Come compositrice, la Paquita ha lasciato vari valzer, uno dedicato a Montevideo, *Divino cerro*, e un altro intitolato *Villa Crespo* in onore del quartiere bonaerense dove era nata. E, naturalmente, vari tanghi, come *Floreal*, nonché *Soñando* e *La Enmascarada*, registrati da Gardel. Muore di polmonite a venticinque anni. Sulla sua tomba alla Chacarita non mancano mai i fiori.

Mercedes, la più completa

Mercedes Simone (1904-1990) proveniente dal ballet, è indubbiamente la migliore cantante e la figura più completa della prima epoca: un vero pilastro. Un registro vocale più grave delle altre e un temperamento di grande duttilità le consentono di abbordare l'espressione drammatica, quella comica, quella malinconica, quella rude, dando il giusto peso a ogni parola del testo.

Per la voce, la spigliatezza scenica e l'avvenenza, Mercedes Simone sarà molto richiesta dal pubblico della radio e affronterà molte tournée in tutta l'America Latina, dalle quali sempre porterà a casa un titolo nuovo di canzone per arricchire il suo repertorio, come *Favela* di Camargo e Tavares dal Brasile, *India* di Flores e Guerrero dal Paraguay, *Noches de ronda* di Agustín Lara dal Messico. Prima donna a capo di un'orchestra "típica", Mercedes suscitava ammirazione e rispetto. Fu chiamata "La Dama del Tango". Rimase senza voce per una crudele malattia. Molti i brani di sua composizione, tra i quali *Oiga agente, Gracias a Dios, Inocencia, Incertidumbre, Tu llegada*, e *Cantando*, usato come sigla in ogni sua performance.

Tita, attrice poliedrica

Ana Laura "Tita" Merello (1904-2002) è innanzitutto attrice dal talento versatile. Quando affronta il tango, lo fa da diseuse caratterista, così il repertorio di Discépolo, così i ritratti di ragazze del sobborgo scritti apposta per lei, come *Arrabalera* e *Pipistrela*, che nessun'altra riuscirà a interpretare senza scimmiottarla. Dopo il varietà e il cinema, nel 1949 si produce nel genere drammatico come protagonista di *Filumena Marturano* di Eduardo De Filippo: il successo è tale che l'opera rimane in cartellone in quattro diversi teatri per ben 500 rappresentazioni. In coppia con Luis Sandrini, conosciuto sul set del film "Tango" di Moglia Barth, quando questi l'abbandona parte in esilio per il Messico, come la sua amica Libertad Lamarque.

Libertad Lamarque nel film Besos brujos, *la prima immagine che appare visitando il sito "Todotango.com.arg".*

Libertad Lamarque, la superstar

Libertad Lamarque (1908-2000), figlia di un anarchico uruguayano discendente da francesi, sin da piccola recitava in un gruppo chiamato "Los libres" inteso a raccogliere fondi per i prigionieri politici. Ha saputo conquistare legioni di ammiratori, sia come protagonista di una settantina di film (*Besos brujos, Ayúdame a vivir, La ley que olvidaron*), sia per le canzoni che le sono state dedicate, come il tango *Madreselva*, il nostalgico valzerino *Caserón de tejas* o la milonga *Negra María*, che la sua voce personalissima ha scolpito nella memoria collettiva. Nemica acerrima di Eva Duarte con la quale viene a diverbio nel film *La Cabalgata del circo*, lei protagonista e puntuale, l'altra quasi una comparsa che si permetteva di fare aspettare la troupe, sentendosi protetta da Perón, suo futuro marito. Libertad lascerà scritto nelle sue Memorie "Io non mi sono mai avvicinata al sole che più riscalda". Si esilia in Messico, e lì, fuori dal motivo obbligato del cinema argentino che la voleva vittima sacrificale lacrimosa, la riscopre Luis Buñuel, mettendo in evidenza la sua classe, la sua magnifica presenza, il suo dominio della materia tango e della canzone in genere. Tuttavia, ripreso l'antico ruolo della masochista, ricompare come protagonista della telenovela *Soledad* (1980), andata in onda anche in Italia, dove dimostra un'indefinita miracolosa età di mezzo.

Comunque, tre sono le dive del cinema latinoamericano che nessun'altra è riuscita ancora a detronizzare: Dolores del Río, amata da Orson Welles, María Félix, la maestosa donna fatale, croce e delizia di Figueroa, Buñuel, Siqueiros, Agustín Lara, Jorge Negrete, e Libertad Lamarque, la "Novia (fidanzata) de América".

Un documentario su Ada Falcón

Ada Falcón, les yeux verts du tango si intitola il documentario di Lorena Muñoz e Sergio Wolf trasmesso da France 2 il 17 aprile 2004. Racconta un lungo viaggio e una lunga attesa per filmare il "que reste-t-il" delle persone e dei luoghi presenti alla nascita, al trionfo e alla crisi mistica della cantante Ada Falcón. Nulla è rimasto della casa Los Paraísos, un McDonald ha preso il posto dei vecchi studi della radio, il suo primo film *El festín de los caranchos* del 1919 è andato perduto. Restano le foto in bianco e nero, i dischi, brevi spezzoni di film e le testimonianze di Oscar Del Priore, Estela Dos Santos, Osvaldo Tarantino e Bruno Cespi. L'anello con tre enormi diamanti che le aveva regalato un marajá, il tempestoso amore con Francisco Canaro che le dedicava *Yo no sé qué me han hecho tus ojos, Dónde estás corazón* e altri, la moglie di questi che prendeva a martellate la sua macchina decapottabile, il ritiro, nel 1933, nel paesetto di Salsipuedes della provincia di Córdoba. Nessuno l'ha vista più, tranne l'autore di questo documentario, che alla fine riesce a entrare nella sua casa, a mostrarle la videocassetta di un suo vecchio film con Olinda Bozán e Tito Lusiardo, a tenerle la mano, e ad accogliere le ultime parole della Diva, ormai centenaria: "Sono io? Io non cantavo così, avevo una voce soave, non mi riconosco. Che tempi! Ho promesso a Dio di non cantare più. Canaro è il diavolo, e brucia nell'inferno". Tornerà a Buenos Aires solo per essere seppellita nel cimitero La Chacarita. Non lontano da Canaro.

Eladia, la cantautrice

Eladia Blázquez giunge al tango dopo una lunga frequentazione del folclore, compone musica su testi di altri, e li canta. Viceversa scrive le parole sulla musica di altri (e che altri!), come i piazzolliani *Adiós Nonino* e *Invierno porteño*, nati con destino puramente strumentale, oppure in binomio con Atilio Stampone, *Ese muchacho Toni, Fiesta y milonga*, o con Chico Novarro, *Convencernos*. Senza abbandonare il legame con la tradizione spagnola dei genitori, Eladia scrive (musica e testo letterario) appassionate canzoni sulla sua città e la sua gente.

Cantautrice dotata di un timbro di voce insolito che si distacca da tutti gli altri, Eladia esegue i suoi brani sia accompagnandosi al piano, sia con gruppi orchestrali formati dai suoi colleghi in una tango session grondante amicizia e musicalità.

L'ultima generazione

Dell'ultima generazione svettano, a Buenos Aires, Patricia Barone e Silvana Gregori, cantanti "con mucha polenta" (dotate di grande grinta), che tessono attraenti esegesi storiche sul tango, nonché spettacoli tematici dalla cifra ironica e una punta di femminismo. Quando Laura Escalada Piazzolla, nel 2003, decide di riproporre *María de Buenos Aires* in versione oratoriale, così come era stata scritta da Piazzolla e Ferrer 35 anni prima, la sua scelta della Barone come protagonista sarà determinante.

A Parigi, Haydée Alba, cantante argentina che allaccia nuovi ponti con altre musiche e realizza nuove sintesi di culture e ambienti, magnetizza l'attenzione del pubblico sin dal 1992 con *Mortadela* (che in lunfardo sono i morti, non gli insaccati), più avanti con *Fausto argentino*, gli spettacoli di Alfredo Arias, affermatissimo regista bonaerense residente nella capitale francese.

In Italia le *Donne di Tango* delle argentine Paóla Dell'Erba (voce) e Mariana Bevacqua (pianoforte) sono le testimoni più attive di questa maniera di fare musica con rigore filologico, passione e divertimento.

Il Godimento Altro

Si dice che Buenos Aires sia, dopo Parigi, la città che vanta la più alta concentrazione di psicanalisti. Gustavo Hurtado, porteño e analista, tenta una rilettura dei testi del tango canzone. In chiave psicanalitica, questi si presenterebbero come un trattato sull'isteria scritto da un nevrotico ossessivo. Abbandonato dall'isterica, l'uomo manifesta, in maniera ripetitiva e sulla musica del tango, il tradimento, la caduta e il castigo; adotta il ruolo esemplare paterno per rimproverarla, consigliarla, dettarle norme morali.

Attraverso alcuni determinati testi di canzoni, Hurtado dimostra ciò che Lacan ha denominato "la procrastinazione": nella donna, l'attesa del Padrone per dominarlo; nell'uomo, l'attesa della morte del Padrone per prenderne il posto. Quando vede l'oggetto d'amore di altri tempi ridotto a un relitto (*Esta noche me emborracho, Tiempos viejos* o *Volvió una noche*), il maschio abbandonato vede la propria castrazione nell'Altro.

Siccome l'identificazione non è un rifugio sicuro, l'isterica si adatta plasticamente al discorso dominante dell'epoca, mentre un Discépolo butta per aria i veli delle diverse sembianze. Il tango affronta il Godimento Fallico in ogni sfaccettatura. Sul Godimento Altro (riguardante la donna segreta, che sfugge alla collocazione "o Madre o Femmina"), solo accenni fugaci; non sa cosa dire, lo dice ugualmente, si lancia, sbaglia, e infine lo esprime in un nome (*Malena, María*).

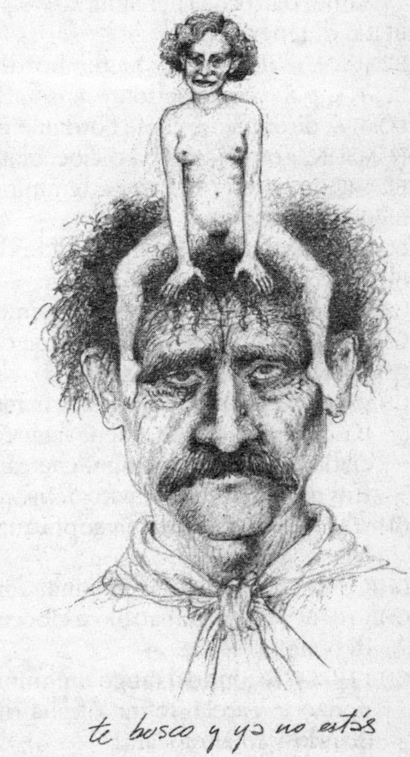

Disegno di Chipo Sánchez per il libro di Gustavo Hurtado Tangoanálisis, De Papusas que no oyen y varones amuraos *(Ed. Club de Estudio, Bs.As, 1994). "Ti cerco e non ci sei", verso del tango* Qué falta que me hacés.

Il lunfardo, così presente nei tanghi dei primi tempi, condisce la parlata, l'umorismo, lo spettacolo rioplatense. Come controprova, può essere utile imbastire un elenco dei sinonimi lunfa di una delle voci più ricche in assoluto, la voce Donna. Potrebbe essere il primo passo per un "dizionario lunfardo dei sinonimi", ancora non presente sul mercato. Ove possibile, si specifica l'etimologia e la connotazione particolare o stilistica del sinonimo elencato.

ACOPLADO, voluminosa, come un camion con rimorchio.
ADORADA, meritevole di adorazione, almeno a parole.
ASUNTO, affare, affaire.
ATORRANTA, fannullona e mascalzona.
BAGAYO, dal francese *bagage*, bagaglio, fagotto: gravosa e sgradevole da vedersi.
BAGRE, bruttissima come il pesce omonimo (scorfano), o come la fame, dato che si chiama *bagre* anche lo stomaco vuoto.
BEBA, di tenera età.
BEGUÉN, mantenuta di medio bordo.
BESTIA, può essere detto in senso affettuoso.
BOMBA, dirompente come l'ordigno o come la pasta ripiena di crema.
BOMBÓN, grande bomba o cioccolatino.
BRAME, metatesi di *hembra*, femmina.
BREVA, bell'aspetto.
BUDÍN, dolce e compatta come il budino appena tolto dallo stampo.
BUDINAZO, accrescitivo di *budín*.
CARRO, dal peso tendente a massimo.
CATRIELA, compagna di *catre*, cioè di branda.
CHABONA, oca, stupidella, che sbaglia di continuo.
CHANCLETA, ciabatta, per la stessa misteriosa ragione per cui, appena nasce una bambina, anche il ginecologo più musone esclama: "È ciabatta!". Vi è un tango, che cantava Jorge Maciel con l'orchestra di Pugliese, chiamato *Si nace chancleta* (Se nasce femmina).
CHATA, piatta di seno, ma soprattutto padella per fare i bisogni a letto.
CHICATA, voce dialettale italiana, donna molto miope o cieca.
CHICHE BOMBÓN, giocattolo e cioccolatino insieme, brava ballerina di bella presenza.
CHICHIPÍA, secondo il tango omonimo di Waiss con musica di D'Arienzo e Varela, ingrata figlia di proletari che poltrisce atteggiandosi ad altolocata.

CHINA, dal quechua, femmina, soprattutto se indigena dagli occhi a mandorla; generalmente remissiva, si occupa dei mestieri più umili, eccetto nel tango *Contramarca* di Francisco Brancatti e Rafael Rossi, dove, per la sua crudeltà, si merita (?) uno sfregio di coltello sulla guancia.

CHIRUSA, come *chichipía*, volgarotta.

CHITRULA, dal napoletano, sciocca e credulona.

CHUCHI, di probabile derivazione anglosassone, donna di una certa distinzione.

CONCHETA, rigida, si sente superiore, è restia a dare confidenza.

COSA, femminile di coso.

CUSIFAI, dall'italiano, cosa che si ignora cosa stia a fare al mondo (titolo di un tango di Arolas dei primi del Novecento).

DARIQUE, metatesi di *querida*.

DONA, in italiano, ma detto così data la mancanza di dimestichezza con le consonanti doppie.

ELEMENTO, nel senso di "che razza di elemento frequenti".

FAIFA, che ama le coccole.

FEBA, significato incerto.

FÉMINA, dall'italiano, sempre con lo stesso problema delle doppie.

FROMAYO, dall'italiano, donna appetitosa; invece se la si chiama Queso (formaggio in spagnolo), si tratta di una donna repellente.

FULANA, tizia.

GALLEGA, letteralmente galiziana; per estensione, spagnola, con una buona dose di testardaggine.

GALLEGUITA, piccola spagnola buona e onesta che lavora accanitamente per inviare i soldi alla madre rimasta in patria, ma finisce male, secondo il tango omonimo di Navarrine e Pettorossi.

GARABA, forse da *garabato*, scarabocchio, sgorbio.

GRELA, donna matura, etimologia ignota; da escludere drasticamente il francese *grêle*, grandine. Pura coincidenza e tanto onore che il termine sia passato al leggendario chitarrista Roberto Grela.

GRILA, allotropo di *grela*.

GRINGA, italiana.

HEMBRA, femmina in spagnolo.

LEONA, portata a comandare.

LORO, pappagallo, cioè brutta dal naso adunco.

LORENZO, variante di *loro*.

MADAME, tenutaria di casa chiusa, di nazionalità francese generalmente, immortalata dal tango di Cadícamo e del "Chon" Pereyra *Madame Yvonne*; da non confondere con *la Madama*, che significa la polizia.

MILONGA, sgualdrina da cabaret o da balera, epiteto, se rivolto a una donna, fortemente offensivo nel Rio della Plata.

MILONGUERA, come nel tango di José M. Aguilar, *percalera* che, abbagliata dalle luci della città, finisce sola e abbandonata.

MILONGUITA, diminutivo di *milonga*, che la rende incolpevole, come alla Estercita del tango *Milonguita* di Linnig e Delfino ("gli uomini ti hanno fatto male"), o come alla Rosa di *Melodía de arrabal*.

MINA, letteralmente miniera, di derivazione ligure, è la donna per antonomasia, che sa quello che vuole; *La mina del Ford* di P. Contursi e E. Maroni, per esempio, vuole una camera balconata, tendine di seta, pavimento lucidato a cera, un tappetino, poltrone di pelle, letto con trapunta, stufa e un cameriere che le annunci: "Signora, è arrivata la Ford".

MINERVA, alterazione di *mina*: il personaggio mitologico non c'entra.

MINÓN, accrescitivo di *mina*.

MINUSA, vezzeggiativo di *mina*.

MINUSHIA, idem.

MOCOSITA, mocciosa, ragazza innocente e timida.

MONO, scimmia, brutta.

MOSAICO, forse alterazione di *moza*, ragazza, cameriera.

MUEBLE, mobilio, forse per differenziarla dai beni immobili.

MUJICA, alterazione di *mujer*, donna in spagnolo, e cognome distinto in Argentina.

NAIFA, metatesi di *fainá*, farinata di ceci alla ligure, che i rioplatensi consumano quasi quanto la pizza.

NAMI, metatesi di *mina*.

PAICA, di carattere, malavitosa.

PAPA, patata e anche pappa, bellissima. "Una papa de la Madona" è il giudizio espresso da Dante A. Linyera su un giornale del 1929, a proposito della cantante Virginia Navarro. Si definisce una papa anche una situazione straordinaria, un colpo di fortuna, un posto sbalorditivo. Il vecchio tango franco-lunfardo di Camilo Darthés e Enrique Delfino *Buenos Aires c'est épatant* si traduce "Buenos Aires es una papa".

PAPIRUSA, alterazione di *papa*, è un appellativo rivolto esclusivamente alla donna, e si può tradurre con "pupa" perché ha anche il senso di bambola.

PAPUSA, idem, come ricorda il tango *Che papusa, oí* di E. Cadícamo e G. Matos Rodríguez.

PEBETA, femminile di *pebete* (dall'italiano pivello), ingenua adolescente alla quale C. Flores e C. Ortiz consigliano, nel tango omonimo, come difendersi dall'assalto degli uomini.

PENDEJA, insignificante, pelo del pube, anzi, "pela" del pube.

PEOR ES NADA, peggio è nulla, oppure: è meglio di niente.

PERCALERA, ragazza umile vestita di percalle, cotonina di poco costo; il termine deve sottintendere un tocco animalista perché, non appena l'inverno l'avrà spinta a coprirsi con la volpe azzurra o l'ermellino, soccomberà.

PERCANTA, dal genovese, amata, amante, convivente autorevole.

PETITERA, come *Pituca*, ma in particolare frequentatrice del "Petit Bar" di Buenos Aires (avenida Santa Fe quasi all'incrocio con Callao); meritò negli anni Cinquanta una milonga con parole friabili di Doris Band.

PIBA, femminile di *pibe* (dall'italiano pivello), bambina, ragazza dai calzini corti.

PICHIVIRRA, neologismo poco documentato.

PITUCA, di famiglia altoborghese, affettata nel parlare, nei modi, nel vestire, oggetto di imitazione e di satira.

POLLERA, gonna.

POTRA, puledra scalpitante.

PURRETA, come *Piba* e *Pebeta*, ragazza; "La Purreta de Villa Crespo" era l'affettuoso appellativo rivolto a Paquita Bernardo, la grande bandoneonista dalla breve vita.

QUERIDA, come sostantivo, l'amante di un uomo sposato e benestante: da non confondere con l'aggettivo, che significa amata, cara, e che il tango riserva specialmente alla mamma.

SULTANA, per antifrasi, una che non se la passa troppo bene.

TAQUERA, che porta i tacchi alti, passeggiatrice.

TANA, aferesi di napolitana, italiana.

VAGA, che non è una lavoratrice indefessa.

VAGÓN, idem, e per giunta peso morto da trainare.

Caricatura di M. Lao, disegnatore Flavio Colin, Tribuna da Imprensa*, Rio de Janeiro, 17 agosto 1974.*

DAL QUARTIERE AL MONDO

Il tango arriva in Europa

Anche qui, facciamoci portare per mano da una donna. Flora Hortensia Rodríguez, nata in Cile, parte nel 1903 alla scoperta dell'Europa insieme al marito Alfredo Gobbi e a Angel Villoldo. Il trio era stato ingaggiato dai grandi magazzini Gath y Chaves per registrare a Parigi i primi dischi di musica rioplatense: qualche tango, intervallato ai cuplés del teatro di varietà e al repertorio rurale di valzerini e tonadas. A Flora e Alfredo nasce un figlio d'arte parigino, Alfredo Gobbi junior (futuro "Violín romántico del tango"), che Villoldo, l'altro brillante componente del trio, terrà a battesimo. Questa pioniera morirà a Buenos Aires nel 1952.

Nei primi anni del Novecento il tango arriva in Europa, ed è subito straparlare. Riesce difficile capire questi strani paesi. L'Argentina veniva chiamata "il granaio del mondo" e l'Uruguay "la Svizzera delle Americhe" per la ricchezza bancaria e il senso civico. C'era però una sorta di perturbazione nella comunicazione, una mancanza di rappresentazione geografica. Il cattedratico Jules Clarétie definì il tango come una tarantola tropicale, ignorando – non era l'unico – che Buenos Aires era una città (dal clima temperato, se la precisazione non offende) con grattacieli, metropolitana, dotata di moderna ricchezza, industrializzata, con più telefoni e automobili all'epoca che in Italia e Francia messe insieme.

Anche gli artisti sudamericani in tournée venivano considerati con facilità grossolana. Uomini di città, figli di italiani o di spagnoli, loro si vestivano come normali artisti professionisti in scena: smoking o frac. Dall'aspetto non si distinguevano dai nativi europei. Il pubblico però li vuole diversi, indigeni, esotici. Non basta che si cimentino in una rarità musicale e coreografica. Bisogna che si rendano credibili. Quindi, li obbliga a salire sul palco in tenuta da gaucho.

Parigi gli darà il crisma della alta cultura, grazie allo scrittore Jean Richepin, entrato per il rotto della cuffia tra gli Immortali. Bohémien e scandaloso per partito preso, la sua prima raccolta poetica, *La Chanson des gueux* (La Canzone dei pezzenti), gli era valsa la condanna a un mese di carcere e 500 franchi di ammenda, ma, incorreggibile, si autoproclamerà "refrattario" e "blasfemo". La voce di Richepin risuona appassionata alla Sorbona, durante la riunione del 1913 delle cinque sessioni accademiche di Francia, in un panegirico sul tango. C'erano secondi fini, da quanto mi ha dimostrato suo nipote Tristan Richepin, che fu mio simpatico impresario negli anni Sessanta: l'Accademico aveva sottobraccio una commedia sul tema del tango pronta da rappresentare, e contava su una promozione.

Con tutta la sua carica di ambiguità, il tango penetra in ogni dove. Nemmeno i fuochi della Grande Guerra lo riducono al silenzio. In mancanza dell'inno nazionale, la banda militare trova giusto suonare al suo posto *El Choclo* per rendere solenne la presenza del corrispondente di guerra argentino. Dopo la trionfale avventura parigina, la nota rivista "Caras y Caretas" ne dà rassegna con un certo orgoglio: "Non sono soltanto i cereali, il bestiame e la carne congelata che esporta il nostro Paese in Europa, ma ci permettiamo anche il lusso di esportare i nostri usi e costumi (20 luglio 1912)".

Per identificare la lettera "T" bisogna dire "Tango": così prescrive l'alfabeto fonetico internazionale via radio, quello che servirà per regolare il traffico aereo dalle torri di comando, le navi e i tassì. Ciò significa che il termine è noto in ogni angolo del pianeta.

Molti tanghisti rioplatensi cominciano a considerare la Ville Lumière la loro seconda patria, e vi si fermano per lunghi periodi. Subito emergono i preferiti del pubblico internazionale. Fra le orchestre, quelle di Juan "Pacho" Maglio, Roberto Firpo, Francisco "Pirincho" Canaro, Manuel Pizarro, Eduardo Bianco, Juan "Bachicha" Deambroggio e Julio De Caro.

Numerosi titoli testimoniano il passaggio del tango per la città consacratoria: *El Marne* (dalla vittoriosa battaglia del 1914 contro i tedeschi), *Marrons glacés*, *Sans souci*, *Comme il faut*, *Buenos Aires c'est épatant*, *Champagne tangó*, *Place Pigalle*, *Frivolité*, *La Garçonne*, *Evocación de París*, *Canaro en París*, *Anclao en París*. E le donne del tango ne rimangono indelebilmente segnate: *Claudinette*, distante la sua voce non c'è più, *La que murió en París*, colomba come tossiva, *Madame Yvonne*, allodola grigia, *Siempre París* per sognare, per morire, per rotolare senza essere una Manon né una Mimì. Astor Piazzolla, nel 1955, durante il suo decisivo soggiorno parigino di studio e di ricerca di se stesso, compone *Sens Unique*, *Bandó*, *Imperial*, *Río Sena* e *Chau París*.

A partire degli anni Ottanta, gli spettacoli imperniati sul tango rappresentano un sicuro successo di pubblico (un anno di teatro esaurito per quelli del regista Alfredo Arias), i programmi televisivi sono accurati, le occasioni di approfondimento non mancano. I maggiori compositori e interpreti di tango passano per Parigi, i ballerini vi tengono stage d'insegnamento.

Parigi si proporrà sempre come lo spazio mitico di una moltitudine di latinoamericani scissi e in perenne nostalgia, a immagine del tango. Così l'ennesimo loro esilio (volontario o forzato) coinciderà con l'ennesimo suo conclamato revival.

Ballerini d'innesto

Tra i ballerini provetti della prima ora si annoverano Max Linder, che già nel 1913 si esibiva nel brano di Lorenzo Logatti intitolato *El Irresistible*; Charlie Chaplin, che l'aveva imparato durante una tournée europea dell'orchestra di Julio De Caro, e George Bernard Shaw, che avendo scritto "La danza è un tentativo molto rozzo per raggiungere il ritmo della vita", quasi settantenne, si esercitava ligiamente nelle figure più tipiche durante una sua vacanza a Madera.

Musica senza pregiudizi

I musicisti, più sono grandi, più sono liberi dai preconcetti. Il loro metro di giudizio attiene alla sola materia musicale, senza tramite, senza aneddoti immaginifici. Così, sin dall'arrivo del tango in Europa gli esponenti delle avanguardie musicali di stanza a Parigi mostrano la loro spregiudicata adesione al nuovo prodotto sudamericano: da Weingartner a Satie, da Stravinskij a Kurt Weill, da Bohuslav Martinu a Ernst Krenek, a André Kostelanetz, per non menzionare che i primi e più pregevoli esempi di commistione fra i generi musicali.

Anche nel campo della lirica avremo appassionati consensi, resi concreti in dischi antologici, come per esempio quelli di Tito Schipa, fra gli anni Venti e Trenta, che interpreta tanghi rioplatensi e altri di sua composizione, e quello di Plácido Domingo, registrato nel 1981 a Buenos Aires sotto la direzione di Roberto Pansera. Regali di gusto e vocalità, elargiti da entrambi i tenori nel più devoto rispetto delle peculiarità locali, sia nella pronuncia dello spagnolo, sia nello stile del canto.

Canzoni europee e casquet

Come se fosse una garanzia di successo, molte fra le più celebri canzoni d'epoca sono in tempo di tango. Viene subito in mente la terna spagnola formata da *Amapola* di José María Lacalle, con *Princesita* e *La Violetera* di José Padilla, l'ultima delle quali è stata immortalata da una statua sulla Gran Vía di Madrid e dalla colonna sonora del film di Chaplin *Luci della città*. E l'inossidabile *Jalousie* del danese Jacob Gade, già violinista a New York e direttore del Copenhagen Palais Théâtre, autore di musica di cinema muto, salon e riviste, che lancia il suo brano nel 1925 interpretando la parte del violino solista.

Don Camillo, collage di copertine di spartiti italiani anni Venti, 1986.

Tra i francesi spiccano *J'attendrai* di Olivieri/Poterat, che, richiamando il coro a bocca chiusa della Madame Butterfly di Puccini, fa rimare amour con retour; il *Premier tango* di Gosset/Nobeet, che, come dice bene, segna un'esistenza, e *Le plus beau tango du monde* di Sarvil/Scotto, che è quello che si è danzato nelle braccia della persona amata.

In Italia, una certa tipologia femminile è estremizzata a tempo di tango: sono brune assatanate e strazianti come in *Creola* (Ripp, 1925) e nel *Tango delle Capinere* (Cherubini/Bixio, 1928); perfide e velenose come in *Vipera* (E.A. Mario, 1922) nonché madri snaturate o adultere come in *Balocchi e profumi* (E.A. Mario, 1923) e nel *Tango della gelosia* (Mascheroni/Mendes, 1933). Nei personaggi maschili prevale la dialettica: da una parte il gagá, il blasé col monocolo, vestito in frac con cilindro e ghette, dall'altra lo spazzacamino, il minatore e il cantastorie.

Frammiste alle turcherie e alle espagnolade, incuranti delle peculiarità musicali e dei segnali di rinnovamento che i tanghi rioplatensi portano con sé, queste canzoni seguono le orme della vecchia habanera, con profusione di violini più o meno tzigani, ritmi sempre uguali a se stessi, adatti all'ascolto distratto dei concerti a bordo delle crociere, delle orchestre di signorine nei caffè di categoria, nelle gare di patinaggio artistico o nei balli di salon stile british. In questi ultimi, è di prammatica quella figura del ballo denominata casquet o casqué: entrambi camminano in avanti finché la donna, col piede sinistro fra i piedi dell'uomo, viene bloccata e fatta rovesciare all'indietro, cascare, insomma. Apparentemente il termine sembra tratto dal francese, lingua internazionale del ballet, senonché in francese non si casca ma si tombe, per cui è lecito sospettare lo zampino dell'italiano. Alla fine, colmo del kitsch, la rosa passa dalla bocca di un partner all'altro.

Superfluo dire che per i rioplatensi il casquet non è una cosa seria. La usano tutt'al più per caricaturizzare i ballerini europei, e la chiamano "volteo".

No finish Finnish tango

In Finlandia il tango è presente come la sauna, il sole di mezzanotte, gli edifici di Alvar Aalto o la musica di Sibelius. "Il tango è l'unico modo per sopravvivere in questo Paese": così sostiene il regista Aki Kaurismäki, che intitola i suoi film con versi di tango (*Nuvole in viaggio*) e ogni venerdì d'estate indìce serate sul tema in una antica baita, con la pista in mezzo agli alberi. Lungi dal considerarlo una moda peregrina, il paese nordico l'ha radicato nella propria identità, riempiendovi le frequenze della radio durante la guerra con i russi. Le melodie dei tanghi finlandesi riecheggiano motivi germanici e slavi. Alcuni sono la versione di famosi brani rioplatensi o dei congeneri italiani (*Torna piccina mia, Guarda che luna*), in quella lingua così ricca di vocali, segnata da una venatura romantica e ingenua. Le parole alludono alla città, alla natura, all'estate caduca, all'inverno buio e freddo, alla nostalgia, e testimoniano l'abbandono della campagna intorno agli anni Sessanta. Basti dire che il tango *Tähdet meren yllä* (Stelle sul mare) di Reijo Tapale, l'autore più noto insieme a Olavi Virta, si piazza in cima alle vendite dell'anno 1964 con *All my loving* dei Beatles.

Si può pensare che questo sia l'unico paese europeo dove il tango non viene recepito solo come ballo, ma come canzone, musica e parola, pratica di massa, maniera "latina" di essere. Il ballo è alquanto semplificato: due passi lunghi, due brevi, si gira tutti in senso antiorario, come negli altri balli di coppia unita, come non succede col tango rioplatense. Anche il concatenamento dei brani va all'insegna del due: due valzer, due rock e due tanghi.

Ogni anno, nel mese di luglio, si celebra il gigantesco Tangomarkkinat nella città di Seinäjoki, a quattro ore di treno da Helsinki sulla linea della Lapponia. Centomila persone vi si accalcano per una settimana, coi camper fra le betulle. Centinaia di nuove canzoni si contendono i successi degli anni Cinquanta e Sessanta. Si eleggono i re e le regine dell'anno, cantanti e strumentisti in media diciannovenni, ospiti i vincitori del passato, in mezzo alla moltitudine che balla sulla strada principale, diventata Tango-katu, durante tutta la notte chiara. Tra vodka e birra, casquet e rose a profusione.

Tangorient

In Giappone, offerta di dischi per una storia del tango dal 1917 al 1960. Da sinistra, sopra, si distinguono: Eduardo Arolas, Julio De Caro, Rosita Quiroga, Osvaldo Fresedo, Azucena Maizani e Agustín Magaldi. Sotto: Carlos Gardel, Mercedes Simone, Edgardo Donato e Ciriaco Ortiz.

Intramontabile e controcorrente, il tango non segue la consueta direzione verso occidente degli astri e delle migrazioni. Dalla

Ville Lumière, insuperabile trampolino di lancio, il tango balza in Giappone. Il primo responsabile del suo ingresso nel paese nipponico fu il barone Megata, che negli anni Venti si era distinto negli ambienti diplomatici parigini per il suo fervore nei confronti del genere rioplatense e la sua amicizia con gli autori e gli interpreti di passaggio. I dischi di tango, sposandosi perfettamente alle collezioni di oggetti art nouveau raccolte dal barone a Parigi, erano spediti fuori sacco a lontane latitudini. Così giunse in avanscoperta *A media luz*. È forse questa la scintilla che accese la nota predilezione per il tango nel paese del Sol Levante, dove lo si coltiva così come è, nella musica e nelle parole, senza manipolazioni di sorta.

Le scuole di bandoneón pullulano e il numero delle orchestre *típicas* nella sola Tokio supera, tra gli anni Cinquanta e Sessanta, quelle di Buenos Aires e di Montevideo messe insieme. Si chiamano, ovviamente, Palermo, Pampa, La Boca, Buenos Aires, Corrientes. Quando la cantante Ranko Fujisawa spiccherà il salto nelle capitali del Plata (fra gli anni Cinquanta e Sessanta), accompagnata dal marito, il direttore d'orchestra *típica* Shimpel Hayakawa, il Giappone entrerà pienamente nella storia del tango. Immancabilmente vestita col kimono, Ranko stupiva il pubblico col suo stile borgataro e la pronuncia perfetta, che aveva imparato per imitazione fonetica, senza conoscere una sola parola della lingua originale. Anche i tanghisti rioplatensi si sono recati in Estremo Oriente seguendo i loro dischi, e sin dagli anni Ottanta hanno impiantato solide scuole di ballo.

Per quanto riguarda la Cina, il regista Wong Kar-Wai documenta poeticamente come sia possibile narrare vicende umane vissute a Hong Kong in chiave di tango (nonché di bolero). Nella realtà quotidiana, peraltro, alla pratica silenziosa del tai chi chuan si assomma quella del ballo sudamericano con l'accompagnamento degli stereo portatili. Il parco Beijing Ditan di Pechino ospita giornalmente uno sciame di persone che, al mattino presto, prima di assolvere ai normali impegni lavorativi, si dedicano al tango. Le coppie anziane lo ballano in modo vivace e semplice, "estilo caminadito", come si usava fare nei paesi del Plata nell'epoca d'oro degli anni Quaranta. Quelle giovani cercano di imparare i passi più bizzarri, ma sempre con spirito giocoso.

Anche in Vietnam il tango (insieme alla rumba, ci tengono a precisare) è fra le danze predilette dal pubblico che accalca i grandi ballroom del sabato sera. Per l'accompagnamento musicale si attinge ai dischi di tango locali, una sorta di liscio con un indovinato amalgama di strumenti e attraenti voci femminili, gravi, che cantano in vietnamita. I testi, dal contenuto malinconico come le altre canzoni di questo paese, sono riconducibili alla donna che piange l'assenza dell'uomo, portato via dal lavoro o dalla guerra. Di oriundo sembra esserci soltanto *La Cumparsita*, che, all'ascolto, riserva una sorpresa: la maniera di cantare, che usa spostare le frasi sull'ottava inferiore o superiore, fa sì che i tre motivi musicali del brano si staglino con nitore.

Fa molta impressione trovare questo tesoro, racchiuso in musicassette dalla copertina bianca sguarnita, in un modestissimo emporio del villaggio di My Lai dove avvenne la strage di innocenti.

LA DANZA

La novità ballabile

Dopo un secolo di valzer, le danze di coppia unita (chiusa, come dicono i francesi) hanno ormai perduto la loro carica trasgressiva. La stranezza del tango non sta nell'abbraccio, ma nei passi complicati, addirittura innaturali, di un gioco fatto di scissioni e svolte subitanee (*cortes y quebradas*). Col valzer era sufficiente girare lasciandosi andare agli accenti regolari della musica. Ora occorre dedicarvi del tempo, studiarlo, applicarsi, e forse prendere lezioni.

Il tango rioplatense presenta pochissime analogie con le altre danze di coppia unita. Una è certa: è sempre l'uomo che guida, anche se molti ancora la ascrivono al "carattere maschilista del tango". Altra analogia risiede nella posizione di partenza, quando i ballerini si collocano uno di fronte all'altro, lui passa il braccio destro dietro la vita di lei, lei poggia la mano sinistra sulla spalla di lui, e si cercano l'altra mano per stringerla. Da lì in poi, tutto lo rende diverso.

Per chi balla il valzer non fa differenza, dal punto di vista tecnico dei passi, che si suoni *Vita d'artista* di Strauss o l'*Estudiantina* di Waldteufel, né che a interpretarli sia una banda dilettante o la grande orchestra sinfonica di capodanno. (Potrebbe anche farlo col tic tac di un metronomo: ùn dué tre, ùn dué tre). Avviene pressappoco lo stesso con altri ritmi ballabili: non ci si formalizza troppo sul brano scelto, né sugli interpreti. Invece, per chi balla il tango, è molto diverso farlo sugli accordi di *Papas calientes* o quelli di *Yuyo verde*, sulle versioni del duo Troilo/Grela o sulle orchestre di Fresedo o Tanturi. Quel tango in particolare, quel dato complesso che lo suona, suggeriscono lo stile e la sequenza dei passi. Sia nelle milongas, le balere popolari del sabato sera, sia negli spettacoli teatrali coreografati.

Esiste anche un'altra importante caratteristica che lo identifica: i ballerini invadono lo spazio del proprio partner, gli bloccano o gli spingono un piede, lo sgambettano, lo costringono a intrecciare le gambe o ad aprirle. Inoltre, senza sciogliersi del tutto dall'abbraccio, possono trovarsi a eseguire isolatamente delle figure, spaiati, in un continuo attirarsi e respingersi. Talvolta, mentre l'uomo resta fermo, la donna è al massimo della mobilità, e in questo potrebbe far pensare al balletto. Inoltre, le coppie del tango scelgono la loro propria collocazione sulla pista, liberi dall'obbligo di procedere intorno e in senso antiorario come nelle altre danze. Liberi perché non esiste un passo base, un generico dondolio con cui riempire l'attesa, i punti morti. Alla donna si richiede di seguire i segnali che le trasmette la mano destra dell'uomo sulla sua schiena, e di elaborare i passi che l'improvvisazione va concatenando.

Lui non indietreggia

Contrariamente agli altri balli, in cui spettano all'uomo, per dovere cavalleresco, i passi all'indietro, qui è la donna che retrocede. Perché? Finora si era pensato che ciò ubbidisse all'antica norma di lotta, che imponeva all'uomo di guardarsi alle spalle. Come nella bambula negra fatta di finte e attacchi, come nella pizzica pugliese che simula la lotta col coltello, l'uomo tiene ogni cosa alla portata del suo sguardo, senza offrire la schiena all'avversario. Le ragioni però sono meno suggestive e interessano il funzionamento del ballo: siccome l'andamento delle altre coppie non risponde ad alcun ordine prestabilito, chi conduce deve tenerle d'occhio sia per non scontrarsi con loro, sia per profittare dello spazio rimasto libero e comporre la sua sequenza di passi. Esiste quello che, brutalmente, si apre un varco fra gli altri a furia di "mujerazos" (donnate). Ma il fatto che, consapevolmente o no, tanto il ballerino comune come il professionista in scena non eseguano più di un passo all'indietro, e questo solo come passo di servizio per poter cambiare posizione, fa pensare a una costante stilistica di una tale specificità, che una ricostruzione filologicamente seria del tango non può disattendere.

Invenzione maschile

Il tango, come danza, è un'invenzione maschile. Vera e propria iniziazione di uomini, mentre tramonta il sole, nelle strade in terra battuta di periferia. Gli archivi conservano foto di ragazzoni compunti, che si esercitano tra loro, in attesa che la fortuna li metta di fronte a una donna.

Uomini ingombrati da cappotti e lengue (sciarpa) per difendersi dal freddo umido della notte invernale, con stivaletti o alpargatas (scarpe di pezza), e fungi (cappello a bombetta), di immancabile uso all'aperto. Nel gruppo c'è chi fischia o canticchia le brevi melodie orecchiabili. C'è chi le esegue soffiando sopra un pettine foderato di cartina da sigarette o carta stagnola: riproduce il suono di una tromba. Nel migliore dei casi, si fa affidamento sul trio itinerante: violino, flauto e chitarra, o al posto della chitarra l'arpa diatonica degli indios paraguayani.

Nessun equivoco in questa danza bizzarra di soli uomini, anche se un editto del 1916 del comune di Buenos Aires la proibisce col pretesto di intralciare la circolazione. Qualcuno ha parlato di omosessualità latente o manifesta. In verità, per saper guidare, niente di meglio che imparare a seguire. Così l'uomo, nel ruolo della donna, conosce a fondo la controparte, si rende conto delle possibilità, dei limiti, della viabilità di determinati passi. Anche se non vuole confessarlo, nessun uomo impara l'abiccì nei locali destinati al ballo; quando decide di lanciarsi in pista con una donna vuol dire che si sente preparato.

Ancora oggi, sia nelle "prácticas" presso le scuole specialistiche o nelle case private, ci si esercita uomini con uomini, donne con donne. Assumendo la parte dell'uomo, la donna si impossessa di un codice che non potrà non rispettare.

Tema accativante quello della coppia formata da persone dello stesso sesso, che non per nulla è stato raccolto e ripensato dai migliori coreografi internazionali, e che il cinema ha tramandato in immagini di sicuro impatto.

Guardando vecchie fotografie

Subito però i passi scivolano sui parquet e i marmi dei saloni della classe alta. Vecchie fotografie ingiallite documentano che, sul finire dell'Ottocento, il tango lo ballavano sia gli straccioni, sia il signorotto attillato e la dama con la penna di struzzo, perché la danza è gioco imitativo, si espande dappertutto, scavalca qualsiasi frontiera.

A osservare il soggetto "coppie che ballano" nei documenti fotografici d'epoca, dall'uso del cappello si può desumere, con una certa approssimatività, a quale classe appartengono.

– Se lei porta il cappello e lui no, sono della classe alta.
– Se lui porta il cappello e lei no, sono della classe bassa.

– Se nessuno dei due porta il cappello, sono della classe media, che nel Rio de la Plata, a partire dagli anni Trenta, prende in mano i destini del tango. Insieme all'evoluzione musicale e poetica, opera quello che ritiene sia un incivilimento gestuale: semplifica i cortes del ballo, sfoltisce le figure, ne diluisce gli eccessi.

Allontanamento e tripudio

La festa vuole altri ritmi, altre emozioni, quasi nessuno noterà l'assenza del tango quando, intimidito, scapperà via dalla porta di servizio, alla chetichella. Tornerà alle origini, alle "prácticas", ai compleanni e alle nozze di famiglia dei quartieri popolari, a reimparare dai vecchi. E solo quando si sentirà pronto riapparirà, facendo irruzione. Ciò avverrà negli anni Ottanta, grazie a uno spettacolo di Héctor Orezzoli, psicologo e letterato, Claudio Segovia, pittore e scenografo, con la direzione musicale di José Libertella, compositore e bandoneonista, e le coreografie di Juan Carlos Copes. Quando "Tango Argentino" si presenta a Broadway nel 1983, settant'anni dopo Parigi, la nuova capitale dello spettacolo lo accoglie con un successo folgorante e lo proietta nel mondo. Nemo profeta in patria: occorrono nove anni di riuscite internazionali perché i paesi rioplatensi lo richiamino alla festa, aprendogli la porta principale.

Miguel Angel Zotto, di formazione popolare, nel tango come nel folclore, e Milena Plebs, proveniente dalla danza classica e moderna, i più giovani che negli anni Ottanta giravano il mondo con la Compañía de Tango Argentino, continueranno nell'opera di ricerca alle radici. Disegno di Perrone, 1994.

Gli stili ballabili

Si ridefiniscono i vari stili. Il "tango apilado" (appoggiato), in cui i corpi si appoggiano l'uno sull'altro, rimanendo strettamente uniti petto contro petto, impedisce di eseguire figure d'effetto; in compenso, si acutizzano le capacità di guida, nell'uomo, e di immediata risposta, nella donna, il che li trasforma in un'unità danzante, ogni volta diversa e irripetibile. Questa modalità, praticata nei balli di carnevale dei grandi teatri fra gli anni Venti e Cinquanta, ancora oggi si può ammirare nei saloni del centro delle città del Plata. C'è chi si dedica al canyengue (rioplatense anni Venti), chi al tango de salón (portamento eretto), chi a quello di scena, pieno di cortes y quebradas, e anche a quello coreografato.

L'eleganza, la classe, il portamento, sono le qualità richieste sempre ai ballerini: lo dice una dozzina di testi (*Así se baila el tango, El Trompito*), e lo dicono i milongueros, persino quelli che frequentano le balere più modeste. Essi escludono, peraltro, che il tango sia un ballo triste: lo considerano invece un grandissimo divertimento, un piacere insostituibile. Fate caso alla musica, dicono giustamente, soprattutto a quella nata apposta per essere ballata: è allegra, veloce, piena di ritmo e di vita. Tristi sono le parole. "Triste es el cantor", ma ci sono migliaia di dischi di sola "orquesta típica".

La carica simbolica

Una danza stramba, prepotente, incomparabile, nessuna descrizione è capace di esprimere la straordinaria suadenza del tango, quando tra i due esiste quell'alleanza rigorosamente silenziosa che si chiama "afinidad", quella compenetrazione non comune che qualcuno ha paragonato alla transe ipnotica. I due, avviticchiati e divisi, eseguono figurazioni difficoltose con una sorprendente sincronia fatta di tensione e languore, di irruenza e morbidezza. Qualcosa di simile al sesso, non per la gestualità, ma per concordanza nel significato ideale: conoscenza dell'altro, interazione, godimento. Mentre ballano, i due imparano a ballare, e così si plasma la coppia danzante, in condizioni di parità. Più è brava la ballerina, più il partner si sente gratificato e spronato a migliorare, con buona pace di quanti affermano che questo sia un ballo maschilista.

Nei tre minuti e mezzo che dura un tango, una possibilità di intesa, una comune porzione di felicità, quasi fosse un premio simbolico agli ardui percorsi della coppia umana.

La coreografa Catherine Berbessou

A proposito dello spettacolo della Compagnie Quat'zarts "A Fuego Lento", Ferrara, 2000. Molti fra i più interessanti coreografi contemporanei si aprono al tango, attratti dall'originalità delle figure e dalle illimitate possibilità inventive. Il primo probabilmente è stato Maurice Béjart, quando in *Notre Faust* (1975) faceva convivere i tanghi rioplatensi tradizionali con Bach, anticipando il *Mozart-Tango* del 1991. Ma soprattutto è la musica di Astor Piazzolla che, come una valanga, occuperà ogni aspetto del tango, compreso quello dei ballerini, che il compositore argentino ignorava deliberatamente, e diventerà il cavallo di battaglia di alcune grandi figure della danza nonché il rifugio di molti piccoli peccatori da palcoscenico.

Lo spettacolo di Catherine Berbessou non ricorre al sicuro impatto della musica piazzoliana. E, contro ogni aspettativa, la colonna sonora nemmeno contiene *A fuego lento*, pietra miliare del tango d'avanguardia che Horacio Salgán scrisse nel 1953 e che il film "Tango" di Carlos Saura ci regalò in una versione memorabile: l'autore ottantaduenne, col suo pianoforte agilissimo e percussivo, a capo del Nuevo Quinteto, pura musica da camera, condita da interiezioni goduriose. La giovane coreografa francese attinge invece al repertorio tradizionale, nelle registrazioni storiche care ai ballerini aficionados ultrasettantenni di laggiù. Basti citare le due chicche dell'anno 1942 con cui inizia e si conclude lo spettacolo: l'orchestra di Carlos Di Sarli che suona *Verdemar*, cantato da Oscar Serpa, e *La Cumparsita* nella versione diretta da Juan D'Arienzo, il re della battuta (a tempo metronomico), con Fulvio Salamanca come pianista.

Qui non ci sono le macchiette danzanti del gaucho e la paisana sotto le frasche, né del guappetto-col-cappello e la servotta-col-grembiule nel cortile del casermone, né quelle del ruffiano e la prostituta al chiuso del lupanare (fa più tango dire lupanare che bordello, casino, postribolo, vero?), macchiette che ancora imperversano in questo genere di spettacolo, col pretesto della carrellata storica, e che fanno tanto folclore (anche se il tango è musica cittadina), tanto colore locale (anche se il tango ormai appartiene a tutti), tanto brividino da guardone del marciapiede di fronte (anche se sono sempre più frequenti le occasioni di ascoltarlo, di leggerlo, di praticarlo e di conoscerlo per quello che è). Anzi, a riprova dell'extraterritorialità del tango, nella colonna sonora di *A fuego lento* si avvicendano un tango di De Caro e un valsecito criollo, un ballo macedone e il parlato di un tanghista, un brano orientale e il canto di Carlos Gardel, un rock e il bolero *Bésame mucho* (anno 1940) della messicana Consuelo Velázquez. E rumori, e sussurri indistinti.

La Berbessou ha messo in scena tre coppie che esulano dalle coordinate geografiche e temporali. Potremmo essere noi, voi due, loro. Gente normale. Loro in particolare sono splendidi ballerini. Senonché vanno normalmente vestiti e si spogliano normalmente. Usano normale biancheria intima, quella da bucato. Gli uomini indossano i calzini. Le donne portano i tacchi a spillo, ma non hanno le calze e nemmeno i reggicalze né le giarrettiere. A questo punto vi domanderete: ma che tango è questo?

Diamine se lo è.

A fuego lento risponde alla sfida insita nel ballo di coppia, gioco da camera più che mai, sia detto in tutti i sensi. Emergono i caratteri, gli atteggiamenti, le reazioni del maschile e del femminile, le invenzioni in un campo molto codificato dove "lui" propone e vigila sullo spazio circostante, "lei" indietreggia e si abbandona. Rapporto complesso, equilibrio instabile di due individualità, da tenere a bada *a fuoco lento*, dolce, costante, affinché non si estingua né diventi incendio rovinoso.

Occorre sedurre l'altro, se-ducere, condurlo a sé, convincere e avvincere. Ecco la condizione primaria, che va dalla parata animale ai goffi tentativi di conquista, dal drappo in cui la donna nuda si avvolge per avvicinarsi all'uomo, al rifiuto drastico, alle attese penose, alla danza come ricerca di perfezione.

Il tango, metafora della coppia, appare sezionato in varie figure. Una è quella della donna che accavalla una gamba sull'uomo, agganciandolo; il gesto si completa con la mano che, come se mettesse una sicura, tenta di fermare saldamente la presa.

Tale figura viene ripetuta ossessivamente, ed è tragico vedere questi arti che si arrampicano compulsivi, queste mani che non riescono a stringere nemmeno quando l'altro le aiuta, queste donne che rimangono per terra, le gambe bloccate su se stesse. A volte le ballerine entrano letteralmente nei panni del partner, infilandosi nelle maniche della giacca, in una danza suadente.

O trovano il diniego di chi si copre gli occhi con le mani o si mette a braccia conserte. Ai passi del ballo si accompagnano i gesti del legame intimo: baci appassionati, furtivi, infantili. Dai baci nascono palloncini rossi e bianchi, che si gonfiano, cadono dalla bocca al ventre, separando – o unendo? – la coppia, finché esplodono. E qualcuno, derelitto, disarmato e disarmante, rimane coi vestiti e le scarpe in mano.

Tra gli elementi scenici ci sono le sedie, sedie che fungono da treni, sedie dell'attesa, sedie dove gli uomini portano le donne per poi sollevarle nelle braccia, sedia compresa.

Oppure sono le donne a caricare verticalmente gli uomini, e i tacchi a spillo sembrano acquistare la funzione – diversa, nuova – di trampoli.

Dato il tenero humour che impregna questo spettacolo, si può ricordare l'affermazione di Isadora Duncan filtrata da Cortázar "Io vi danzo quella poltrona lì", che destava meraviglia solo per l'uso anomalo del transitivo. Qui si danza. In piedi, come tutti. Ma anche orizzontalmente, baciandosi e rotolando, allacciati come nel ballo, afflosciandosi, l'uomo in piedi che avanza intraprendente fra le cosce di lei, seduta, che retrocede; giri violenti, deposizioni delicate, grovigli sul drappo rosso ora diventato lenzuolo, ora pista da ballo, e forse tendone da circo che copre le sedie vuote.

A fuego lento non è fatto solo di gestualità, ma anche di parola. Si sentono brevi enunciazioni: "Soy un hombre". Uno, mentre viene lasciato in slip e calzini da lei, intesse un racconto su un incontro superstar con "carne argentina sin grasa". Le donne chiedono: "Vuoi ballare? Vuoi baciarmi? Ancora!" Un'altra sbuffa dal caldo, si sventaglia, si alza la gonna, i tre uomini, alla vista delle mutande, cadono stecchiti, e lei li deride.

Non si svela alcun mistero eleusino se si dice che, come danza, il tango è invenzione maschile, linguaggio di corpi pari. Colui che intreccia la mano destra alla sinistra dell'altro e posa la propria mano sinistra sulla spalla del partner, "rappresenta" la donna. Nessun problema a scambiarsi i ruoli per trasmettersi i passi, per provarli e riprovarli.

Raccolto ed elaborato dal teatro e dal cinema come momento di esaltazione estrema, il tema della coppia formata da due maschi continua a esercitare un influsso innegabile. Quando la coppia – parliamo sempre di alti livelli – è formata da un uomo e una donna, è lui che dà l'impronta, spesso il nome, e se tale coppia si scioglie, lui trova mille altre compagne disposte a seguirlo, mentre lei quasi sempre rimane sola, anche se bravissima, finita la carriera. Deve essere rimasto un input antico: l'uomo è il perno del tango, sì, ma allo stesso tempo il suo limite.

Così come l'ha voluto e tramandato, fa pensare a una forma di danza chiusa, restia agli sviluppi che ne hanno invece trasformato la musica. Perciò il tango, affrontato dalle artiste libere dai clichés, sa fare luce sui lati segreti e sacri, e sorprende nell'intimo.

Milonga e vals, e altri compagni di strada

Oltre al tango, il repertorio dell'orchestra tipica comprende la milonga e il vals criollo, balli anch'essi di coppia unita che però, contrariamente al loro congenere, si eseguono con un passo base uniforme, regolare, arricchito da qualche variante presa in prestito dal tango.

La milonga sta al tango come la polka sta al valzer: con brio saltellante si cammina e si gira, aggiungendo qualche agile figura come la sentada (lei seduta sulla gamba di lui) e la lustrada (lucidandosi le scarpe) da realizzare in modo noncurante e ironico. Si usa dondolare di fianco e circondurre le spalle caricaturizzando la camminata del vecchio guappo di periferia. Spesso la si vede ballare separati, ciascuno tenendo le mani allacciate dietro di sé, e con la fronte attaccata a quella del partner; si dice che questa figura sia stata inventata da Tita Merello per nascondere al pubblico lo spacco della gonna che le si era scucita.

Il vals criollo non si danza come il valzer viennese, ma come "vals cruzado" (incrociato, attraversato): invece di muoversi intorno alla pista, la si attraversa, a croce. Senza portare un piede contro l'altro, si avanza come nella marcia, sempre camminando, l'uomo in avanti, la donna indietro. E, dato l'andamento vivace della musica, ogni passo viene scandito sul primo tempo di battuta; anche le battute si attraversano, dunque.

In quest'ultimo si esplicano sia i ballerini "popolari" professionisti, sia i protagonisti del balletto internazionale, che crescono in modo esponenziale e che sarebbe vano registrare in queste pagine.

Solo un'osservazione: negli ultimi spettacoli di tango si avverte la tendenza a dare spazio a danze appartenenti al folclore come il malambo, il pericón, la zamba, la chacarera. Combinazione affascinante e vivificante.

Bocca Tango, coreografie di Ana María Stekelman. Spettacolo di singolare bellezza: scena spoglia, appena una scala, un tavolo, e Julio Bocca (1967), il danzatore fuoriclasse, Teatro Sistina, Roma, giugno 2003.

A proposito dello spettacolo "Tango, vals, tango" della Compañía Tangokinesis, Catania 2004. Signori, attenzione: Ana María Stekelman è una coreografa di primissima grandezza.

Iniziatasi a Buenos Aires alla danza moderna, ha proseguito i suoi studi a New York nella Scuola di Martha Graham, entrando poi a far parte della Compañía de Danza di Oscar Araiz. Ha creato coreografie per il Colón di Buenos Aires, per il Ballet Stagium del Brasile, il Nacional del Cile, il Ballet du Nord in Francia, per l'Opera di Roma.

Ma, come se fosse mossa da un dato biologico impellente, come se dovesse attraversare in equilibrio una doppia corda molle, la sua ricerca artistica mira alla fusione della danza moderna col tango. Perciò crea, nel 1992, la compagnia Tangokinesis, con la quale si esibisce nei festival e nei teatri più importanti del mondo.

Avrete già notato il suo stile inconfondibile.

Nel film *Tango* (1998) di Carlos Saura, le sue coreografie, che dividono la scena con quelle dei colleghi "popolari" Copes e Rivarola, le valsero il premio American Choreography Award di Los Angeles.

Negli ultimi cinque spettacoli della somma star internazionale Julio Bocca la coreografa è lei. Come si fa a dimenticare *El último café* in "Bocca Tango" (presente anche in "Tango désir")? Ana Stekelman opera sulle tendenze estreme: vestito/nudo, abbandoni subitanei e drastici scatti di diniego, segni dell'amore tango senza vie di uscita, e felicità della perfezione provvisoria della coppia danzante.

L'opera "Tango, vals, tango" è divisa in tre parti:

Nella prima appaiono i segni roventi del passato, della mostruosa storia vissuta. Raffiche di mitra e spari sovrastano la musica dei tanghi tradizionali: il terrore incombe sulle coppie di ballerini, che però non desistono. Cadono, si rialzano, e di nuovo si afferrano, allacciandosi, disposte ad affrontare l'invisibile minaccia. Sprazzi di danza emersi nel chiaroscuro parlano della tragedia, ma anche dell'eroismo e della solidarietà. La danza, col suo ritmo disarticolato, debella le armi da fuoco. Torna la calma col dondolio di una culla e il ritorno alle braccia materne. Alcune delicate figure, ossessivamente ripetute, colpiscono nel più profondo.

Nella seconda parte, il vals, vi è un sottile richiamo al balletto romantico, *Silfidi*, *Giselle*. L'assenza, il lutto, due donne che ricoprono con un velo i loro cari e ballano dolcemente, finché ai primi accordi del valsecito *Desde el alma* rinasce il desiderio di innamorarsi e di fare festa. Come in una citazione di *Coppelia*, appare una ballerina robotica coi piedi legati da una corda, manovrata da un burattinaio. Anche qui, si passa dal ridente allo spettrale.

Nella terza parte assistiamo all'apoteosi del tango come musica rappresentativa della città di Buenos Aires, frenetica, caotica, indifferente e amatissima. In fondo alla scena, la fila di sedie (stilema scenografico ormai obbligato in questo genere di spettacolo), con dieci uomini seduti, dieci suonatori di bandoneón. È l'omaggio a Piazzolla. Gabriel Rivano esegue l'assolo di *Adiós Nonino*, quell'insuperabile cima della poetica piazzolliana. Tutti ne rimangono affascinati. Vi hanno ritrovato l'identità perduta.

GARDEL, VOCE E IMMAGINE

Hermenegildo Sábat, dal libro Al Troesma con cariño, *1971*
"Sotto l'ala del cappello/ quante volte mascherata/ la lacrima che spuntava/ non potevo contenere". (Cuesta abajo)

Le tappe del mito

La voce per antonomasia del tango è Carlos Gardel. Sarebbe un sacrilegio ballare mentre lui canta. Gardel va ascoltato.

Quando, nel 1914, il duo Gardel-Razzano debutta nel cabaret Armenonville di Buenos Aires, è il trionfo. Il pubblico, in delirio, li solleva sulle spalle. "Sei sicuro che non ci stiano prendendo in giro?", domanda diffidente Gardel all'amico. Così inizia la carriera gloriosa del Re del Tango, anche se il repertorio del duo, predominantemente rurale, si specializzava in cifras, estilos, tonadas, triunfos. La Nacional, la fiammante impresa fonografica e discografica argentina di Max Glucksmann, li ingaggia come artisti esclusivi insieme a Roberto Firpo e la sua orchestra. Sulla nave "Infanta Isabel" che li porta in tournée in Brasile viaggia Enrico Caruso; Gardel si fa ascoltare, e il grande tenore napoletano esprime giudizi lusinghieri sulla sua voce.

Nel 1917 incide per la prima volta un tango, e da solo: *Mi noche triste*. È una data storica per il tango canción, in cui il cantante la fa da protagonista assoluto. Razzano, per seri problemi di afonia e interventi alla gola, abbandona il duo; si limiterà a scrivere, a gestire le tournée e ad amministrare i proventi di entrambi, finché non prenderà il suo posto Armando Defino. Nel 1925 Gardel comincia a comporre e, cantautore ante litteram, entro l'anno successivo incide, a Barcellona, 25 brani, le sue prime registrazioni col sistema elettrico. Scrive una settantina di canzoni su testi di autori diversi. In meno di dieci anni arriva a registrare in totale quasi ottocento brani, tanghi per la maggior parte. Le sale cinematografiche e i teatri si contendono la sua presenza; il suo nome stampato sul programma è una sicura attrazione.

Nel 1930 percepisce un cachet di 3200 franchi al giorno. Ascende alle prime posizioni anche come stella del celluloide, girando in totale dieci cortometraggi e nove film a Buenos Aires, negli studi della Paramount di Joinville, vicino a Parigi, e negli stessi studi di New York. Diventa cliente abituale dell'Hôtel Meurisse di Parigi e del Waldorf Astoria di New York. Gardel era in Colombia, quasi alla fine di una lunga tournée per l'America Latina, e aveva appena concluso un récital cantando il tango *Tomo y obligo*. Doveva recarsi a Cali dove lo attendeva, come dappertutto, un teatro gremito. All'aeroporto di Medellín, inspiegabilmente, il suo aereo, mentre si avviava al decollo, va a scontrarsi con un altro, fermo sulla pista, coi tre motori accesi.

Carlos Gardel muore carbonizzato. È il 24 giugno 1935. Nella sciagura perdono la vita anche Alfredo Le Pera, paroliere e sceneggiatore, i chitarristi Barbieri e Riverol, e altre tredici persone. Otto mesi più tardi, Defino ottiene che la salma sia rimpatriata a Buenos Aires. I funerali si svolgono al Luna Park, lo stadio con 23 mila posti dove il campione dei massimi Jack Dempsey era stato sconfitto da Luis Angel Firpo, "El Toro salvaje de las Pampas". Il richiamo e il fervore attorno alle sue spoglie sono un'apoteosi.

Lo si venera dalla Patagonia al Bravo. Statue con la sua effigie, strade col suo nome, ricordi, testimonianze, reliquie. Ogni anno, il 24 giugno, gli si rende omaggio: nel mausoleo al cimitero la Chacarita provvisto di altoparlanti che diffondono la sua voce, o attraverso la riedizione dei suoi dischi; in programmi radiofonici e televisivi, con la proiezione dei suoi film.

Fondatore di uno stile di canto, simbolo della ascesa sociale che, dalle umili origini conquista la notorietà internazionale, Gardel è il mito ineguagliabile e forse intramontabile del tango.

Tutti, nel riferire per sommi capi la sua biografia, abbiamo ripetuto l'oleografica "storia da tango" centrata sulla madre nubile Berthe Gardes, una francesina di Toulouse, che si imbarca con il suo piccolo verso la capitale argentina, insediandosi nei dintorni dei Mercati generali. Mentre lei lavora come stiratrice, il bambino vende giornali per strada, raccoglie i piombi in una tipografia, fa il garzone di bottega e guadagna qualche soldo nelle cavallerizze dell'ippodromo del quartiere Palermo. Ben presto "El Francesito", che sa intonare con grazia i canti della pampa, è chiamato per rallegrare, con la sua voce e la chitarra, le feste del rione. Ha cambiato l'ultima consonante del cognome con una più eufonica, Gardèl, ed è così che verrà aureolato dalla fortuna.

Ogni cosa in lui finiva avvolta nel mistero, impermeabile al vaglio critico e alla verifica. Ogni quesito veniva messo a tacere con la frase "Gardel? *El que canta cada día mejor*" (Colui che canta ogni giorno meglio), che a furia di ripeterla ha perso l'ironia.

Oggi però, davanti a tutti i documenti emersi negli ultimi anni che hanno rivelato una trama sinistra di onori familiari e di interessi miliardari, non si può persistere nella falsificazione della sua biografia. Nel 1990, infatti, con un documentatissimo libro di 471 pagine intitolato *Carlos Gardel, Páginas Abiertas*, è resa pubblica l'indagine del magistrato uruguayano Eduardo Payssé González, che registra e completa i lavori investigativi intrapresi nel 1967 da Erasmo Silva Cabrera (Avlis) e Tabaré Di Paula. I fatti sono questi.

Carlos nasce in Uruguay nel mese di novembre o dicembre 1883, a Tacuarembó, città nel Nord del paese, nella fattoria Santa Blanca, proprietà del colonnello Carlos Escayola, possidente terriero e capo politico del dipartimento. All'anagrafe di Tacuarembó le pagine relative alle nascite di quel periodo appaiono danneggiate e illeggibili.

Carlos è figlio naturale di Escayola e di María Lelia Oliva, la cognata quattordicenne che lo stesso colonnello aveva tenuto a battesimo all'epoca del suo matrimonio con Clara Oliva. La nascita del bambino avviene negli anni in cui Escayola, rimasto vedovo da Clara, è sposato in seconde nozze con Blanca Oliva, alla morte della quale avrebbe poi regolarizzato l'unione con la figlioccia María Lelia, con dispensa papale. Caso più unico che raro, Escayola si ritrova tre volte vedovo di tutte e tre le figlie del console italiano Giovanni Battista Oliva e di Juana Sghirla, argentina. Il bimbo cresce in modo brado e anonimo con le donne di servizio della fattoria, privo di figure familiari di riferimento.

Berthe Gardes, anni prima, era partita da sola da Toulouse, la sua città natale, per tentare fortuna in Sudamerica, e si era fermata a Tacuarembó, per lavorare presso la Compagnia Francese delle Miniere d'Oro, nel cabaret La Rosada e nella fattoria Santa Blanca del colonnello Escayola, col quale aveva anche intrecciato un rapporto sentimentale. Rientrata in patria per due anni, Berthe decide di tornare in Sudamerica, e non è più sola. Come risulta dai registri della Dirección de Migración, Berthe sbarca con il piccolo Charles a Buenos Aires nel 1893. "Francese, anni 27, vedova, stiratrice, cattolica"; e lui "francese, anni 2". Questa volta si stabilisce nella capitale argentina, lavorando nel laboratorio di Anaís Beaux. Quando si assenta, affida il suo bimbo alle cure della sua conterranea e di una vicina, diventate amiche fedelissime. Charles cresce circondato da cure affettuose.

Durante uno dei frequenti viaggi di Berthe in Uruguay, Escayola stringe con lei un patto davanti a un notaio per cui la impegna a portare con sé Carlos a Buenos Aires, dietro compenso di una lauta somma. Berthe passerà alla storia come madre di Carlos, pur essendo semplicemente la sua tutrice.

Le foto testimoniano la grande somiglianza fisica tra Charles e Carlos: prive di data, potrebbero far pensare che si tratti della stessa persona. A un'analisi più accurata, si capisce che Carlos è qualche anno più grande, ma sembrano fratelli, o fratellastri (figli dello stesso padre, Escayola).

Per il resto, i ragazzi sono molto diversi. Charles frequenta con regolarità la scuola San Estanislao, e conclude le elementari ottenendo eccellenti voti: dieci nelle tredici materie. Carlos scappa continuamente da casa (dalla casa di Berthe), impara a scrivere (solo in stampatello) copiando i giornali, e marina la scuola per bambini poveri che gli destinano: una volta dai gesuiti, un'altra dai salesiani, senza riuscire ad andare oltre la seconda elementare; ottiene pessimi voti e parecchi richiami per cattiva condotta e piccoli reati. Nel 1905 conosce vari riformatori uruguayani e anche il carcere di Ushuaia. Appena uscito, va a trovare Escayola col quale ha un violento alterco.

Charles parla con naturalezza il francese, ed è lui che si merita l'appellativo di "El Francesito", non il nostro.

Carlos, data la saltuarietà dei contatti con Berthe e Anaís, non riesce nemmeno a capire il francese, e più tardi, le poche volte che canterà in questa lingua, si mostrerà refrattario all'accento. E quando, più avanti, si troverà a scrivere la parola "Toulouse" in un documento solenne, gli sfuggirà un errore ortografico. Il che sembra assai strano, per uno che si diceva fosse nato in quella città.

Intorno al 1907 Carlos decide di dedicarsi alla musica. Lavora come claqueur, comparsa e macchinista di teatro lirico, ama visitare i camerini, non perde occasione per farsi dare lezioni di canto, si produce nei comité politici e nelle case da gioco, conosce i payadores Arturo Nava e José Betinotti. Sembra spinto dall'ansia di rivalsa verso Escayola (suo padre), bravo cantor e suonatore di chitarra, protettore di artisti, titolare di un teatro a Tacuarembó, che lo vuole tenere lontano. Carlos riceve protezione disinteressata da parte dei cinque fratelli Traverso, proprietari del caffè O' Rondemann, uno dei quali vive more uxorio con Amanda Escayola sua cugina.

Sulla soglia dell'adolescenza, i destini di Charles e di Carlos si biforcano. Charles torna in Francia, combatte per il suo paese, e muore sul fronte durante la prima guerra mondiale; il suo nome figura iscritto sul Monumento ai toulousiani caduti. Si riparlerà di Charles solo nel 1936, quando Berthe, che è tornata a vivere a Toulouse, spedirà a Buenos Aires il certificato di nascita di suo figlio, documento che si era reso necessario per questioni giuridiche connesse a un'eredità miliardaria. Quella di Carlos, che era morto nel 1935.

Carlos rimane da solo in scena, occupandola nella maniera superlativa che tutti conosciamo.

Sotto un'altra luce

Nel 1931, Razzano viene drasticamente revocato dalle funzioni di procuratore generale di Gardel; lo sostituirà Armando Defino, con in più l'incarico di consulente artistico e rappresentante legale. Defino convince Gardel a fare un testamento olografo dove figuri il piccolo cambiamento del cognome (l'elle finale anziché l'esse), nominando Berthe ereditiera universale; sulla data appare una correzione: 7 novembre al posto del 9 (giorno in cui Gardel si trovava a bordo della nave "Conte Biancamano"). Si badi bene: la legge uruguayana non riconosce i testamenti olografi. Quella argentina, sì. Altra osservazione: se Berthe fosse stata davvero la madre, sarebbe stata di diritto l'unica ereditiera, senza bisogno di testamento. E ancora: Non esiste alcuna fotografia che ritragga insieme la madre "adorata" e cotanto figlio unico e "adorato".

Mesi dopo la morte di Gardel, Berthe rientra a Buenos Aires, dove finisce i suoi giorni nel 1943, a settantasette anni; lascia anche lei un testamento olografo (quindi non impugnabile in Uruguay) a favore delle due vecchie amiche e di Defino o, in caso di morte, della moglie di questi. L'immensa fortuna accumulata da Gardel in diritti d'autore, beni mobili e immobili, poco tempo dopo, sarà distribuita fra la Sadaic (la società argentina degli autori), Razzano per i diritti discografici e Defino per l'immagine.

L'Uruguay ha preso in mano le redini legali e ufficiali del caso. In Parlamento è stata chiesta la prova del DNA su tutti gli implicati. Invano, perché il medico legale colombiano ha messo insieme i resti delle salme. È giunto però da Toulouse un documento irrefutabile: l'atto di morte di Charles Romuald Gardes, figlio di Berthe, al fronte della prima guerra mondiale. Nato e morto in Francia. Mentre il nostro era nato in Uruguay e morto in Colombia.

Dopo la sciagura di Medellín, diverse testimonianze concordano nell'affermare che la fattoria degli Escayola era meta di un andirivieni di gente che, sospeso il tabù, andava in visita di condoglianza alla famiglia. Una famiglia che gli ha negato il nome. In compenso, Gardel sarà riconosciuto con una miriade di nomi esclusivamente rivolti a lui. Si capisce perché il poeta Francisco Urondo l'ha chiamato "Señor de los tristes". E tutto torna se si considera che chi sta cantando è quel Carlitos buttato fuori dalla ricca e fosca casa Escayola-Oliva di Tacuarembó.

Genio e oculatezza

Gardel costituisce un fenomeno musicale raffrontabile, all'epoca, solo a quello scatenato da Caruso. E, più avanti, da Elvis Presley.

La sua voce baritonale risulta privilegiata dalle prime difettose tecniche di riproduzione che colgono più fedelmente i registri gravi. Una innata simpatia personale gli consente di muoversi con disinvoltura in ambienti diversi, ivi compresi quelli dell'élite internazionale più esigente. La carriera cinematografica lo proietterà a un pubblico più vasto, si affrancherà dalle tematiche troppo locali del lunfardo, e costituirà un fecondo binomio con Alfredo Le Pera, autore delle sceneggiature dei suoi ultimi film e dei testi delle sue ultime canzoni.

Attore sobrio, mai overplaying. Raffinato, impeccabile nel vestire, ampio sorriso obliquo, mai blasé. Inconfondibile come la figura, la voce è pastosa, esattissima; il fiato, così sapientemente amministrato, gli fa ottenere un legato totale. Mantiene la quadratura del tempo con un rubato interno libero. Sempre calibrato, rare volte fa uso di corone, sa suddividere la battuta come pochi altri. Nonostante le carenze degli impianti di registrazione, il suo talento singolare gli consente di eseguire il brano folcloristico *Sanjuanina de mi amor* a duo con se stesso, e altre prodezze "a polmone", non comuni ai suoi tempi.

Gardel stabilisce uno stile di canto, basato sulla capacità di comunicare un testo, aderente all'azione drammatica dello stesso. Le epentesi caratteristiche (ju, mmh) sono un modo di apporre il punto esclamativo o interrogativo, che in spagnolo va collocato anche all'inizio, davanti a una precisa parola della frase. Sottolinea aggettivi e avverbi, caricandoli di senso. La sua voce assume toni chiari, astratti, quando ricorda i momenti gioiosi del passato. Ma, quando fa i conti con la realtà, pensando a quanto ha dissipato e cosa gli è rimasto, la sua voce si oscura, intrisa di sofferenza. La sua musica scavalca la portata dei testi e la sua interpretazione vocale è ancora superiore alla musica. Ascoltatelo in *Soledad*, *Misa de once*, *Caminito*.

Ma il mito è lì apposta per nutrire se stesso. Il fanatismo preferisce svuotare di significato il percorso umano e artistico di Gardel, di per sé generoso ed eccezionale, e arricchire di dati una biografia falsa e un culto inadeguato, coatto, come quello di tenergli sempre accesa una sigaretta nella mano della statua al cimitero, lui che fumava "de grupo" (per finta).

Generazioni di introversi latinoamericani nutrono una devozione quasi religiosa per Gardel, che ha agito da tramite fra loro creando musica e cantando testi che hanno assunto valore di proverbio. Un fantasma che aleggia sul tango, fermandolo, governandolo, dio eternamente presente e giovane, con la sua voce fuoricampo, il suo sorriso e il suo segreto.

Fotomontaggio Meri-Gardel.

Il mio primo libro sul tango (Bompiani) si giovò dell'editing di Umberto Eco: una festa irripetibile di intelligenza, sensibilità e rispetto. Mi sono permessa il lusso di esplicarmi con intera libertà, cosicché (tranne l'indice che si è perduto in sede di stampa), tutti gli errori sono miei, non aggiunti da terzi, né dovuti al malumore del vicino di sotto. Fra le altre cose, misi una mia foto sorridente, mate e cannuccia d'argento in mano, mentre segnalo con un indice smisurato Carlos Gardel, appiccicato al mio fianco, in maglietta scura e maniche corte, abbigliamento che il Cantor del Plata non usò mai, preferendo lo smoking e simili. Il montaggio fu fatto dalla mia amica Marie Michelle Noon, ritoccando una foto con mio figlio: aggiunse tre falangi al mio dito indice, sostituì la bionda testa riccia del ragazzo con quella di Gardel impomatato, senza preoccuparsi di nascondere i tozzi colpi di forbice e le toppe nella nuda collottola dell'Usignolo Creolo. Siccome nessuno di noi aveva l'intenzione di ingannare, una didascalia dichiarava: "Un fotomontaggio procura a M.L. l'illusione di aver bevuto il mate con Gardel, sul terrazzo della sua casa di Roma". Nel dubbio.

So per esperienza che la voce di Gardel trasmessa dai dischi o la sua immagine riportata dai film suscita reazioni compulsive. Non manca mai qualcuno che se ne esca col trito: "*Che*, ogni giorno canti meglio!", convinto che la battuta sia una sua invenzione personale ed esclusiva, e che il rispettabile pubblico non tarderà a prostrarsi ai suoi piedi (cosa che talvolta succede). Tuttavia, non mi aspettavo la reazione tangofrenica che, un giorno, la suddetta foto svegliò su un mio amico argentino, Aníbal Villareal, coetaneo e bravo chitarrista. Sfogliava il libro fresco di stampa e, quando la foto gli si presentò sotto gli occhi, si fece prendere da un patema. Pallido, pietrificato, a bocca aperta, riuscì appena a domandarmi, tartagliando:

– E questa fofoto con Gagardel?... L'hai l'hai coconosciuto?... Mamama come? Nonon me l'hai mamai detto!

– Vuoi leggere per piacere la didascalia?

– L'ho l'ho già leletta: che ha prepreso il mamate con te, qui a cacasa tua!

– Non hai capito che è un fotomontaggio? Che questa foto mia è attuale?

– Questa fofoto ha un vavalore incalcocolabile... Come poootevo immamaginare?

– Ascoltami una buona volta. Quando Gardel era così, tu e io andavano all'asilo nido.

– Non cacapisco.

– Lo vedo. Gardel è morto. Anche se ti sembra impossibile, è morto. Carbonizzato, hai saputo? Nel 1935. Calcola un po' quanti anni sono passati.

– Ma "*che*" (pronunciare "ce"), come passa il tempo…!

E non l'ho consolato cantandogli "che vent'anni è niente" o "quarant'anni di vita m'incatenano" perché mi aveva contagiato la balbuzie, e si correva il rischio che gli anni si centuplicassero.

Più avanti, per mia tranquillità mentale, mi sono messa a pensare dove e in quale momento avrei potuto incontrarmi con Gardel in carne e ossa. Di lui si sa, per certo, che il 6 dicembre 1930 si imbarcò a Buenos Aires sul "Conte Rosso" con destinazione Europa. In quello stesso anno i miei genitori, fallito il tentativo di riadattarsi all'Italia dopo la mia nascita, decidevano di abbandonare nuovamente il paese e di ripetere l'avventura dell'immigrazione in Sudamerica. Dunque io stavo attraversando l'oceano nell'altro senso, da Genova al Plata, come documentano le foto scattate a bordo del "Conte Verde", un altro transatlantico della linea. Nonostante le differenze spazio-temporali e i colori a prova di daltonici di entrambi i Conti, solo in quella circostanza posso immaginare un incontro con Gardel.

Meri sul ponte del "Conte Verde", 1930.

Io avevo due anni e a Gardel rimanevano cinque anni di vita. Su questo non esiste il minimo dubbio. Comunque, chiedo ai lettori di essere indulgenti con me perché, partita con tanto svantaggio nel 1930, sono riuscita a superarlo con una vita più lunga della sua, il che mi ha permesso di volergli bene e di stimarlo in ogni sua sfaccettatura. E, se incorro in qualche anacronismo, ricordo ai lettori che Proust fa ballare il tango alle *jeunes filles en fleur* nel balneario di Balbec, una decade prima che il genere rioplatense si conoscesse in Europa. Non mi resta che chiedere venia e abbozzare un possibile dialogo, a bordo del *Conte Verde*, tra l'ineffabile Bruno dei Mercati Generali e l'emigrantina bastian contraria.

Il Bruno – Ciao, maschietto!

L'Emigrantina – Non sono maschietto, sono una bimba.

Il Bruno – "Ma non sanno che una bimba nella vita mia passò, bella buona e comprensiva, bimba che mi incatenò il *corazón*"... Ma allora perché sei vestita coi pantaloni?

L'Emigrantina – Perché la mia mamma ha comprato modelli di carta solo di pantaloni.

Il Bruno – La tua mamma, ah... "Quella vecchina dai capelli bianchi!"

L'Emigrantina – No. La mia mamma è giovane e ha i capelli biondi.

Il Bruno – Ma se è stata lei a cucirteli, i tuoi pantaloni sono santi.

L'Emigrantina – No, sono di seta.

Il Bruno – "Io ricordo: non avevi quasi niente da metterti. Oggi usi corredo di seta con roselline rococò."

L'Emigrantina – No. Rococò mai e poi mai. Liberty, sì. Pigiami giapponesi di seta.

Il Bruno – Mi prometti una cosa?

L'Emigrantina – Perché no?

Il Bruno – "Non dimenticare il percalle."

L'Emigrantina – Che cos'è il percalle?

Il Bruno – Vedi? L'hai già dimenticato! "Un coro di ragazze vestite di percalle." "Avevi quindici primavere..."

L'Emigrantina – No. Due primavere.

Il Bruno – "Bramavi di soffrir, amar, e nel centro trionfar obliando il percal. Percal, cammino del percal, lasciasti la tua casa..."

L'Emigrantina – No. Ho una casa a Milano, dove sono nata. Ora vado alla casa nuova di Buenos Aires.

Il Bruno – Alla fin fine ti sei rivelata un'italianina, una tanita! Abanti garibaldi che la victoria è notra! Una gringhita! Ma come fai a parlare così bene lo spagnolo? Non hai il minimo accento…

L'Emigrantina – *Mutis*. (Ancora non avevo compreso che una può parlare bene una lingua per camuffarsi, perché si vergogna che suo padre parli il cocoliche).

Il Bruno – "Parlami d'amore, Mariù. Tuta la mia bita sei tu." Ma lascia che mi presenti. Io sono Carlos, Carlitos. Il cognome non importa, eppoi non è neanche quello mio vero. In compenso ho tanti di quei nomignoli da buttarli in aria a chi più ne piglia: Il Bruno dei Mercati generali, Il Mago, Il Divo, L'Idolo, Il Cantante del Plata, L'Allodola Creola, L'Anima che Canta, Il Bronzo che Ride, L'Imbattibile, Il Maestro, Il Troesma…

L'Emigrantina – Quello l'hai già detto: è Maestro al rovescio.

Il Bruno – Ma guarda che fenomeno di bambina, parli anche al vesciorro, al vesre.

L'Emigrantina – Dai, non hai altri nomignoli?

Il Bruno – Certo che li ho: L'Invitto, L'Unico, L'Inossidable, Il Tacuarembense Immortale, Il Muto, L'Eroe della Gola, La Voce, Il Re del Tango, Il Sorriso, Papà ... ¿Quale ti piace di più?

L'Emigrantina – Il Muto.

Il Bruno – C'era da aspettarselo, bastian contraria come sei… E tu come ti chiami?

L'Emigrantina – Il mio papà che è anarchico mi ha messo America. Mamma mi chiama Rica. Il mio caro signor Zidar mi dice Meri.

Il Bruno – Hai detto Mary?

L'Emigrantina – *Cenno di sì con la testa*. (Io ero analfabeta a quei tempi, perciò ignoravo che "la lotta è crudele e tanta" a spiegare l'ortografia di quel nome estraneo al calendario dei Santi, anche per la quantità immane di "i" che ci sono al mondo: latino, italiano, normale, col puntino, corto, non lungo, non greco, non ipsilon, non jota né jay di Jolly, ma come diavolo si chiamava quella lettera prima che sbarcassero gli americani, sebbene nessuno ci bada e te lo storpiano che è una bellezza).

Il Bruno – Ti chiami Mary? "Betty, Peggy, July, Mary, bionde di New York, testoline dorate che mentono amor… Biondo cocktail che ubriaca così è Mary… Deliziose creature profumate voglio il bacio di quelle boccucce dipinte…"

L'Emigrantina – *Mutis*. (Lo ascoltavo rapita, come se fossi stata davanti alla Callas; abborro la gente che urla e si agita, ascelle al vento, quando qualcuno canta in scena).

Il Bruno – Sia detto tra noi, Mary, questo non è un tango, ma un fox-trot. Tu devi imparare a distinguere, non come in Europa che fanno di tutto un intruglio e non vedono la differenza che passa tra un uovo e un cavatappi. Lo canto in un film mentre sono nella suite di un albergo di lusso, e indosso una *robe de chambre* di seta, proprio come la casacca del tuo pigiamino.

L'Emigrantina – (Gli do due sonori baci, il primo porgendoglielo con la manina, il secondo quando lui si china alla mia altezza).

Il Bruno – Che bello sarebbe stato avere una *beba* come te! Sapresti custodire un segreto che non voglio portare alla tomba?

L'Emigrantina – Cos'è tom...?

Il Bruno – Voglio rivelarlo a te, a te soltanto, creatura innocente, perché "io so che adesso verranno facce strane, tutto è menzogna, menzogna il lamento, e oggi è solo il mio cuor".

Io memorizzavo ciò che lui diceva, senza capirne il senso: non dimenticate che ero una bimbetta di due anni. Come succede con le canzoni. Per esempio, quel verso de *El día que me quieras* "un raggio misterioso *arácnido* nei tuoi capelli" l'ho sempre associato al ragno peloso che mi è caduto in testa quando ho aperto il rubinetto della doccia, io morta dallo spavento e lui che saltava come un pazzo dentro la vasca; solo più avanti capii la metafora "un raggio misterioso *hará nido* (farà il nido) nei tuoi capelli". Ma Gardel, anche tu, perché non rispetti gli accenti prosodici? Qualsiasi merlo, sentendoti cantare in *Volver* "Ho paura dell'incontro con il pàssato che torna" pensa che hai detto passero, e si domanda perché hai tanta paura di un semplice uccellino, se il film di Hitchcock non sei riuscito a vederlo.

Del segreto che mi raccontò in quell'incontro a bordo del "Conte Verde" ricordo alcune frasi slegate.

Il Bruno – Io non sono nato a Toulouse... E nemmeno a Buenos Aires. La Regina del Plata è una città divina, la città che più mi ha aiutato, ha raddrizzato le orecchie per ascoltarmi, mi ha dato lustro... Ma la verità è che sono nato a Tacuarembó... Rimane in Uruguay... Mia madre era una bambina, Maria Lelia... "Quattordici primavere e un sogno di donna, un cuore che spera"... Tutti sono stati costretti al silenzio. "Silenzio nella notte, ogni cosa è in calma." Berthe Gardes non è mia madre... Lei aveva un figlio, più piccolo di me, che forse è un mio fratellastro, ma non ero io. Si chiamava Carlos... Mio padre era Carlos...

L'Emigrantina – Quanti Carlo! Mi confondo. Carlo è un mio zio di Genova, Carlo l'altro mio zio, che fa il capo claque alla Scala di Milano.

Il Bruno – (dandomi un buffetto di simpatia, come se la storiella dei miei zii me la fossi inventata) E io giorni fa ero a Nizza e mi sono fatto amico di un famoso Carlitos, Chaplin. E con ciò? Tutti si chiamano Carlos, non ti preoccupare, vedrai che ti abituerai... Mio padre pure si chiamava Carlos, Carlos Escayola... Un colonnello potente, un maschione, una canaglia... Prima le ha violentate... Le tre erano figlie del console italiano Oliva... Alla fine anch'io sono un mezzo tano, hai visto?... Man mano morivano, le sposava, una dopo l'altra... Tutte e tre: zia Clarita, zia Blanquita, e Maria Lelia la mia mammina...

L'Emigrantina – Le donne hanno nomi più vari.

Il Bruno – Ma la vera passione di mio padre era mia nonna, Juana Sghirla, la moglie del console, una bellezza da far paura... Non poteva staccarsi da lei... "La passione ardente e folle che l'ha spinto a cercare un giorno il succo di un cocomero nella polpa di un'altra bocca."

L'Emigrantina – Buono il cocomero.

Il Bruno – Ma il cocomero che ti sto cantando non è per minorenni, sebbene in quella casa di Tacuarembó l'abuso di minore era all'ordine del giorno. Mi hanno buttato fuori da lì e mi hanno fatto passare per il figlio di quella francese e di padre ignoto perché era uno scandalo... Ti rendi conto? Figlio di una minorenne... "Mi sembra proprio di vederti: la gonnellina corta, dritta la punta dei piedi sulla panca..." Una bambina, la sorella della prima e della seconda moglie, che per giunta lui aveva tenuto a battesimo, come padrino... Zitta, che se penso all'incesto...

L'Emigrantina – Quale insetto? Il ragno peloso?

Il Bruno – Ricorda che c'è un mucchio di diritti d'autore che la metà basta per riempire questa nave... Un giorno capirai, tanita.

Nel mio primo libro sul tango ho analizzato Gardel come musicista, come cantante, come volontà. Per quanto concerne il suo destino umano, ho ripetuto ciò che dicevano tutti. Finché un giorno ho capito. Fu nel 1990, ossia sessant'anni dopo quell'incontro. Le indagini dei magistrati uruguayani sono a disposizione di chiunque desideri capire.

Il mio lemma attuale, scritto col pennarello rosso in un adesivo sopra il computer, dice:

Dejá nomás si algún chambón chamuya al cuete.

L'ho preso dalla milonga di Taboada e Mores *El Firulete* che, essendo del 1958, Gardel non ha potuto cantare. Ne faccio un uso personale, come se fosse il Muto che veglia su di me per non farmi andare in bestia nel sentire tutte le baggianate che si continuano a dire sul tango. ¿Cosa significa la tale frase lunfarda?

Lascia pure che qualche cialtrone parli a vanvera.

O, se preferite, Lascia che gli improvvisati aprano la bocca e diano fiato. Ma intanto, sul fatto che "arácnido" significhi "farà il nido" e "il passero", "il passato", non si discute.

Il tango non sfrutta le risorse della fantasia, così pungenti in altri campi. Il tango ospita volentieri la critica – distruttiva, sarcastica –, ma si nega ai programmi. Il tango agisce come una suggestione ipnotica che allenta le molle dell'azione. Il tango persiste come rituale del tempo passato. Il tango è la tragicommedia di voler tenere in piedi le cose che sono crollate.

Il tango è *testún*, per dirla in buon lunfardo. Cambiarlo equivale a snaturarlo definitivamente; vivificarlo, a ucciderlo. Sbarazzarsene, un puro atto mortificante.

Sarebbe sufficiente forzare appena la gabbia, cessare di ruminarlo e di cullarsi in lui. Usarlo come esperienza trascorsa, come strumento per un gesto conoscitivo nel filtro degli schemi culturali, per capire chi si è, dove si punta. Gridargli, in coro: *No escorchés! Ufa! Nata vota? Fínshela!* E far sì che *requiesca in pache*. E allora *dáguele*, a trovar qualcos'altro.

Un'articolazione di questo genere sembra rintracciabile in una poesia uscita da un carcere uruguayano per prigionieri politici. È la veglia di un uomo, senz'altro giovane, che parla del suo corpo come di un corpo vecchio; la luna gli porta il ricordo di altri tempi, soprattutto di una donna; la tristezza che lo pervade ha però tutt'altro segno: il suo ha conosciuto la tortura e ora non deve soccombere; la piazza d'armi, la carabina, gli stivali del soldato lo hanno strappato per sempre dal passato, ora ci sono i suoi compagni, la certezza di un domani differente. E quel canto dimenticato al quale si riferisce ben potrebbe essere il tango.

La luna
è un capriccio
di piombo
o d'alluminio
dietro i vetri
sporchi.
Sulla piazza
d'armi
rattrappita
accompagna
silenziosa
la mia veglia.
La luna
mi fa
smorfie
e ammicca
– che ne so –
mi dice cose
parole dimenticate.
La carabina
fuori
fa la ronda
adagio
e gli stivali
si combinano
al silenzio
seguendo
i passi
del soldato.
La luna
è un capriccio
di mercurio
che fugge
da furiosi
scorpioni
è un ladro
si porta via
i sogni
di trenta
miei compagni
angosciati.
La luna
è il tuo ricordo
– certo –
è la tua mano
è la tua bocca
è il tuo sorriso
è il tuo canto
di fuori
già dimenticato
è un fiore
forse
e anche
la certezza
di domani.
Raccolgo la luna
con gli occhi
me la porto
fino il pavimento
dove dormo
e la stringo
contro il vecchio
corpo
quest'antico
e sofferto
compagno.
Vuole essere fredda
lei
ma non la lascio
la sdraio
sul mio petto
le mormoro
parole
la accarezzo
e dopo
la sfido
lentamente
e distribuisco
i pezzi
con cura
sulla fronte
di trenta
miei compagni.

Così finiva il mio libro *Tempo di Tango* (Bompiani, 1975). Nell'edizione argentina *Tiempo de Tango* (Buenos Aires, 1977) sono state soppresse tutte le parti relative a Perón, nel testo e nelle immagini. Di Evita hanno lasciato solo meri dati biografici. E nel pezzo finale, tolte le sagome dei militari col fucile, al posto dell'ultimo paragrafo e della poesia uscita dal carcere, hanno messo questa frase, che ritraduco in italiano:

"Riprendere gli elementi istintivamente nazionali che l'hanno creato e nutrito, e opporli al cosmopolitismo". E poi hanno messo una data: "28 luglio 1972", come se io avessi finito il libro tre anni prima. È stata sufficiente una retrodatazione per mondare la cattiva coscienza di qualcuno e crearsi un alibi da *assassin innocent*, per usare un'espressione di Camus. Qualcuno ha cancellato qualcosa che tutti sapevamo, e cioè che le feroci dittature militari erano iniziate, a giugno del 1973 quella uruguayana, a marzo del 1976 quella argentina, anche se le vittime ancora non le chiamavamo i Desaparecidos.

Questo sì è il tango proibito, proibito dai militari.

Non quello "proibito da Pio X", sul quale abbiamo versato fiumi di inchiostro, e che si è rivelata una sciocca leggenda metropolitana.

Non quello che qualcuno voleva proibire alle donne, agli ebrei, ai musicisti "classici" per paura che si contaminassero con una forma di cultura ritenuta inferiore.

Proibito il lunfardo

La prima proibizione ha colpito il lunfardo, il che può sembrare cosa risibile e di poco conto. Il 7 luglio 1936, per un decreto del generale Pedro Ramírez, la Dirección de Radiocomunicaciones vieta i termini gergali, le parole dette al rovescio e altre espressioni ritenute volgari. I programmisti vengono esortati a correggere certi titoli di tango. Al posto de *La Maleva*, La Mala (mascalzona no, malvagia sì). Al posto di *Shusheta* (troppo gergale italiano), El Aristócrata. Invece di *Hacelo por la vieja*, Hazlo por mamá (è più castigliano). Certe parole non si devono più cantare. Vento, ventolina, guita, meneguina, morlacos, fasules, grano, vanno sostituite con denaro, soldi, quattrini, moneta, biglietto bancario, oro, pecunia, in dipendenza dal contesto, dal numero di sillabe e dalla rima. Molti tanghi spariranno dalla circolazione: l'autocensura suole essere più drastica della censura.

Il crollo delle illusioni

Prima degli anni Trenta, i grandi temi della classe al potere in Argentina con HipólitoYrigoyen erano stati la neutralità nei confronti della prima guerra mondiale, il progresso nazionale, l'incorporazione della classe media nella vita politica. In Uruguay era accaduto un fenomeno simile con José Batlle y Ordóñez, rieletto nel 1911, e il suo movimento, il batllismo, di stampo liberale, aveva impresso un notevole sviluppo alle riforme sociali, politiche e culturali. Il primo verrà abbattuto dal golpe militare del 1930 del generale Uriburu, il secondo col golpe di Terra nel 1933. Il tango registra subito l'amara lezione ricavata (*Las cuarenta, Madreselva, Como abrazao a un rencor, Por qué soy reo*) e il motivo dei sogni infranti continuerà a proporsi, lungo gli anni, come una costante (*Sueño de barrilete*).

Discepolín e il decennio infame

Il periodo noto come "la décade infame" va dal 1930 al 1940. Nessun altro argentino, né politico, né scrittore, né giornalista, né poeta, né regista, né pittore, all'epoca, l'ha espresso e l'ha stigmatizzato come Discepolín, cioè Enrique Santos Discépolo (1901-1951) "El Naso", "El Filósofo del tango", figlio di un musicista napoletano emigrato che dirigeva una banda della polizia di Buenos Aires.

I testi più felici li ha scritti sulla musica di Filiberto (*Malevaje*) e di Mores (*Cafetín de Buenos Aires*). Ma in particolar modo ha dato corpo a una decina di tanghi celeberrimi tra i quali *Cambalache, Esta noche me emborracho, Uno* e *Yira yira*, che trasudano uno scetticismo senza sbocchi, autoflagellante. Il mondo è stato e sarà una porcheria, lo sa già, i ladri ci sono sempre stati, e tanto, là nel forno ci si incontrerà. Tutto è menzogna, sbagliato essere generosi, la gente, brutale, odia i sognatori, solo rimane il suicidio. Non esiste rioplatense di una certa età che non li conosca a memoria, anche se non ne condivide la morale.

Caro Discepolín,

Ti ho visto varie volte al caffè Sorocabana, di fronte al Teatro Solís di Montevideo. Filiforme, l'immancabile sigaretta, aspettando sempre qualcuno. Ho saputo da Armando Discépolo, tuo fratello, che eri morto da poco (1951), che ti eri consumato di anoressia o nella furia di menar sciabolate a destra e a manca. Adoravi Armando, e ti capisco: un drammaturgo di grido, intellettuale, elegante, bello e libero pensatore. Veniva spesso a casa mia, in Andes e San José: me lo portava Carlos

Enrique Santos Discépolo e il suo Cafetín de Buenos Aires, *disegno di Sigfredo Pastor, 1968.*

Estrada, il direttore d'orchestra (sinfonica), mio maestro di armonia e composizione, francofilo sfegatato. Laggiù a quei tempi o si era francofili o anglofili: l'italianità era così naturale da non notarla neppure, l'Italia era quella ancora povera della ricostruzione e noi, paesi ricchi, ci sentivamo spinti ad aiutarla. Veniva anche Hugo Balzo il pianista, affabulatore brillante tranne quando voleva convincerci sul dono dell'ubiquità di Padre Pio. Eppoi tanti giovani come me, ancora studenti, che ci richiamavamo più alla Riforma Universitaria di Córdoba del 1918 che non agli studenti che sfilavano con *La Cumparsita* nel 1916. Facevamo festa, io mi sbizzarrivo in cucina e ordinavo una damigiana immensa di Chianti al negozio di fronte, sotto il Palacio Salvo (sai che l'ascensore ha ancora il pavimento di marmo di Carrara?). Si parlava di musica, di letteratura, di arte, commentavamo l'ultima lezione di Gieseking o di Menuhin o l'ultima compagnia teatrale straniera arrivata in tournée. Gli artisti migliori del mondo passavano da quelle parti, e noi saltavamo da una all'altra sponda del Plata per non mancarli. Questo per dirti che il malessere del "tuo" decennio infame sembrava definitivamente risucchiato dalla storia. Invece il peggio doveva ancora venire. Si sono concatenate tante decadi infami da farci perdere il conto. Il che ti rende sempre attuale. Non di certo per aver coniato l'appiccicoso aforisma "Un pensiero triste che si balla" che stava per ottenere l'effetto contrario di farti diventare odioso. Ma per avere scritto un tango come *Cambalache* che, uguale alla Fenice, risorge sempre dalle proprie ceneri. Occorrerebbe cambiare qualche nome e aggiornare qualche data. Tenterò di farlo. Mentre ti prego di perdonarmi se qualche volta ti ho giudicato qualunquista, ti saluto con un affettuoso ¡Chau, Discepolín!

Proibizione retroattiva di Gardel

Le dittature militari dell'Argentina e dell'Uruguay proibiscono Gardel, quarant'anni dopo la sua morte. Questa è storia relativamente recente. Vengono banditi alcuni suoi dischi, col pretesto del "basso livello tecnico delle registrazioni". Gardel si trova così messo a tacere come un sovversivo politico. Fra i tanghi incriminati sono: *Acquaforte* (1930), di Juan Carlos Marambio Catán e Horacio Pettorossi, che accenna al riccone che sperpera i soldi nel cabaret mentre nega l'aumento a un operaio; *Al mundo le falta un tornillo* (Al mondo manca una rotella, 1932) di Enrique Cadícamo e José María Aguilar, che afferma: "C'è crisi, rabbia e fame e chi compra dieci soldi di salame si mangia anche lo spago"; *Pan* (1932), di Celedonio Flores e Eduardo Pereyra, che traduce in stringate immagini il conflitto de *I Miserabili* di Victor Hugo. Si badi alle date: i brani sono tutti nati durante il cosiddetto "decennio infame". Il primo.

I decenni di Perón

Nel 1946 si ripristinano le speranze con l'ascesa del generale Juan Domingo Perón, la nazionalizzazione dei treni inglesi, la riforma della costituzione e la sua rielezione. Per le classi subalterne, i Descamisados, come pure per la gente di Yrigoyen, Perón e sua moglie Eva Duarte rappresentano l'identità ritrovata. Evita muore a appena 33 anni il 26 luglio 1952. I milioni di persone che sfilano davanti alla sua salma, alla CGT, ricordano solo altri due funerali paragonabili: quello di Yrigoyen e quello di Gardel.

Nel 1955 aerei della Marina bombardano Plaza de Mayo, provocando centinaia di morti. Il golpe, chiamato "Revolución Libertadora", fa cadere il governo di Perón; il generale Aramburu soffoca con le armi ogni tentativo di ribellione.

Nel 1972 Perón torna in patria dopo diciott'anni di esilio. I legami del leader giustizialista con l'Italia, che si erano affermati durante il suo incarico a Roma come addetto militare all'epoca di Mussolini, ora appaiono assai aggrovigliati: Perón rientra in un Dc-8 dell'Alitalia, con la seconda moglie María Ester Martínez, detta Isabelita, e Licio Gelli, nonché la salma di Evita trafugata al cimitero monumentale di Milano.

Un tale Battistella di Verona

Mario Battistella (1893-1968), all'anagrafe Mario Battes Stella, nato a Verona e giunto a Buenos Aires all'età di diciassette anni, è l'autore di *Al pie de la Santa Cruz* (1933) tango che aveva registrato Gardel e che sarà cancellato dai programmi radiofonici. Il brano esordiva: "Dichiarano lo sciopero, c'è fame nelle case, il lavoro è molto e poca la paga, e in quel caos della lotta sanguinosa si vendica di un uomo la legge padronale".

Nel 1958 Arturo Frondizi vince le elezioni presidenziali. Non solo non tiene fede al programma antiimperialistico sul petrolio, ma sotto la pressione dei militari fa annullare le elezioni provinciali del 1962 che nel distretto di Buenos Aires registravano la vittoria schiacciante del peronismo.

Ora Battistella scrive *Bronca*, che agisce come un richiamo di vaccini nei riguardi della protesta discepoliana. Nominando esplicitamente l'anno 1962, la situazione viene riportata all'attualità. *Bronca* sarà proibito perché induce a screditare le forze armate e cita alla fine l'intoccabile inno nazionale argentino.

I decenni della repressione e dell'esilio

A metà degli anni Sessanta l'oligarchia dei paesi sudamericani si indurisce e, tramite consulenti stranieri, applica una politica repressiva basata sulla tortura e il terrore. Nascono formazioni di guerriglia urbana come i Montoneros in Argentina e i Tupamaros in Uruguay.

Il grande romanziere argentino Julio Cortázar (1914-1984), appassionato cultore di jazz, che dichiarava di amare i tangos reos, quelli più goffi, scrive intensi e tormentati testi sulla musica di Edgardo Cantón (*La Cruz del Sur, Medianoche aquí*).

Il cantautore uruguayano Daniel Viglietti (1939), fra tanti altri, viene incarcerato per il contenuto delle sue canzoni. Ma in ogni luogo dell'America Latina circola la sua milonga campera *A desalambrar* ("Giù i recinti, abbattiamoli, perché la terra è nostra, è tua e di lui"), che gli valse ripetute denunce come progetto propedeutico di invasione ai latifondi. Il suo *No tan gotán* vuol essere "un tango moncherino per colpire la porta nazionale", dove nazionale significa l'io più profondo che l'esilio obbligato non farà altro che fortificare.

Lo scrittore uruguayano Mario Benedetti (1920), costretto a un lungo esilio in quanto acceso pubblico accusatore della dittatura, in un passo del romanzo *Primavera con una esquina rota* (1983) immagina la lettera che un prigioniero politico invia dal carcere alla moglie, rifugiata in un altro paese: "Dopo tutto anch'io sono rimasto fuori dal paese. Anch'io rimpiango le cose che rimpiangi tu. L'esilio (interno, esterno) sarà una parola chiave di questo decennio. Sai, è probabile che qualcuno cancelli questa frase. Ma chi lo fa penserà forse che anche lui, in uno strano modo, è un esiliato dal paese reale."

Testimone il tango, in oltre cent'anni di vita, da paesi di emigrati l'Argentina e l'Uruguay si sono trasformati in paesi di esiliati. Il verbo *volver*, tornare, lascito degli emigrati di ieri, si attaglia perfettamente alla diaspora di rioplatensi in cerca di scampo, tramite la cittadinanza salvifica dei genitori o dei nonni italiani.

Nel 1984 un'aria di democrazia sembra investire i paesi del Plata, con Raúl Alfonsín a capo dell'Argentina e Julio María Sanguinetti in Uruguay. Si ripristinano le speranze, tornano gli esiliati, un'alternativa urgente si pone: dimenticare o ricordare.

I governi condanneranno i presidenti delle giunte militari per violazione dei diritti umani. I quadri intermedi, gli esecutori, avranno invece l'amnistia in virtù delle leggi di "obbedienza dovuta" e "punto finale". Leggi di impunità votate da governi democratici.

Carlos Menem, governatore della povera provincia norteña La Rioja, vince le elezioni del 1989, presentandosi con toni religiosi, messianici. Presto svende le ricchezze del paese alle multinazionali e concede l'amnistia agli alti gradi, senza indagini, coprendo ogni cosa, compresa l'uccisione di suo figlio. È il decennio più infame che l'Argentina conosca (*Argentina primer mundo*). Un paese che da solo potrebbe alimentare 300 milioni di persone si ritrova di colpo con il debito estero quintuplicato, bambini macilenti e famiglie intere che nella notte girano per le strade della città raccogliendo carta e stracci. Dopo il 2000 la situazione economica sembra senza uscita. I "tango bond", che avevano attratto speculatori e risparmiatori, si riveleranno uno dei massimi scandali finanziari della storia.

Tango bond, *disegno di Serguei, "Le Monde", 4 ottobre 2003.*

Un film di denuncia

Argentine, le saccage / Argentina, el saqueo, il documentario di Fernando E. Solanas trasmesso da France 5 / ARTE il 18 maggio 2004, è un'implacabile denuncia sul decennio 1989-1999, da quando Menem richiede al popolo "Seguitemi, non vi deluderò" a ogni passo del tradimento, da quelle che lui stesso chiamava "le relazioni carnali con gli Stati Uniti", alla corruzione, la privatizzazione, la svendita ai grandi capitali internazionali, l'espoliazione, la miseria e la fame; dal processo tentato dal regista contro la "mafiocrazia", che gli valse essere colpito alle gambe da sei pallottole, alla televisione usata per servire questa strategia. Le facce, i nomi e i cognomi dei saccheggiatori. E anche il tango, che Menem balla compiaciuto in una sua autorappresentazione a uso mediatico. Ma sul lungo scorrere dei titoli di coda prevalgono i tamburi del candombe, ritmo povero, di strada, atti a risvegliare le radici culturali sotterrate.

Le donne di Plaza de Mayo

Sono state le prime a sapere e a non tacere. A conoscere la vergogna della tortura e l'immane tragedia dei Desaparecidos. Almeno 30 mila persone scomparse tra il 1976 e il 1983, prelevate con la forza, torturate, caricate sugli aerei militari e lanciate in mare. In quell'estuario del Rio de la Plata grande come il mare.

Mai un'azione di vendetta da parte dei parenti dei Desaparecidos. Solo la tenacia e la dignità di queste donne. Ogni giovedì, a Plaza de Mayo, dalle ore 15.30, si radunano le madri dei Desaparecidos, per chiedere che ne è stato dei loro figli, dove sono, perché li hanno portati via. Al loro reclamo si aggiungono le nonne che chiedono dove sono i cinquecento bambini nati nei campi di prigionia e di tortura e adottati illegalmente. Anno dopo anno, donne col fazzoletto in testa come segno distintivo, con in mano le foto dei loro cari e i cartelli, oppongono i diritti umani contro la paranoia mostruosa che si proclama paladina dell'ordine, la disciplina e il patriottismo.

Tango e Desaparecidos

Se per tango intendiamo solo un ballo, l'accostamento ai Desaparecidos è tabù, lo stridore intollerabile. Pensiamolo invece come canzoniere, magazzino di citazioni, registro di costanti esistenziali, tracce di un filosofare e di un sentire popolare che si sono sedimentate nell'arco di un secolo. Tema principe, il passato che torna, il terrore dell'avvenire, la presenza ossessiva degli assenti. E nel lamento per l'abbandono amoroso possiamo vedere simbolicamente il mondo esterno che tradisce o cambia, la privazione, la spoliazione di un bene a cui si aveva diritto.

Ogni cosa si cristallizza nell'immagine dell'abbandono, della gioventù perduta, di coloro che non ci sono più. Un culto di alta drammaticità in cui ci si dibatte tra il ricordo e l'oblio.

Domani, che importanza ha?
Tutta la mia vita è ieri,
il passato mi trattiene.
(*Naranjo en flor*)

Sono la tua strada
che viene a parlarti, sono l'ieri.
(*Manobrava*)

Non vedi che vengo da un paese
che è sempre grigio d'oblio ?
(*La última curda*)

Chi soffre nel violino?
Sarà forse la sua voce,
quella che una volta
si spense all'improvviso?
(*Tal vez será su voz*)

... Tutto è come in una tasca
dove in ogni momento la mano cerca
una moneta, il pettine, le chiavi,
mano infaticabile di una memoria
oscura che ripassa i suoi morti.
(*La Cruz del Sur*)

Dove è l'ieri,
dove aspetta l'oggi,
a che serve il cuore?
Come ti chiami, al buio,
chi siamo io e te?
(*Medianoche aquí*)

L'uomo, qualcuno ha detto, è l'unico animale capace di rendere presenti le assenze. E il tango, rito rimuginante, insiste a riscattare dall'oblio le morte stagioni. Si domanda, come Orazio, come Jorge Manrique, come Victor Hugo: ubi sunt?

Dove sono i ragazzi di allora?
Vecchia combriccola di ieri,
dove sarà?
Io e te soli restiamo, fratello,
io e te soli, per ricordare.
(*Tiempos viejos*)

Strada lontana, dove sarai?
I vecchi amici della mia infanzia,
che ne è di loro? Lo saprò mai?
(*Barrio de tango*)

Vecchi tempi, carovana fuggitiva,
dove siete?
(*Recuerdo malevo*)

Dov'è il mio rione, culla mia cara?
(*Puente Alsina*)

Dove sarà la mia periferia?
Chi ha rubato la mia infanzia?
(*Tinta roja*)

Dove sei, dove sei,
dove sei andata?
Dove sono le piume del mio nido,
l'emozione di aver vissuto
e quella tenerezza?
(*Yuyo verde*)

Dove era Dio quando andasti via?
Dove era il sole che non ti ha visto?
(*Canción desesperada*)

Dietro quale sogno sono volati?
Su quali stelle si trovano
le voci che ieri sono arrivate,
sono passate e hanno taciuto?
Dove sono?
Per quali strade torneranno?
(*Café de los Angelitos*)

Quando vediamo le scritte "Dove sono?" sui cartelli innalzati dalle donne di Plaza de Mayo, non possiamo fare a meno di riandare a questi versi del tango, stratificati nella memoria collettiva. La stessa invocazione degli assenti. Le stesse domande senza risposta. Come se la memoria storica si fosse nutrita con la memoria soggettiva, e non viceversa.

Le Madri e le Nonne scendono su Plaza de Mayo a reclamare per i figli scomparsi, per i nipoti rapiti, e chiedere l'annullamento delle leggi che assolvono i colpevoli di genocidio, Puentes, *ottobre 2001.*

Dai decenni del Cóndor

Gli anni Settanta e Ottanta hanno visto uniti i militari di cinque paesi (Argentina, Uruguay, Paraguay, Cile e Brasile) nella persecuzione, il sequestro, l'assassinio e la sparizione degli oppositori politici che vi si rifugiavano. Ciò si conosce col nome di "Plan Cóndor."

Ogni 20 maggio, imponenti marce in Uruguay ricordano l'assassinio in Argentina dei legislatori uruguayani Zelmar Michelini e Héctor Gutiérrez Ruiz; nel 2004 si riaprono le indagini giudiziarie congelate dal 1976. Le vittime in Cile dell'operazione Cóndor riportano il dittatore Pinochet davanti alla giustizia. Si scopre a Córdoba una fossa comune con 200 corpi. A Montevideo emerge un cimitero clandestino sotto una caserma. Néstor Kirchner, nuovo presidente argentino, crea una unità speciale di ricerca, incaricata di trovare i figli degli oppositori scomparsi sotto la dittatura militare. Tramite le ambasciate del loro paese anche i giovani esuli in Europa possono richiedere la prova del DNA nel caso avessero dubbi sulla loro identità. In Italia il processo per otto cittadini italiani scomparsi e un bambino rapito si conclude con una sentenza di cassazione che condanna i militari argentini.

Bibbie e scaldabagni

Col titolo "Cospiratori col cucchiaio in mano" un articolo del 23 maggio 2004 su El País di Buenos Aires descrive un convegno di personalità della reazione sorprese dal ministro della Difesa José Pampuro nella sede del reggimento di Patricios. Il sottotitolo, "Biblias y calefones", è una citazione di *Cambalache*. Il diavolo e l'acqua santa: "impelagati in un pasticcio, nello stesso fango tutti guastati".

Nuovi nomi, cognomi e stringate biografie potrebbero sostituire, dopo cinquant'anni, il vecchio tango di Discépolo. Si tratta di una quarantina di militari sostenitori delle leggi di punto finale e di obbedienza dovuta, e di alte gerarchie della Chiesa intente a preparare il Congresso Eucaristico Nazionale col lemma "Eucaristia: riconciliazione e solidarietà". Il Congresso è organizzato da monsignor Domingo Castagna, tenace oppositore dei processi: mettendo come sempre sullo stesso piano le vittime e i carnefici, in questa sua ennesima campagna di pressione al governo il vescovo di Corrientes si appella alla "Riconciliazione dei battezzati" come se fosse un sacramento.

Imparare a resistere

Una delle prime raccolte del poeta e giornalista argentino Juan Gelman (1932) si intitola *Gotán*. Con la musica di un altro argentino, Juan "Tata" Cedrón, Gelman riplasma il notissimo tango di Gardel *Mi Buenos Aires querido* ("Mia cara Buenos Aires, quando tornerò da te, non ci saranno più dolori né oblio"):

... Scrivo versi previamente pianti
dalla città dove son nato.
Bisogna acchiapparli,
anche qui sono nati dolci figli miei
che fra tanti castighi ti addolciscono bellamente.
Bisogna imparare a resistere.
Né andar via né rimanere,
resistere, anche se è sicuro
che ci saranno più dolori e oblio.

La *Balada del hombre que se calló la boca* (Ballata dell'uomo che ha taciuto) fa parte di un'opera del 1965 intitolata "Las tripas generales" ("trippe" anziché "truppe" generali) degli stessi Gelman e Cedrón.

Passano gli anni e arrivano
quelli che organizzano la vittoria.
Tutti parlano, ma prima
un uomo ha taciuto.

Quanti dei nostri cari sono stati inghiottiti in quel gorgo. Gelman vi ha perduto il figlio Marcelo Ariel e la nuora Claudia, diciannovenne, incinta. Una vasta mobilitazione ha obbligato persino il presidente dell'Uruguay (Jorge Batlle) ad agire per ritrovare la ormai ventitreenne figlia strappata alla madre e data in adozione a complici. Sono questi i fantasmi del passato di cui parla il tango, che si sono alloggiati per sempre dentro di noi.

L'identità

Osvaldo Soriano sosteneva che il problema dell'identità ha sempre assillato i rioplatensi. Il tango ne adotta la parola e il concetto quando Eladia Blázquez, in *Voz de Buenos Aires*, canta: "Nato dal desiderio della propria identità, impastato col fango e l'umidità, su, su, inventiamo le crome e i versi al rovescio della musa triste e malandrina..."

È pertinente vedere nel tango una forma di identità sottotraccia, che in qualche modo si collega alla Conadi (Commissione Nazionale per l'identità), creata nel 1992, improntata ai Diritti dell'Uomo.

Non solo il tango. Anche la murga si pone come un'altra forma di identità, sfacciata e insolente. Il complesso di musicanti chiassosi che gira per le strade durante il carnevale rioplatense, a suon di bidoni e pentolame vario, si ricostruisce spontaneamente nei "cacerolazos" interclassisti con cui le donne scandiscono la loro protesta, reclamando i diritti economici dei quali sono stati espropriati. E indubbiamente si fanno sentire.

Al disegno di Reiser dedichiamo Así se baila el tango *di Marvil e Randal, 1942.*

Reiser sa, eccome, che il tango ha il potere taumaturgico di manovrare il tempo, di rimandare la realtà, di proiettarci in un luogo mitico governato dalla rissa, dalla festa e dunque dalla danza. La lingua del tango è lo spagnolo modellato dall'accento rioplatense e condito con termini del lunfardo, gergo incomprensibile per gli estranei, a meno che non siano liguri o lombardi. Si veda per esempio al secondo verso il termine shushetas (con un'esse fricativa che è attecchita solo là):

plurale di shusheta, derivato dal verbo "shüshà" che significa "succhiare". Chiamasi shusheta colui che sta sulle sue e, volendo darsi un certo tono, si succhia appunto le guance dall'interno (giacché dall'esterno sarebbe piuttosto malagevole). Un tipico vezzo di Marlene (Dietrich) ma non di Malena (si veda l'ultimo verso), creatura del tango-fango dei sobborghi, nata dalla penna di Homero Manzi *El Barbeta*.

(Supplemento "Tango" de "L'Unità", 08.03.1986)

Al disegno di Hugo Pratt dedichiamo Margot *di Flores, Gardel e Razzano, 1930.*

Ce lo perdonino marzo e le mimose, ma tutto si può dire del tango tranne che sia femminista. Succube, incollata come un'ombra all'uomo che la guida nella danza e nella vita, in quegli anni la donna era la "soluzione" del prosseneta. Tutto servizio, tempo pieno, alto rendimento o, diremmo oggi, full immersion (per lui, naturalmente). Al pari del jazz, il tango prosperava nei bordelli. Molti asseriscono che vi si andava più per esercitarsi nel nuovo ballo con donne esperte (gallinas) che per intrattenere i vecchi consueti commerci carnali.

Hugo Pratt col suo disegno sembra assumere una posizione dialettica: non si balla "invece" ma "durante". E finalmente possiamo capire la sana curiosità di Monsignor Duchesne quando domandava: "Perché si balla in piedi?". Lui è vestito di tutto punto, lei quasi nuda; cioè lei è sempre scoperta, perché lui, cristoforocolombo delle sue pieghe più recondite, l'ha sgamata da quel dì. La tiene più manyada del tango *La Cumparsita*. Nella didascalia, Pratt parla di coltellate, di flanellatrice e di Argentina immortale. Ci tengo a varare il neologismo "flanellatrice" anziché tradurre crudamente con "pomiciona", perché la pomice, come la carta vetrata doppio zero, ha ragione sulle durezze più incallite, magari a costo di abrasioni, mentre la flanella stropicciante il bastoncino d'ambra può rivelare (è quanto è capitato agli antichi) il fenomeno dell'elettricità, facendo avanzare la cultura.

(Supplemento "Tango" de "L'Unità", 17.03.1986)

Al disegno di Roland Topor dedichiamo Secreto *di Discépolo, 1932.*

Perversa e accattivante, la donna del tango largheggia in poteri malefici, avvolgendo nelle sue spire l'uomo, che per lei si trasforma in ladro, traditore e aspirante suicida a vita.

Roland Topor sa rendere visibile, con rara maestria, uno dei più pertinaci fantasmi dell'immaginario maschile: la vagina dentata. Sorta di cintura con incrostazioni di pietre dure come usano indossare le ragazze d'oggi, che ben presto diventa cilicio per la mortificazione altrui, trappola tranciante. Lei, olimpica, danza il tango nel pieno possesso delle sue (di lui) facoltà di intendere e di volere. Bambinone in stato soporoso, all'uomo non resta altro che cullarvisi.

(Supplemento "Tango" de "L'Unità", 14.04.1986)

Al disegno di Cinzia Leone dedichiamo la milonga-candombe Negra María *di Manzi e Demare, 1940.*

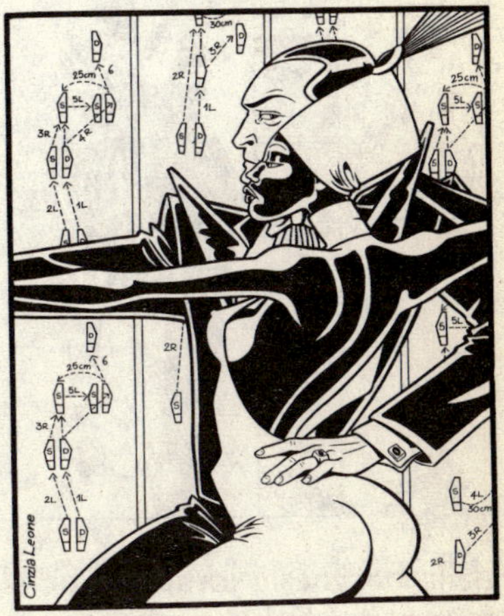

Fiera e splendida come la nubiana Nefertari ritratta sui muri di Abu Simbel, una nera balla con un bianco nel disegno di Cinzia Leone. Anche se l'uomo ha un'espressione alquanto blasée e se i passi della coreografia sono segnati modernamente in inglese, si tratta pur sempre di un immagine tanto bella e antica da scoraggiare qualsiasi moto d'ironia.

Nel Sudamerica il folclore, il varietà, il teatro di burattini per l'infanzia, sono usi a scherzare coi neri. Hanno persino inventato un santo di tal colore, uno di quelli che le autorità vaticane hanno cassato dagli elenchi venerazionali. San Benito, come i suoi congeneri, parla con la "l" e riesce a mettere suffissi diminutivi dappertutto, incluso nei termini augusti della religione. Può capitare di ascoltare, per esempio: "San Benito è il diino dei poveli neglini colol calbon". Nel tango impazzano i nomignoli più o meno annerenti. *El Negro* Cele paroliere, *El Negro* Martínez chitarrista, *El Negro* Salgán compositore, il *Pardo* Pavura ballerino, il *Pardo* Mejía bandoneonista, il *Morocho del Abasto* (il Bruno dei Mercati generali), cioè Carlos Gardel, la voce del tango, e *La Negra* Sofía Bozán, creatrice del tango "festivo", che sono bianchi.

Nel paleotango sono presenti i neri nei quartieri "del tamburo": colpiti a Buenos Aires dall'epidemia di febbre gialla, essi sopravvivono a Montevideo, dove hanno sviluppato la forma musicale del candombe, anche per opera dei bianchi che vanno in giro in carnevale a suonare i *tamboriles*, tamburi oblunghi, il viso spalmato col nero del sughero bruciato.

(Supplemento "Tango" de "L'Unità", 28.04.1986)

Al disegno di Guido Crepax dedichiamo La Morocha *di Villoldo e Saborido, 1906.*

La Valentina di Guido Crepax, ovunque si trovi, è protagonista indiscussa. Anche nel tango. Gli altri, o sono del tutto trasparenti, o stanno zitti, o hanno per nome Nessuno. La Bruna per eccellenza nel tango, celeberrima, potrebbe esserle trisavola. Appena nata, la Morocha diventa star di prima grandezza. Ancora in fasce viene accolta nei salotti della borghesia locale grazie alle frasi ingenuotte e asettiche che pronuncia. Subito in Europa assurge al successo internazionale in compagnia di Villoldo, il genitore (quadrisavolo dunque di Valentina), e della coppia Flora e Alberto Gobbi, i primi "Gobbí" che i parigini amano come ameranno poi i "Gobbí" di Franca Valeri, Vittorio Caprioli e Alberto Bonucci.

Gli studiosi del tango asseriscono che appena un 1% dei testi sono al femminile. Quando a un interprete maschio va di cantarli, li fa precedere da una strofetta introduttiva del tipo: "Passavo per strada mascherato da gaucho in cerca di qualche connazionale che potesse offrirmi un mate autentico (non quello schifo di maté in bustina), fatto con yerbamate vera da stipare in un mate (inteso come zucca disseccata) dentro il quale versare a poco a poco acqua bollente e sorbire il mate (inteso come infuso) con la bombilla (cioè una cannuccia-filtro) di argento, meglio se decorata, quando mi imbatto in una signorina bruna la quale, guardandomi con malcelata simpatia mi dice Due Punti Aperte Virgolette: Io sono la bruna...".

(Supplemento "Tango" de "L'Unità", 12.05.1986)

Al disegno di Giardino dedichiamo Taconeando *di Staffolani e Maffia, 1929.*

Ricordo perfettamente la musica, briosa nella strofa, languida nel ritornello. Le parole, invece, che ho cercato di montare in modo verosimile, la mente me le rinvia confuse e frastagliate. A questo punto direte: perché allora non ricorri alle seimilaseicento schede che possiedi, compilate, complete, collaudate? Perché anche questo insistere nella memoria claudicante e caduca fa parte della natura del tango.

Il disegno di Giardino mi ha fatto subito venire in mente questo tango di tempi eroici. Tutti coinvolti nella stessa follia: accelerazioni, fermate improvvise di netto, immagini da film muto viste a passo veloce.

Mani maschili premono sulla vita delle donne ubbidienti, come chi sta provando la resistenza massima di una stoffa. Spingono le ginocchia in cerca di trasgressioni alla legge dell'impenetrabilità dei corpi, buttati giù e tirati su in un incessante lombardo "taia e medèga" (ferisci e medica). Alta acrobazia che, se non fosse in sincronia con la musica, provocherebbe straripamenti di acidi lattici. E si continua a ballare come se nulla fosse. Come se il tango fosse l'unica cosa al mondo.

(Supplemento "Tango" de "L'Unità", 19.05.1986)

Al disegno di Jori dedichiamo La luz de un fósforo *di Cadícamo e Suárez Villanueva, 1943.*

Marcello Jori ci accende la curiosità, anche se non ci illumina. Quel bicipite muscoloso non sarà un seno femmineo? La chioma spiovente, una parrucca da travestito? La testa rasata sarà quella di una Veroutchka o quella di un uomo che ha scelto tale comunissimo taglio? Tutto è estremamente ambiguo, né la nudità rivela oltre, e la luce, troppo fioca, non rischiara quanto vorremmo. Un noto proverbio viene a proposito: "In questo mondo traditor / nulla è verità né menzogna: / tutto è secondo il color / del cristallo con cui si guarda". Per i meno accorti bisogna ricordare che il rosa è il colore delle femminucce, celeste quello dei maschietti, grigio quello del tango. Qui, giustamente, siamo tutti in regime bianco e nero.

Comunque sta di certo che, aquila o cornacchia, avvoltoio, rondine o merlo, un uccello nero, denominato per l'occasione "tango", viene colpito. Possiamo ipotizzare che l'uccello cadente sia proprio quello che usciva dalla bocca a Leonardo da Vinci in quel suo sogno ricorrente analizzato da Freud. Ma non appare conveniente addentrarsi nelle paludi psicanalitiche: gli argentini ne sono pionieri. David Cooper ha vissuto tra loro molto prima che noi lo conoscessimo, e le varietà locali di Matté Blanco e Verdiglione, di Musatti e Fagiolo sono incontabili. Per non dire che "uccello", nell'accezione che tutti voi avete pensato, laggiù si traduce per poroto, che a sua volta qui corrisponde a "fagiolo". Antesignani, no?

(Supplemento "Tango" de "L'Unità", 26.05.1986)

Al disegno di Berardi & Milazzo dedichiamo Chorra *di Discépolo, 1928.*

Trattasi del più scottante caso di agnizione tanghèra, ha a che fare con una tànghera, per giunta ladra di bassa lega come i suoi genitori.

Esiste una differenza abissale fra tànghero e tanghèro, come spiegano opportunamente Berardi e Milazzo. Che problema questi omografi o paronimi in cui basta spostare un accento per restare con un palmo di naso! Quando credi di essere alla mèta, non sei altro che alla metà, se ti metti a lèggere barzellette non sempre trovi barzellette leggère; la pavàna è una danza pomposa del Seicento che non va confusa con Pàvana, il paese di Francesco Guccini; un conteggio di elettrìci in epoca di elezioni non va inteso come numero di cavi elèttrici; il nòcciolo della questione non è l'albero delle nocciòle, così come è inutile aspettarsi le pere del però.

Decisa l'ambientazione belle époque: frac, papillon, garofano all'occhiello, gemelli, catenoni rispettivamente per la trousse e la cipolla, lei tutta aigrettata e, come vorrebbe il tango, soggiacente ai piedi di lui accuratamente ricoperti di candide ghette. Ma, come al solito, occorre rovesciare la chiave di lettura: è lei che l'ha irretito e ridotto sul lastrico.

(Supplemento "Tango" de "L'Unità", 09.06.1986)

Al disegno di Andrea Pazienza dedichiamo Cuando llego al bulín *di Les Luthiers, anni Settanta.*

La vignetta di Pazienza presenta una coppia nella quale regna la più perfetta fusione. Identici somaticamente, speculari, ugualmente scontornati, sembrano doppioni di tessere da puzzle. Solo lo chignon a chiocciola, la gonna e i tacchi alti permettono di distinguere lei da lui. Più contigui di così si muore. Più parenti di così occorre pensare ai monozigotici, ai siamesi, o al più frequente connubio madre-figlio al culmine dell'incintaggine. Anche in questi casi però, come avviene in ogni tango che si rispetti, lei (e sottolineo lei) si scolla, portata via da compagnie meno prossime.

Al titolo carducciano "T'ango, pio bove" possiamo aggiungere quei versi che Leopardi rivolgeva *A se stesso*: "Amaro e noia la vita, altro mai nulla, e tango il mondo". Il che mi rimanda necessariamente al brano musicale assai irregolare dell'originale complesso argentino Les Luthiers, che si chiude con un "Finale energico ma non tango".

(Supplemento "Tango" de "L'Unità", 16.06.1986)

Al disegno di Sergio Toppi dedichiamo La novia ausente *di Cadícamo e Barbieri, 1930.*

Per chi non lo sapesse, la "Sonatina sognata da Rubén" è una celebre poesia del grande poeta nicaraguense fine Ottocento Rubén Darío ("La principessa è triste, cosa avrà la principessa? I sospiri fuggono dalla bocca sua di fragola che ha perduto il riso, che ha perduto il colore...").

Nel disegno di Toppi credo di vedere, se mi è consentito, più che una coppia che balla il tango, una coppia che sta facendo la prova generale delle nozze, abiti compresi, nell'atto della genuflessione. Li sovrasta, enigmatica, goyesca, l'antenata spagnola del ritratto: prima, e soprattutto alla vigilia del regolare sì, ci vuole qualcuno che agisca da chaperon o, come si dice nel Rio de la Plata, da *dulce de pera*.

Le vicende sentimentali del tango non fanno riferimento a matrimoni regolari da salvare, e in ciò si trova agli antipodi di Dallas, Dynasty e Capitol. Tratta invece di incontri occasionali o di fatti insalvabili di concubinato, cioè di *encamados*, il che corrisponde a "allettati", non sempre allettanti però, specie quando lei scende definitivamente dal letto, l'unica cosa davvero matrimoniale, a due piazze regolamentari. Rarissimi dunque i figli, e i veli bianchi e le promesse spose.

(Supplemento "Tango" de "L'Unità", 23.06.1986)

Al disegno di Federico Fellini dedichiamo Aquel tapado de armiño *di Romero e Delfino, 1928.*

Da stilista sommo, Federico Fellini ha messo in risalto un mantello di piume morbidissime di marabù, che immaginiamo tinto in un colore sgargiante. Nei confronti di tale mantello ogni altro particolare impallidisce: sia il cappello ugualmente piumato, sia chi lo indossa, dai cui attributi anatomici riesce difficile dedurre se si tratti di uomo, donna o ermafrodito. Il tango, in mancanza di ciconiiformi africani, offre la pelliccia di ermellino, vera rarità se si considera che all'epoca potevano permettersi il lusso di possederne una soltanto l'Aga Khan III, l'imperatore Yoshihito, Pahlevi I e l'erede in esilio dell'ultimo zar. Frugando nei magazzini di memoria del tango è possibile inoltre venire a conoscenza delle sofferenze patite da un uomo qualunque per ricoprire un'anonima donnina dalla dubbia reputazione, avida e capricciosa, col candido mantello dai caratteristici ciuffetti neri.

(Supplemento "Tango" de "L'Unità", 30.06.1986)

Al disegno di Staino dedichiamo A la luz de un candil *di Geroni Flores e Navarrine, 1927.*

Il disegno di Sergio Staino potrebbe intitolarsi: "Ultime parole famose alla luce del lampione". È comprensibile che il nostro, smaliziato dalla moglie peruviana, abbia dato come versione italiana dell'ultima frase dell'assassinanda "Stupidino" anziché "Coglione di merda"

come avrebbe fatto di primo slancio un comune traduttore. Ma sarà poi vera la versione stainesca? O siamo di fronte a un altro caso di traduttore traditore? Richiamandomi al misterioso "Rosebud" pronunciato da Orson Welles espirante in *Quarto potere*, credo che detta frase racchiuda un enigma. La donna, pugnalata, si lascia sfuggire, con l'ultimo alito di vita, una sentenza lapidaria, un aforisma, un concetto filosofico. Oso appena proporre, mantenendo le stesse iniziali dell'originale, una diversa chiave di lettura: "Battuto di merla", "Bolletta di merce", "Bollino di merino", "Bozzoluto di meringa".

Nel tango le donne non parlano: vengono ammazzate e chau salute. In compenso l'assassino ha tutto un ergastolo per non pentirsi e dilungarsi sulla propria ineccepibile mansuetudine.

(Supplemento "Tango" de "L'Unità", 07.07.1986)

Al disegno di Monica Meyer dedichiamo Trenzas *di H. Expósito e Pontier, 1945.*

Il disegno di Monica Meyer colloca il tango in una cornice liberty. Passi felpati, gatteschi, tra eleganti volute, velluti e duvetine. Eppoi ciuffi, riccioli, crocchie, morbidi e compatti chignon che penzolano.

Si potrebbe scrivere un saggio sulle chiome femminili e il tango. Esso dovrebbe cominciare dai capelli lunghi fino all'osso sacro, con scriminatura in mezzo e trecce laterali annodate con fiocchetti: tradizione contadina coltivata dalle ragazze di periferia, che crollerà sotto le forbici delle *garçonne* con frangetta insolente, i ferri arroventati dei cavatappi alla Shirley Temple, gli stiramenti dei caschetti alla paggio, le cotonature, le ciocche a palchettone, le parrucche elaboratissime, le code di cavallo, le Jovanka, le Angela Davis, tutte preferibilmente biondo platino, appena tollerate le castane chiaro. Ma alla fin fine, proprio perché fanno parte di un passato che non torna più, il tango idoleggia le trecce. In tal caso, non si formalizza sul colore: possono anche essere verde marcio, come il mate.

(Supplemento "Tango" de "L'Unità", 14.07.1986)

Al disegno di Milo Manara dedichiamo El error, *di autore sconosciuto.*

Erotico il disegno di Milo Manara, anche se il ghigno satanico di lui lo sposta un po' da Mandrake per avvicinarlo a Dracula; sotto il mantello è nudo, probabilmente si tratta di un esibizionista. Lei, pur vestita, è pregna di sesso. Lasciamo stare i primi tanghi, puramente strumentali, intitolati con doppi sensi, che scompaiono per sempre quando la borghesia ne diventa la destinataria. Abbiamo solo qualche momento di erotismo, ma indiretto, metaforico: non quello dell'*Ultimo tango a Parigi* di Bertolucci, per intenderci. E nemmeno quello altrettanto esplicito dei boleri messicani ("Tu mi hai abituato a quelle cose..." o "Ho voglia di morderti le labbra fino a farle sanguinare…"). Il tango è soprattutto un inno al fallimento, trae piacere dalla tristezza e dal dolore, come neanche Masoch aveva immaginato. Sennò errore, appunto.

(Supplemento "Tango" de "L'Unità", 28.07.1986)

Al disegno di Roberto Perini dedichiamo La última curda *di Castillo e Troilo, 1960.*

Sembrava che tutto fosse stato pensato, detto e scritto sul bandoneón, il mantice che dà fiato al tango.

La sua voce è stata definita lamentosa, pigra, rauca, brontolona, addirittura alcolizzata. Per il suo aspetto nastriforme e cingolato, per la sua retrattilità e la sua erettilità, è stato paragonato a tenie, lingue di Menelik, serpenti e corpi a maggior ragione chiamati fallici. Il suo rapporto col suonatore, fatto di preludi, apice, relax e tante smorfie, è stato perfino associato all'atto sessuale. Tuttavia, mai nessuno aveva utilizzato il bandoneón con la spregiudicatezza di Perini. Da *guêpière*, nientemeno: per ottenere, tramite il suo massaggio, un vitino di guêpe, di vespa, appunto. Chissà quanti, sotto la minaccia dei primi giorni di mare, si saran serviti del bandoneón per agire su quei lardi volgarmente detti "noduli infiammatori del pannicolo adiposo". Da parte loro, un vivo grazie all'originalissimo Perini.

(Supplemento "Tango" de "L'Unità", 04.08.1986)

Al disegno di Andrea Rauch dedichiamo Siga el corso *di García Jiménez e Aieta, 1925.*

Carlos Gardel l'ha registrato nel 1926, uscendo per un momento dalla sua pastosissima voce baritonale per imitare la voce femminea provocatrice, in quei versi celeberrimi che sono entrati a far parte della parlata popolare locale ricca di sottintesi. Nella vignetta di Rauch i due che ballano sono contrassegnati da una maschera che copre loro il viso. Sulle vere rispettive identità possiamo fare ogni sorta di congetture, per esempio che lui sia un normalissimo padre di famiglia travestito da gattone tracotante, e che lei sia una timida tortorella travestita da sinistro castiga-gatti. Li tiene saldi il potere della musica, il fascino del finto volto di cartapesta, il timore di ciò che si cela dietro. Premesso che le mascherate (nel senso di pagliacciate) non sono appannaggio esclusivo di un paese o di un governo, quelle che hanno luogo nel periodo regolamentare in cui ogni scherzo (pure d'ordine politico) vale, non devono essere necessariamente associate al carnevale brasiliano.

Anche il tango rioplatense ha il suo bravo carnevale. Sotto la maschera si usa contraffare la voce, che spesso acquista toni di disperazione a causa dell'intercapedine (poltiglia di coriandoli e sudore) formatasi, e delle difficoltà di dissetarsi come Dio comanda col partner occasionale che ti spia da tutti i pertugi della maschera.

(Supplemento "Tango" de "L'Unità", 15.09.1986)

Al disegno di Jacovitti dedichiamo Cafetín de Buenos Aires *di Discépolo e Mores, 1948.*

Nel 1950 E.L. Poletto ne ha fatto la prima versione italiana, il che gli consente di percepire i diritti di qualsiasi altra versione successiva; indubbiamente se lo merita, per aver allargato il raggio d'azione familiare, come dimostra l'incipit: "Già da ragazzo ho vissuto nel dramma / di chi non ha né un papà né una mamma"...

Davanti al disegno del caro e sempre grande Jacovitti, "estremista di centro", "anarchico conservatore" in piena espagnolade, fra olé e pettinoni flamenchi e soprattutto quel misterioso meccanismo per cui "tango" è uguale a "rosa retta orizzontalmente fra i denti", mi sento come il salame giù a destra: col doppio handicap di essere un salame e di avere la testa decurtata. Nemmeno la rilettura de *Il Nome della rosa* mi offre delucidazioni consolanti. Allora, per reazione, sono felice che l'uomo dalla rosa in bocca (occorrerà riguardare anche il monologo pirandelliano?) soffra. Mentre la sua compagna è al settimo cielo della goduria, lui soffre. Le sue visioni stellari derivano dallo sforzo nel cercare di sollevare lei dal retro, fra i due dossi che gli tolgono la visibilità e l'impietoso pestaggio che gli inchioda il dito a martello.

Tuttavia bisogna saper perdere. Perciò ho estratto una gemma dell'antologia tanguera, da dedicare per estensione a tutti i fanciulloni affetti, anche in età pensionabile, da nostalgia del seno materno e da ansia orale che si traduce in ottanta sigarette al dì e rose da addentare. Si tratta di un caffè inteso come locale, non come polvere di chicchi tropicali tostati.

(Supplemento "Tango" de "L'Unità", 13.10.1986)

Al disegno di Guido Buzzelli dedichiamo Madame Yvonne *di Cadícamo e Pereyra, 1930.*

Buzzelli, memore di una scena non infrequente nelle nostre balere estive, sceglie come soggetto del suo disegno due donne che ballano il tango. Simili a baiadere, anzi, *bailadeiras* nel vero senso della parola, hanno l'ombelico in bella mostra a indicare forse una certa dimestichezza con la danza del ventre, ma qualcuno potrebbe anche vederle come americane anni Cinquanta, dato il reggiseno senza bretelle e i guanti che le suddette non si tolgono neanche per mangiare le tartine con la maionese.

Supponiamo che un rioplatense assista alla scena: la interpreterebbe come una provocazione intollerabile, una sfida alla sua virilità. Tanto è così che le donne, quando rischiano di fare da tappezzeria alla sala da ballo, ricorrono allo stratagemma di mettersi a danzare fra loro.

Col valzer, col fox-trot, con la rumba fa poco effetto, ma col tango è infallibile: subito appare un maschio pronto alla riproduzione (asessuata, data l'automaticità) per scissione o per gemmazione, ottenendo, dalle due *single* iniziali, almeno una dozzina di coppie come Dio comanda. Tale riproduzione raggiunge velocità supersoniche quando le donne sono straniere e di conseguenza torride, facili, rimorchiabili, disponibili, avide, insaziabili e via con le sdrucciole. Appena finisce il tango, ovviamente, la particella femminile rimane sola. Per ricominciare il processo e poter ballare un vero tango, non le resta che aprire una casa di piacere (meglio se di gusto francese) con donne a iosa, in attesa dell'incontro fatale che le disgiunga. Esemplare sotto questo aspetto è il suddetto tango a una "madame", cioè a una tenutaria di casa chiusa.

(Supplemento "Tango" de "L'Unità", 27.10.1986)

Al disegno di Chiara Rapaccini dedichiamo Tomo y obligo *di Romero e Gardel, 1931.*

È stato l'ultimo brano cantato in pubblico da Carlitos, la sera prima che l'aereo che doveva portarlo a Cuba si incendiasse in terre colombiane.
Difficile scegliere una sola chiave di lettura per il disegno di Chiara Rapaccini. Lattango, d'accordo, tango del primo, tiepido nutrimento. Ma il personaggio maschile ripreso nell'atto di poppare, non sembra poi tanto lattante: dovrebbe essere già svezzato da quel dì, e ricorrere al beveraggio in questione non più direttamente, ma tramite i noti contenitori di cartone che garantiscono almeno la pastorizzazione.

Tuttavia, non ci formalizziamo. Lui è ben poca cosa se lo paragoniamo a lei, immensa di soffici opimità, che lo mantiene e lo sostiene, e forse non solo in senso figurato.

Immaginate quale abisso, quale ruzzolone, se lei lo lasciasse. E, in sede di tango, lei lo lascia di sicuro, in pieno esercizio orale. Con atteggiamenti delle labbra talmente rumorosi che alcuni si ostinano a considerare baci ma che servono soprattutto per chiamare i gatti del circondario, l'avidità del malcapitato si sfoga su punte di matita, grissini, sigarette, oppure sul semolino, l'orzata, il mate, la camomilla e altre tisane.

Ma più frequentemente sull'alcol, del quale diventa un fervente propagandista. Negli intervalli, quasi sempre con la bocca piena, lancia sentenze lapidarie contro il genere femminile, e come Linus rimasto senza coperta, si fa prendere da stizze, che talvolta portano a sbocchi omicidi.

(Supplemento "Tango" de "L'Unità", 08.12.1986)

Al disegno di Lele Luzzati dedichiamo Soy un arlequín *di Discépolo, 1948.*

Da esperto scenografo, Lele Luzzati fa un disegno cinetico in cui coabitano l'ieri, l'oggi e il domani, realtà e speranza. Per dirlo col linguaggio del tango (zeppo, come si sa, di locuzioni dialettali italiane), è evidente che nessuno ha dato a questo Pulcinella il grido d'allarme "*Araca, ancú, dequera, atenti, guambia* che viene la cana, la yuta: ecco che arrivano i *tiras*, i *milicos*!" Di conseguenza lo *chapan* e presumibilmente gli danno un *pesto* madornale. Subito dopo però tra gli avversari in questione si forma un *fato* strano, la situazione si rovescia: la maschera napoletana ha la meglio sul carabiniere, lo mette sotto anche sessualmente, rivelando insospettabili tendenze da *pulastrún*, quantunque nella parte attiva del *bufarrón*. In ultimo, tutto si trasforma in spettacolo col ballo della tarantella e scroscianti applausi finali.

Quale personaggio da tango può sostituire Pulcinella? Pierrot, il malinconico innamorato fallito, dalla faccia infarinata, ugualmente contrassegnato da gobba e da largo camiciotto bianco? Arlecchino, anche lui col viso seminascosto da una mascherina di raso nero e capace di suscitare il riso altrui? Oppure Discepolín, musicista e paroliere di tanghi talvolta grotteschi, figlio di un suonatore di banda napoletano, caratterizzato da una *napia* talmente adunca e pulcinellesca che sarebbe stato limitativo designare col termine spagnolo "nariz", e che gli valse il nomignolo El Naso? Optiamo per Discepolín nel noto costume di rombi coloratissimi. Si trova scompagnato come un servizio da tè "arlecchino" perché la sua Colombina (Maria Maddalena, per l'occasione), che lui (Gesù, per fare pendant) *esgunfia* con le sue manie di redenzione, gli ha detto irrispettosamente *Salute Garibaldi, chau.*

(Supplemento "Tango" de "L'Unità", 22.12.1986)

Al disegno di Laura Scarpa dedichiamo Nunca tuvo novio *di Cadícamo e Bardi, 1930.*

Una prima approssimazione al disegno di Laura Scarpa ci fa pensare che la ballerina (bibelot, ex coperchio di bomboniera o di portacipria) piange perché l'uomo, in una spinta tanghèra, l'ha costretta a fare un inversione a "u" con l'articolazione del ginocchio. Ma poi soffermando lo sguardo sulla sua mano sinistra, notiamo i segni artrosici di almeno un cinquantennio e, quel che è peggio, la cruda assenza dell'anello nuziale. La ballerina piange, dunque, perché è rimasta zitella.

Quando frequentavo le scuole medie, in Sudamerica, correva voce che, per acquistare lo status di zitella, era necessario ubbidire alle seguenti condizioni: 1° essere brutta; 2° essere un numero 167 (perché dopo 166 nascite pari ce n'era una femminile soprannumeraria, la quale restava sfusa per forza); 3° essere paraguayana (per via dell'ecatombe della popolazione maschile durante la Guerra del Chaco). Sempre a quei tempi e in quelle latitudini, si usava apporre al vocabolo "zitella" due aggettivi qualificativi: "povera", nel caso di castità (anche se dovrebbero far pena i vizi, non le virtù) e "acida" nel caso in cui la nubile non si fosse lasciata obnubilare da tale situazione e avesse osato tener testa ai maschi, specie nel lavoro politico. Si versavano fiumi di lacrime sull'ultima zitella piagnucolosa dei filmoni Warner Brothers, come quella (Bette Davis? Mary Astor?) che cedette una sola volta al fidanzato giusto prima che partisse per il fronte, rimase incinta, non poté cancellare l'onta perché lui morì (da eroe), lei partorì di nascosto, passò *the baby* alla sorella sterile (Miriam Hopkins? Barbara Stanwyck?) sposata a un ufficiale che invece tornò vivo dalla guerra, e per il resto dei suoi giorni finse di essere la zia della propria figlia inconsapevole, ingrata e antipatica. Dato che ancora non era invalso l'uso della pillola e nemmeno quello della fecondazione artificiale, tutti, antipatici o no, rischiavano di essere figli segreti di zitella. Cosicché tutta la mia simpatia è andata alle donne dall'allegria contagiosa, signorine solo anagraficamente, con molteplici e chiacchierati trascorsi sentimentali o, come si dice laggiù, con più di *un guardia civil muerto* nel loro passato.

Quante sfumature di questo genere si perdono, però, nei documenti di identità, che riservano allo stato di famiglia secchezze didascaliche come cel. o nub., coniug. già coniug. e ved.! A livello internazionale ben poco si può fare. C'è solo da sperare che in Italia, grazie all'influenza dei programmi televisivi osannanti la famiglia, sempre così aggiornati, comprensivi e moderni, si adottino altre formule più suggestive come scap. impen., nub. mica scem., etern. fid., in copp. eter., in copp. om., conniv. c. chi m. par., partn. d. vit. e d. lav., comp. (nell'accezione domestica, conteniamoci). Nonostante tutto, il tango che vi ho proposto è uno dei miei preferiti.

(Supplemento "Tango" de "L'Unità", 12.01.1987)

Al disegno di Silvio Cadelo dedichiamo Ranatango*, parole e musica della sottoscritta, 1981.*

Il disegno di Cadelo, una notte di baldoria nello stagno densa di metamorfosi misteriose, mi riporta al "Discorso sull'inferiorità della rana", monologo per attore che ho scritto a quattro mani con Vilda Ciurlo, in cui uno scienziato dimostra, con argomenti inconfutabili, che la rana è inferiore all'uomo. Per esempio, la rana non vince i campionati di scacchi, è incapace di manovrare l'apriscatole, non mangia il primo piatto, col suo colorito olivastro non si presenta proprio come il ritratto della salute, salta a casaccio, senza allenamenti agonistici (mai con l'asta e meno ancora sulla schiena), nuota solo a rana, ignara del crawl e degli altri stili, soffre di un mal celato complesso di Galvani, è ripetitiva nel suo parlare (sempre "croac", nemmeno per sbaglio un "nella misura in cui"), difetta di fantasia nel campo sessuale (il coito ranale si realizza infatti in un unico e monotono modo) e, per dimostrare il suo eccitamento erotico, non ha trovato di meglio che farsi diventare calloso il pollice. Il nostro novello Moebius sosteneva inoltre che, sobillati da ignobili ranisti quali Omero, Aristofane, i fratelli Grimm, Leopardi, Giuseppe Giusti e il manifesto "Rana è bello" del parco nazionale di Frosinone, i batraci si erano messi i grilli in testa e si ponevano oramai come il pericolo verde dell'umanità.

Noi donne però siamo restie a ingoiare il rospo: anzi, non appena troviamo un ranocchio sul nostro cammino lo baciamo, con la segreta speranza che diventi un principe. A metà della pièce, per smascherarlo, abbiamo fatto ballare lo scienziato con una teatralissima ranona di satin verde, alta due metri, fatta con un materassino gonfiabile. Sapete cosa ha combinato? Nell'ultima figura del tango, l'ha sbattuta per terra, abbandonandosi ad atti osceni in luogo pubblico.

(Supplemento "Tango" de L'Unità, 16.02.1987)

Al disegno di Ellekappa dedichiamo Malena *di Manzi e Demare, 1942.*

Tra i numerosi tanghi imperniati su una donna (Margo, María, Nataí, Grisel, Yvonne, Margot, Alejandra, Pipistrela) spicca Malena, lanciata dall'orchestra di Aníbal Troilo e dalla voce di Francisco *Fiore* Fiorentino nel 1942.

Ho nella mente ancora vivide le superbe sculture di Gloria Argelés, con quegli esseri transeunti, transfughi, carichi di valigie, colti nel momento del via, a 45 gradi dal pavimento, la punta del piede trattenuta dalla dura materia orizzontale. Ma la nostra Ellekappa non conosce ancora la scultrice argentina, e la sua mediterraneità la salva, d'altronde, da certe correnti metafisiche di stampo rioplatense. Tuttavia, che la sua donna sia una donna da tango, non esiste il minimo dubbio: siamo in presenza di una assenza (scusate il bisticcio dei termini), di un ultimo incontro, di creature abbandonate che piangono.

Una porta si è chiusa, forse per sempre. Il problema è congetturare cosa c'è oltre. Nel film "Oltre la porta" della Cavani c'è una ragazza che torna dall'amante vecchio, manesco, maleodorante, in piena miseria, truffaldino, col quale, andando a fargli visita in galera, scambia brevi fornicazioni probabilmente incestuose dato che, quasi certamente, si tratta di suo padre. Per costui aveva abbandonato, nella splendente villa stile Niedmayer di fronte al mare, il marito adorante, giovane, generoso, bello, miliardario, atletico e docciadipendente che, per giunta, essendo nato negli Usa, non rischiava di esserle fratello, cugino, cognato e tantomeno suocero. L'"oltre la porta" della luminosa, biondoricciolua, timida, aggiornatissima Ellekappa deve essere totalmente diverso. Tutto da immaginare. Buona fantasia!

(Supplemento "Tango" de "L'Unità", 09.03.1987)

Al disegno di Francesco Rubino dedichiamo Alguien le dice al tango *di Borges e Piazzolla, 1965, adattamento italiano della sottoscritta, 1986.*

Grintoso il disegno di Rubino, come il gaucho lesto di coltello che si trova in serie difficoltà con le guardie di frontiera. A furia di essere inseguito dalla legge per il fatto di inseguire a sua volta il bestiame, l'uomo avrebbe poi finito per fermarsi nella periferia di Buenos Aires o di Montevideo. Abbandonati gli abiti da *paisano*, avrebbe conservato solo il fazzoletto bianco annodato al collo, e si sarebbe messo le scarpe col tacco alto "alla militare" per non sfigurare da quando era dovuto scendere per sempre dal cavallo. Lì si sarebbe aggiunto agli emigranti italiani e spagnoli dei caseggiati promiscui. E avrebbe creato il tango.

Mi ricorda un curioso episodio di quando facevo la pianista classica (e mi divertivo meno di adesso che suono e canto tanghi); un lavoro serissimo, quattro ore al giorno come minimo sullo strumento, sempre a memorizzare spartiti e partiture. Tenevo un concerto *al aire libre* in una cittadina di frontiera tra l'Uruguay e il Brasile. Nelle prime file si erano insediati i notabili dei rispettivi paesi: il sindaco, il medico condotto, il farmacista, il latifondista, il professore, il pittore di marine della domenica, il poeta laudante, il capo della polizia e quello della dogana, tutti con le loro rispettive consorti infiocchettate, per assistere all'eccezionale manifestazione di cultura. Una grande conchiglia acustica racchiudeva il pianoforte a coda e l'intera orchestra sinfonica. Stavamo eseguendo il Concerto n° 2 di Rachmaninov. Come ogni solista, io guardavo, non appena il gioco pianistico me lo permetteva, il direttore d'orchestra, in alto, leggermente a sinistra. Ma, oltre, vidi qualcosa di inimmaginabile: profittando della notte fonda e della distrazione delle autorità, si stava facendo contrabbando di bestiame; i fortissimi di Rachmaninov servivano a coprire muggiti e belati, scalpitii e altre voci assai poco musicali. Solo dalla mia visuale era possibile accorgersene; ne fui unica e ammirata testimone. Peccato che ogni tanto dovevo volgere l'occhio alla tastiera, cioè al "dentone", come si chiama il pianoforte in termini tanghèri.

(Supplemento "Tango" de "L'Unità", 30.03.1987)

Al disegno di Altan dedichiamo Mano a mano *di Flores e Gardel-Razzano, 1930, adattamento della sottoscritta, 1979.*

Il dovizioso disegno di Altan descrive il patio di un casermone di Buenos Aires in una notte di piena estate. È evidente che sta imperversando il vento Norte, che equivale allo scirocco ed è tutto l'opposto del Pampero, chiamato dai più intimi *viento de la gran puta*. Sono vere le mutande anche se così slabbrate da aver perduto ogni fisionomia umana, sono veri i calzini stesi, che non asciugheranno mai con tale umidità. Sono vere altresì la chitarra appesa a un chiodo e la carta moschicida, le zanzare petulanti e le falene che mandano l'ultimo sospiro al cielo stellato. È pure vero l'uomo con la camiseta piena di buchi. Le donne no: sono semplicemente frutto dell'immaginazione maschile, o meglio il triplice aspetto della femmina tanghèra, tolta in passato dal fango, momentaneamente irretita dal tango e mobilio sgangherato senza rango in un prossimo futuro.

Lui invece rimarrà vita natural durante così, giovane e fascinoso col baffo nero, i capelli tirati a lucido e il naso spiraliforme firmato Altan. Diciamolo pure: lui è un magnaccia piantato in asso dalla sua donna, e quando la vede (sempre con gli occhi esorcizzanti della fantasia) vecchia e distrutta, fa con l'avambraccio il noto e poco sportivo gesto, mentre pronuncia il fonema "tiè" con la bocca messa di lato, ottenendo solo di versare il vino rosso sul tavolo e sbrodolare le carte del solitario. Perché lei, nonostante i chili di troppo, è sempre bella soda e, tranne la spallina del vestito, non ha nulla che le caschi. Comunque, lui l'aspetta. Non per generosità da amico come dice il tango, ma per via del grano, della guita, della meneguina, del vento, dei mangos, dei fasules, dei morlacos, del toco esquifuso insomma, per tirare avanti.

(Supplemento "Tango" de "L'Unità", 13.04.1987)

A fuego lento
Tango, 1953

Horacio Salgán

Ed. J.Korn

A la gran muñeca
Tango, 1920

Jesús Ventura

Amurado
Tango, 1940

Pedro Maffia/Pedro Láurenz

Ed. Ricordi

Bandoneón arrabalero
Tango, 1928

Juan "Bachicha" Deambroggio

Ed. J.Garzón

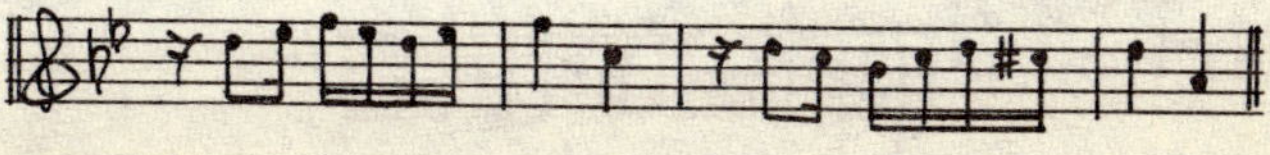

Cuesta abajo
Tango, 1934

Alfredo Le Pera/Carlos Gardel — Ed. Ricordi

Derecho viejo
Tango milonga, 1916

Eduardo Arolas — Ed. Ricordi

Desde el alma
Vals, 1917

Rosita Melo — Ed. Ricordi

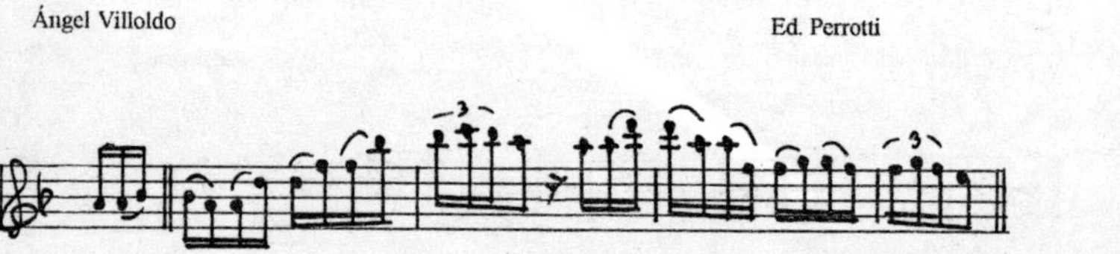

El Choclo
Tango, 1905

Ángel Villoldo — Ed. Perrotti

Fuegos artificiales
Tango, 1917

Roberto Firpo/Eduardo Arolas — Ed. Ricordi Americana S.A.E.C

Inspiración

Gran tango, 1921

P.Paulos

Ed. Ricordi Americana S.A.E.C

La Cumparsita

Tango, 1916

Gerardo Matos Rodríguez

Ed. Ricordi

La puñalada

Milonga, 1928

Pintín Castellanos

Libertango

Tango, 1975

Astor Piazzolla

Ed. Curci

Milonga del Novecientos
Milonga porteña, 1938

Sebastián Piana

Ed. Korn-Intersong

Negra María
Milonga candombe, 1941

Lucio Demare

Ed. Korn

Nueve de Julio
Tango, 1920

José L.Padula

Ed. Música Record

Pájaro azul
Tango con armonía y variación, 1926

Francisco"Pirincho" Canaro

Ed. Piróvano

Recuerdo
Tango, 1924

Osvaldo Pugliese

Responso
Tango, 1951

Aníbal "Pichuco" Troilo

Ed. J.Korn

Rodríguez Peña
Tango, 1911

Vicente Greco

Ed. Ricordi

Shusheta
Gran Tango de Salón, 1930

Juan Carlos Cobián

Ed. Breyer Hnos

Silbando
Tango, 1923

Cátulo Castillo/Sebastián Piana

Ed. Do Re Mi Fa

Soy bailarín
Gran Tango Milonga, 1921

Julio De Caro — Ed. Emor

Unión Cívica
Tango, 1904

Domingo Santa Cruz — Ed. Ricordi Americana S.A.E.C.

Uno
Tango, 1943

Mariano Mores/Enrique Santos Discépolo

I segreti del "Café con pan"

È arduo parlare di musica a chi non sa leggerla e manca di una base tecnica minima. Vada e passi finché si tratta di spiegare i parametri del timbro e dell'intensità. I problemi vengono quando si vuole affrontare quelli dell'altezza e della durata: monodia, polifonia, melodia, armonia, tempi, ritmi ecc. Ti ritrovi a insistere e a desistere. Per i ritmi, provi tutte le tattiche possibili: le frazioni, i passi, le sillabe accentate delle parole (fallimentari), finché fai una piccola scoperta, come è successo a me. Stavo ascoltando le prove di un modesto complesso strumentale cubano. Il ragazzo che fungeva da direttore ordinava ai vari componenti: "Tu fai il *güiro* (un colpo ogni due tempi), tu fai i *claves* (legnetti in ritmo di guajira), tu fai le *maracas* (nelle pause del primo), e tu fai *café con pan*". Eureka! Da lì in poi avrei ricorso a "café con pan" come espediente didattico con i digiuni di musica. L'ho usato nelle lezioni, e funziona, ne ho anche scritto dei commenti, senza sospettare che il facile promemoria avrebbe assunto un carattere apodittico in pubblicazioni altrui.

Corro subito ai ripari. Credo che l'ingegnosa formuletta sia nata come risposta a un fortunatissimo tango congo degli anni Trenta del cubano Eliseo Grenet: "Oh mama Inés, oh mama Inés, todos los negros tomamos café", e qualcuno deve aver aggiunto, seguendo il ritmo: "café con pan". Un ritmo base che i bianchi chiamano habanera e che i neri chiamano tango congo, una maniera peculiare di far convivere la melodia ternaria e l'accompagnamento binario (permettetemi l'estrema semplificazione). Possiamo applicarlo alla celebre habanera *La Paloma* scritta a metà dell'Ottocento dal compositore basco Sebastián Yradier: "Si a tu ventana llega una paloma..." Approdato al porto di Cadice, tale ritmo vivacizza il movimento del flamenco denominato "di andata e ritorno" e penetra nel teatro musicale spagnolo col nome di tango o di tanguillo; un esempio canonico si trova nella zarzuela di Tomás Bretón, quando il baritono canta: "Dónde vas con mantón de Manila, dónde vas con vestido chinés". I compositori attingono all'habanera ogniqualvolta sia necessario imprimere una connotazione ispanica alle loro opere. Ricordiamo per tutti Bizet, quando nella *Carmen* (1875) fa cantare alla protagonista: "Ah l'amour c'est un oiselet".

Questa figurazione ritmica è tipica di tutta la musica popolare latinoamericana. Il ritornello del candombe Carám cum tá ha la stessa scansione. Nel Río de la Plata si chiama milonga. E anche tango.

Paolo Conte, Chitarrista di tango, *2004.*
Caro Paolo, ringraziandoti per il disegno, prometto che invocherò i fratelli Expósito affinché dal cielo pongano fine al tormentone di quel tuo aforisma "Così come una lucertola è il riassunto di un coccodrillo, un tango è il riassunto di una vita", che sta spodestando ormai "Il pensiero triste che si balla" di Discepolín e il mio più modesto "Café con pan". Ti abbraccio insieme a Egle.

Dalla milonga al tango d'avanguardia

Il vocabolo *milonga* è di derivazione africana; proviene dal kimbunda e significa "parola, chiacchiera", a indicare la qualità vocale del genere. La milonga, infatti, più specificamente definita come milonga campera, milonga pampeana o milonga uruguaya, è un genere di canto estemporaneo, per lo più in decine di versi ottonari, con accompagnamento di chitarra e in una sola parte. È il genere per eccellenza dei payadores (cantastorie), dei gauchos, che improvvisavano intorno ai fuochi, la sera. Verso la metà dell'Ottocento, le sfide tra payadores potevano durare vari giorni, e il pubblico intraprendeva veri e propri spostamenti per applaudire i suoi favoriti.

Tango e milonga però camminano insieme, si alternano, si congiungono. A volte, ai non addetti ai lavori la distinzione riesce faticosa. Entrambi si scambiano i propri segni distintivi. La milonga, nata come un genere di canto, in meno di trent'anni diventa un genere di ballo, anzi, sinonimo di ballo popolare. Il tango, nato come musica per accompagnare il ballo, diventa una canzone e una musica a sé stante, adatta più all'ascolto che al ballo. Nel 1913 si forma il sestetto "típico": 2 violini, pianoforte, 2 bandoneones, contrabbasso. Questo complesso, con l'aumento dell'organico (4 violini e 4 bandoneones), diventa l'orchestra "típica" che lungo gli anni, grazie a diversi musicisti, si arricchisce con l'adozione di nuovi strumenti.

Musica o parola? Strumento o canto? Ecco le tendenze espressive sempre in lotta per emergere, in qualsiasi tipo di musica, e che nel nostro caso determinano tre diversi stili.

– Tango milonga, con motivi marcatamente ritmici, adatto per il ballo. È consuetudine suonarlo in alternanza con la milonga propriamente detta e con il valsecito criollo, che subiscono lo stesso trattamento dinamico, nonché con il candombe che a partire dagli anni Cinquanta, per opera dell'uruguayano Romeo Gavioli, viene eseguito dall'"orquesta típica" con aggiunta di tamboriles. L'eventuale presenza del cantante, che si limita all'esecuzione del ritornello (estribillista) oppure si colloca come una voce in più (vocalista) nell'insieme degli strumenti musicali, amalgamandosi discretamente.

Il disegnatore Riccardo Mannelli ritrae dal vero i personaggi del locale "Homero" nel quartiere Palermo mentre ascoltano Roberto El Polaco *Goyeneche in una delle sue ultime esibizioni. Buenos Aires, 1987.*

– Tango canción, a partire dal 1917, con testo poetico preminente e protagonismo assoluto del cantante. Adatto per l'ascolto. L'epoca d'oro si delinea dal 1930 al 1955, in cui le tendenze in gioco convergono in un perfetto equilibrio. Si snellisce la coreografia, mentre tutti gli sforzi sono puntati sulle parole, la musica, gli arrangiamenti.

– Tango puramente strumentale, con armonie evolute, ricchezza di timbri, tempo rubato, commistioni col genere folk e col classico, destinato all'ascolto in concerto o alla danza spettacolare coreografata.

¡Al Colón!

Dobbiamo ringraziare Hugo Lamas e Enrique Binda per lo scrupoloso lavoro di ricerca svolto negli archivi, "El tango en la sociedad porteña 1880-1920". È stato nell'anno 1910 e non nel 1936 che il Teatro Colón, tempio della lirica e della musica colta, ha aperto per la prima volta le porte al tango. Vi furono vari concerti nel frattempo, di beneficienza per un'attrice che versava in penose condizioni di salute ed economiche, per eleggere Regina del Tango Libertad Lamarque, per premiare il miglior testo e la migliore musica.

Il Día de la Radio fu celebrato al Colón con un programma misto in tre parti: la prima, di musica sinfonica; la seconda, di jazz e canzoni internazionali e la terza di tango, a carico dei cantanti Agustín Magaldi, Libertad Lamarque, Tita Merello, Dorita Davis, Ignacio Corsini, Charlo e Mercedes Simone (Carlos Gardel dovette rinunciare perché a letto con l'influenza), accompagnati dalle orchestre di Osvaldo Fresedo, Francisco Canaro, Roberto Firpo e Julio De Caro. Nel 1968 è la volta del Sexteto Tango diretto da Julián Plaza, ex bandoneonista diventato pianista, e di Astor Piazzolla alla guida del suo Noneto. Nel 1972 vi suona Florindo Sassone, violinista, a capo della sua orchestra stile Guardia Vieja, e anche Horacio Salgán, uno dei maestri della tendenza evoluzionistica, col cantante Roberto Goyeneche. Il 26 dicembre 1985 Osvaldo Pugliese con la sua orchestra e i solisti storici, debutta al Colón. Nel maggio del 1992 è la volta del bandoneonista Leopoldo Federico che suona *Adiós Nonino* come solista con l'Orquesta Filarmónica di Buenos Aires diretta da Pedro Ignacio Calderón.

Quando qualcuno esegue il proprio lavoro in modo eccelso, gli argentini usano accompagnare l'applauso con l'esclamazione "¡Al Colón, al Colón!". E il Colón sa ospitare signorilmente i più grandi nomi del tango.

Astor Piazzolla

A la gran muñeca *(Con stile da gran maestro), il tango di Jesús Ventura del 1919, riscoperto e messo in luce da Carlos Di Sarli.*

Nato l'11 marzo 1921 nella città argentina di Mar del Plata, è figlio unico di Assunta Manetti, di Massa Carrara, e di Vincente Piazzolla, di Trani, barbiere di mestiere e suonatore di fisarmonica per diletto. L'infanzia la trascorre a New York, nell'East Village, dove studia il pianoforte e il bandoneón, iniziandosi alla musica classica e al jazz. Appena tredicenne, guadagna il suo primo cachet (25 dollari) interpretando la parte del monello che vende giornali nel film *El Día que me quieras* che ha Carlos Gardel come protagonista. Tornato in Argentina si stabilisce nella capitale, dove comincia a suonare nei complessi di tango. Al café Germinal conquista la fiducia di Aníbal Troilo, considerato "el bandoneón mayor de Buenos Aires", che dapprima lo accoglie nel suo complesso per una sostituzione, e poi aumenta l'organico abituale dei bandoneón per tenerlo con sé come orchestrale, nonché come orchestratore e arrangiatore.

Nel 1954 una borsa di studio lo porta a Parigi, per seguire i corsi di composizione di Nadia Boulanger, che lo convince ad accantonare il suo disegno di compositore "classico" e a sfruttare le sue doti naturali. A fare il suo tango, a essere Piazzolla, insomma. Nel 1960 smette di eseguire la musica di altri autori per dedicarsi soltanto alla propria. Comporrà oltre 750 brani di ogni genere di musica: sinfonica, operistica, canzoni, commenti teatrali, colonne per film, tango d'avanguardia sparsi in una settantina di LP. Chi lo ricorda nel 1972, ospite del programma televisivo "Teatro 10", quando col suo bandoneón accompagnava Mina che cantava *Balada para mi muerte*? Non era ancora invalso l'uso del videoregistratore e l'Italia era ferma a una immagine del tango che poco si attagliava a questa personalità prepotente che, sfrondando il campo dalle mascherature, dagli esotismi e persino dal ballo, comunicava l'essenza musicale del genere rioplatense. Si stabilisce in un piccolo appartamento di via dei Coronari, nella vecchia Roma, dove prosegue il suo metodico lavoro, giorno dopo giorno al pianoforte (verticale, in affitto), dalle otto del mattino a oltranza.

Nell'anno 1974 incide, a Milano, *Summit* con Gerry Mulligan e Tullio De Piscopo, *Pulsación*, *Tangata* e *Libertango*: quest'ultimo diventerà la materia prima preferita delle sigle televisive e delle colonne sonore cinematografiche. Le vette della musica lo cercano: Rostropovich gli commissiona *Le Grand Tango* per violoncello solista. I coreografi più notevoli si sbizzarriscono sulle sue composizioni. Gli stilemi piazzolliani impazzano in musiche scritte da altri, ma è sempre lui che emerge e si afferma, riconoscibilissimo.

Presto lascia l'Italia per andare a Parigi, rue Saint Louis en l'Île, casa che alterna a quella di Buenos Aires, anche se più della metà dell'anno vive sul mare, in una sua villa di Punta del Este, Uruguay, a caccia di squali (*Escualo* si intitola un suo brano) in sfida con se stesso.

Nel 1985, un pubblico italiano finalmente preparato lo applaudirà entusiasta nelle tournée col suo Quinteto de Tango Contemporáneo (Piazzolla al bandoneón, Antonio Agri al violino, Pablo Ziegler al pianoforte, Horacio Malvicino alla chitarra, Héctor Console al contrabbasso), e una Milva superlativa. È apparso sereno e realizzato, accanto a Laura Escalada, cantante lirica e nota presentatrice della televisione argentina, con la quale si era sposato in seconde nozze. Per problemi di salute (un by-pass al cuore), si è visto costretto a rallentare la sua frenetica attività professionale, muovendosi sempre meno dalla sua casa parigina, solo per prodursi come solista ospite di altre formazioni orchestrali. In Italia tiene l'ultimo suo concerto, al Teatro Astra di Vicenza, il 15 maggio 1991, con l'orchestra A. Pedrollo diretta da Marco Zuccarini e la chitarra solistica di Marco De Santi. È molto felice. Tornato a Parigi, continua a lavorare a un'opera su Carlos Gardel, libretto di Pierre Philippe, tradotto in spagnolo da Mondy Eichelbaum, che avrebbe dovuto dare l'opzione a Plácido Domingo per la parte del protagonista. Ma una trombosi lo colpisce lasciandolo paralizzato e privo della parola. Laura lo fa trasferire a Buenos Aires. Dopo un anno, il 4 luglio 1992, dovevano avverarsi i versi scritti dall'amico Ferrer per la *Balada para mi muerte* che lui aveva musicato: Morirò a Buenos Aires, sarà sul far dell'alba, / le cose della vita con calma riporrò: / l'umile mia poesia di addio e di spari, / il tabacco, il mio tango, la manciata di spleen...

Caro Astór (Astór da Astorre e non con l'accento sulla "a"),

Qualcosa è cambiato. Anzi, sei stato tu a smuovere il pavimento al tango. Che tu sia un genio, chi lo discute più?

Piazzolla con la moglie Laura Escalada.

Nemmeno chi ti ha minacciato e combattuto "per aver tradito il tango". Una serissima inchiesta, condotta nel 1994 in Argentina negli ambienti di tango tradizionali e non, decreta infatti che il migliore tango strumentale di tutti i tempi è *Adiós Nonino* e colloca *Libertango* al decimo posto.

Non so che effetto ti farebbe vedere lo zingarello che salta sul tram 8 di Viale Trastevere e suona Libertango con una tastierina Bontempi di sedici semitoni. Gli ho chiesto se sapeva chi fosse l'autore, ma non lo sa: ignora tutto anche di *'O sole mio* e *Cielito lindo* che suona in alternanza col pezzo tuo.

Approfittando di questo momento colloquiale, voglio dirti che mi sono morsa le mani per non aver insistito nella proposta oscena che ti avevo fatto nel 1973. Ricordi? Tu non sei mai venuto a casa mia, ma in una delle tante telefonate hai sentito il mio pappagallo, il cenerino africano, che fischiava tanghi. Ti sei molto meravigliato per la libertà assoluta delle variazioni, umanamente irrealizzabili. Jacou era in un particolare momento di grazia. Ti dissi che l'avevo registrato e ti proposi di comporre uno "Psitacotango" per nastro magnetofonico solista e quintetto. La cosa ti stuzzicava molto. Ne parlammo altre volte, a casa tua, anche quando ci siamo incrociati a Lugano. Ne abbiamo riso commentandolo con Laura. I nastri sono lì da qualche parte, non li ho più sentiti. E il vecchio Jacou, che vive ancora e sospetto che sopravviverà a tutti noi, ha cambiato repertorio: è passato al Concerto per violino di Beethoven.

Scuole comunicanti

Pianisti concertisti argentini come Daniel Barenboim e Martha Argerich si sono formati alla stessa scuola dei migliori pianisti di tango come Horacio Salgán e Lucio Demare: quella dei maestri Vicente Scaramuzza e Pedro Rubbione, italiani emigrati a Buenos Aires. Anche il chitarrista spagnolo Andrés Segovia ha trascorso molti anni di esilio a Montevideo, insieme a sua moglie la pianista Paquita Madriguera, facendo scuola.

Nel 1996 avviene un incontro musicale deflagrante: è quello intitolato *Mi Buenos Aires querido*, voluto fortissimamente da Daniel Barenboim (appena lasciata la guida dell'Opera di Stato di Berlino), con il contrabbassista Héctor Console e il bandoneonista Rodolfo Mederos, sempre pronti a percorrere nuove vie e nuove fusioni espressive.

La si chiami "Grand Tango" o piazzollianamente "Música de la ciudad de Buenos Aires", anche questa musica è nata dal meticciato culturale. Nuove reazioni chimiche si sono compiute nello stupefacente crogiolo che, da oltre un secolo, ha visto fondersi tante popolazioni, tanta nostalgia e tanti stili.

Il chitarrista Juanjo Domínguez

Nell'America Latina è sempre vivo il Martín Pescador, un gioco da bambini notissimo, risalente all'epoca della conquista. "Martín Pescador, ¿me dejarás pasar?" chiede il coro dei bambini passando in fila sotto il ponte fatto dalle braccia di due bambini fermi. E questi volta a volta rispondono: "Pasarás, pasarás, pero el último quedará". L'ultimo infatti rimane imprigionato e dovrà dare una risposta alla domanda bisbigliata all'orecchio: Cosa preferisci: Pera o mela? Spiaggia o campagna? Cane o gatto? Dolce o salato? Devi deciderti, pena l'emarginazione. A uno come Juanjo Domínguez (Junín, provincia di Buenos Aires, 1951) non deve esser piaciuto giocare al Martín Pescador. Si vede subito che ama mescolare, e lo fa con la sapienza della qualità connaturata. Congiunge ciò che in musica di solito viene diviso: tecnica, stile, fedeltà ai moduli della tradizione, fantasia negli arrangiamenti, originalità nelle soluzioni formali, ricerca di nuove chiavi interpretative.

Pur eseguendo musica strumentale, Juanjo ha l'arte di trascinare un mondo di parole. La sua è una *guitarra chamuyadora* (per dirlo col gergo rioplatense), una chitarra che parla, che sa scandire i versi, soffermarsi sul titolo del brano, su una sentenza. Solo un ascoltatore sprovveduto può non "sentire" le parole di *A media luz* che pronunciano le sei corde nelle diverse gradazioni penombrate (*Y todo a media luz, crepúsculo interior, a media luz los besos, a media luz los dos*). Lo stesso dicasi per Golondrinas, dove l'inciso *Golondrinas de un solo verano* (Rondini di una sola estate) viene ripetuto in molteplici registri fino ad acquistare un valore simbolico. O per *Amores de estudiante*, dove il giudizio *Flores de un día son* (Sono fiori di un giorno), sottolineato da un romantico tremolo, lo fa apparire come un proverbio sull'incostanza e la spensieratezza. In *Los ejes de mi carreta* di Atahualpa Yupanqui, i famosi versi del soliloquio (*Poiché non do il grasso alle ruote del mio carretto mi dicono che sono sciatto, se a me piace che suonino, perché dovrei ingrassarle? È troppo noioso percorrere sempre il sentiero*), si snodano in fitte variazioni, che contrastano con l'accompagnamento di milonga pampeana, sempre uguale a se stesso, ad evocare la monotonia delle grandi distese silenziose.

Juanjo è in possesso di una tecnica strabiliante, da fare invidia a più di un virtuoso di chitarra "classica". Si badi alle note ribattute, eseguite con estrema precisione. Ma, senza tema di "sporcare" tanta nettezza, non manca mai la blue note, cioè quel semitono indeciso tra il modo maggiore e il minore, che il jazz ha sfruttato brillantemente. Capace di imprimere un' inusitata velocità ai passaggi più ostici, Juanjo, per contro, sa prendersi tutto il tempo per ottenere quella particolare risorsa timbrica, quella voluta rarefazione del ritmo (*Recuerdo*). Onora il tanghetto *Don Esteban* con uno staccato clavicembalistico di sapore scarlattiano. In *Mozo guapo* si assoggetta ai moduli della milonga tradizionale che manda in estasi i ballerini. In *Zorro gris* mette in evidenza la forma bipartita: una parte melodica cantabile e l'altra ritmica e contrappuntistica. Il *vals Rosita* di De Caro, tutto suonato nel registro medio-basso, fa pensare a personaggi come Rosita, la zitella di García Lorca, o l'uruguayana Rosita Mèlo, la misconosciuta compositrice del notissimo *Desde el alma*.

Nel concerto che ha tenuto a Palermo nel novembre 2002, sul finire, ha eseguito quattro canzoni extra, estranee all'area rioplatense. Quattro ever-green che, riproposte in questa nuova luce, hanno ancora molto da dirci. Ecco *Torna a Surriento*, che si sviluppa nei tre motivi melodici che la costituiscono, con la mandolinata di prammatica che spiritosamente si incrocia al "carám cum tá", ed è più cantabile che mai, con buona pace dei tenori di turno. Ecco *Parlez-moi d'amour*, la romanza francese elegante, per la quale la chitarra prende in prestito risonanze d'arpa. Ecco il tema del fado *Avril em Portugal* che, sospinto da un ritmo serrato, rivela la sua ricchezza di cromatismi. Ecco infine il motivo giapponese *Koinomachi Sapporo* in cui, grazie al trattamento tanghistico, emergono tra l'altro sospettose convivenze col bolero *Dos almas* dell'argentino Don Fabián.

Chiudono il programma i tanghi *Barrio viejo* e *Afiches*, che offrono al trio di Juanjo Domínguez materia illimitata per variazioni, ripensamenti, divagazioni, trasognamenti. I normali limiti di durata vengono abbattuti. Ma il tempo che conta, nella musica, non è quello cronologico, bensì quello psicologico. E il pubblico che non ama le facilonerie si lascia conquistare da questa maniera feconda di fare tango.

FRATELLO JAZZ

Tango, bolero, samba, fado e jazz, generi musicali e fenomeni sociali prodotti dal meticciato culturale, nascono e si sviluppano nella stessa epoca. Popolari, ma non folcloristici, né rurali, né regionali, si presentano come una sorta di folclore urbano, il che costituisce un evento nuovo in materia di musica. Le opere, nonostante siano soggette a copyright, appaiono come una creazione collettiva anonima, restie a una codificazione definitiva, sia negli stili della danza, sia nella scrittura musicale, negli arrangiamenti e nell'interpretazione, un tutto unitario in cui dominano le leggi sempre cambianti dell'improvvisazione. Riti complessi capaci di coinvolgere moltitudini di adepti, trasmettono un modo di porgersi di fronte alla vita di una grande comunità.

Un quadro sinottico che li contemplasse tutti e cinque, di certo rivelerebbe sorprendenti coincidenze, sincronie assolute. Contentiamoci di portare il paragone su due soltanto: il tango e il jazz.

Origini

Etimologia incerta. Nascita intorno al 1880 (ragtime). Luogo, città-porto (New Orleans, Buenos Aires e Montevideo), approdo di una popolazione proveniente dalle zone rurali interne e di una nuova ondata di emigrazione.

Il meticciato

Apporto africano. Influenza della migrazione interna: uomini provenienti dalle zone rurali, instabili, emarginati. Passaggio dal mondo contadino a quello industriale. Il folclore nero delle campagne entra nel jazz, come il payador nel tango: gusto per la performance, un bagaglio di risorse della tradizione da sfruttare nelle gare. Spinta decisiva ai fini dello spettacolo dei Minstrels e delle Comparsas: i falsi neri, musicisti-attori ambulanti che, col viso spalmato di bitume, parodiano i canti e i balli degli schiavi.

Influenza dell'ultima ondata di emigrazione europea che si palesa nei nomi dei cultori, nei modi di dire dei testi. Nuove particolarità espressive risultanti dal meticciato. Maniera di rappresentarsi di comunità umane differenti. Forme musicali e letterarie alternative rispetto a quelle della classe dominante. Testimonianza di un microcosmo nazionale sottaciuto dalla cultura ufficiale.

Periplo

Esordi in circoli ristretti e omogenei. Assistenza di un pubblico estraneo che sprona le esibizioni clownesche dei primi cultori.

Periplo che, dalla strada, i quartieri emarginati, i balli popolari, i cinematografi, passa ai locali (i club), i caffé sontuosi, i grandi teatri. Quartieri tipici: Harlem a New York, La Boca a Buenos Aires. Occasioni particolari: il Mardi Gras di New Orleans, dove nel viale principale maschere coloratissime sfilano a ritmo di blues, e il carnevale di Montevideo, dove la calle 18 de Julio diventa "el corso" con le comparsas che sfilano a ritmo di candombe, passano sui palchi dei tablados di periferia, mentre nei veglioni dei grandi teatri e dei casinò si balla il tango con le orchestre.

Trionfo in Europa

Grande lancio internazionale del ballo nel 1912-1913. Così come si erano presentati Villoldo, i Gobbi, Bernabé Simarra, appaiono sulle scene d'Europa la Original Dixieland Jazz Band (1919, Londra). Come Arolas, Canaro, Fresedo, Bianco, Bachicha, Firpo e Gardel, tengono concerti e incidono dischi Louis Armstrong, Duke Ellington, Jimmy Lunceford, Coleman Hawkins, Benny Carter, Sidney Bechet. Negli anni Venti e Trenta, il jazz viene apprezzato e coltivato in ogni paese europeo da elementi locali, alcuni col volto dipinto di nero. In minor misura il tango: pionieri Geraldo's Gaucho Band di Londra, Melandro's Tango Orchestra Holland, mascherati da gauchos. Invece in Finlandia il jazz prende il nome onomatopeico e scherzoso di humppa (dal suono base della tuba), per ballare in alternativa al Finnish tango, che diventerà una forma di ballo e di canzone nazionale di grande attrattiva.

All'interno dei campi di concentramento è concesso suonare e ballare il tango, mentre il jazz viene precluso, col pretesto che incita alla ribellione.

Alla hit parade come numero di versioni discografiche ci sono, da una parte, *St. Louis Blues* e *When the Saints*, e dall'altra *La Cumparsita e El Choclo*.

La forma musicale europea

Gli spartiti servono principalmente come base per le variazioni, gli arrangiamenti, le improvvisazioni. Generalmente osservano la forma suite monotematica bipartita (AB con ripetizione) in cui A funge da strofa (il testo cambia) e B da ritornello (le parole rimangono invariate); i più antichi, dopo il Trio, hanno la nota formula "Da Capo al Fine" per indicare la ripresa della prima parte, come in tante suite, e sonate, e sinfonie. Non solo: se la frase iniziale di A è ascendente, quella di B è discendente; se un motivo è ritmico e staccato, l'altro è melodico e legato.

Peculiarità compositive e interpretative

Musica scritta, subito stampata in migliaia di spartiti per pianoforte, ma ritenuta prodotto di analfabeti. Esecuzioni virtuosistiche di solisti avvezzi alla musica classica (Rapsodia n. 6 di Liszt adattata a ragtime, *Czardas* di Monti suonate al bandoneón) e con spiccate doti per l'improvvisazione. Gruppi di strumentisti suonano simultaneamente le loro parti (stile Dixieland, "a la parrilla"). Dalle esecuzioni polifoniche verticali si passa a quelle orizzontali: uno dopo l'altro, ogni strumentista del gruppo emerge con la sua improvvisazione solistica, secondo un ordine prestabilito e un numero regolamentare di battute, generalmente sedici.

Tangana rhythm, detto anche Mexican o Latin rhythm, invenzione abusivamente attribuita a William C. Handy, riconducibile al "café con pan" del tango congo, di derivazione africana. Jelly Roll Morton asseriva che lo Spanish tinge fosse essenziale per il jazz: si riferiva all'habanera.

Tempo metronomico dell'accompagnamento in battuta binaria, ritmo della melodia elastico, rubato, sincopato. Soluzioni ritmiche originali in un contesto dinamico libero: swing e canyengue.

Convivenza dei modi maggiore e minore, anche se nel tango

uno è destinato alla strofa e l'altro al ritornello. Arrangiamenti con presenza di blue note e di quinte parallele nei tanghisti con pratica jazzistica. Armonie di derivazione europea, partendo dai tre accordi di Tonica, Sottodominante e Dominante per arrivare all'accordo di tredicesima e a quelli diminuiti.

Strumenti

Importanza del pianoforte come strumento solistico e, nell'orchestra, come strumento guida. Strumenti musicali classici, sfruttati per altre prestazioni ("slap" del contrabbasso, "chicharra" del violino). Valorizzazione di uno strumento marginale, aerofono, che diventerà il timbro per eccellenza dei rispettivi generi e rimarrà definitivamente segnato da essi: tromba, saxofono e clarinetto, bandoneón. Rinascita della chitarra.

Canto

Interazione fra il timbro strumentale e la voce umana, evidente in Ella Fitzgerald, e nel tango per imitazione del bandoneón, nei cantanti dell'orchestra di Troilo. Escluso il portamento nel tango. Preponderanza delle donne nella parte del canto, anche se nel jazz l'apporto femminile ai fini dello stile risulta molto più incisivo.

Donne dalla personalità esuberante, forte, che sfidano gli anni, in entrambi i generi.

Tematiche dei testi

A parte certi ritratti d'epoca, la tematica dei testi del blues e del tango si impernia sulla tristezza, l'abbandono, la solitudine, gli amori infelici.

Evoluzione

Concomitanze tra l'epoca del ragtime e del blues con la cosiddetta Guardia Vieja. Anno 1917, registrazioni storiche di *Blue in the Blues* della Original Dixieland Jazz Band e contemporaneamente di *Mi noche triste*, nell'interpretazione di Carlos Gardel.

Stessa è l'ascesa dalla periferia al centro, stessa l'evoluzione musicale, stessa la trasformazione del pubblico. Qualcuno ha detto che il tango è il blues dell'uomo bianco. Anni Trenta, potenziamento della componente ballabile, in corrispondenza con la swing craze scatenata dal clarinettista Benny Goodman, e con l'entrata del tango nelle feste di carnevale della borghesia. Processo irrevocabile di bianchizzazione, più veloce e drastico nel genere rioplatense. Risalto, proprio nel momento della massima commercializzazione, di molti personaggi tra i più significativi: Count Basie, Tommy Dorsey, Ella Fitzgerald, Benny Goodman, Jimmy Lunceford, Glenn Miller, Artie Shaw, Chick Webb, come Caló, Fiorentino, Fresedo, Salgán, Troilo. Tendenza, dopo la seconda guerra, a esplorare il campo della musica contemporanea apertosi con la politonalità, l'atonalismo, l'aleatorietà, le ricerche elettro-acustiche. Alto grado di professionismo. Esibizioni in luoghi precedentemente riservati alla musica colta, davanti a un pubblico silenzioso e attento.

Per far fronte alla richiesta del pubblico di ballare nei due stili, negli ultimi anni del Novecento sembra ripristinarsi la consuetudine di alternare le orchestre jazz alle orchestre di tango, come avveniva intorno al 1945, all'epoca d'oro del genere rioplatense.

Analogie artistiche tra gli autori

I primi pianisti Joplin e Jelly Roll Morton, come Mendizábal e Firpo. Duke Ellington, il suo stile jungle e l'orchestra impressionistica, come Julio De Caro. Fats Waller, per l'indubbia validità e il lato esibizionistico, come Enrique Delfino. Louis Armstrong, per l'articolazione parlante della tromba, come Ciriaco Ortiz col bandoneón "chamuyador". Lester Young, precorritore del bebop e del cool jazz, come Troilo. Paul Whiteman e André Kostelanetz per le esperienze sinfoniche, Stan Kenton per il progressive jazz, come Caló e Mores. John Lewis per l'uso della variazione partendo dalla musica barocca europea, come Atilio Stampone. Charlie Parker, Dizzy Gillespie e Bud Powell per il bebop, e John Coltrane, Cecil Taylor, Ornette Coleman, Albert Ailer, Archie Shepp per il free jazz, le problematiche sollevate, l'apertura alle modalità e ai timbri orientali, l'aggressività, la volontà di recuperare il primitivo e di allargare i canoni consueti, come il tango contemporaneo di Piazzolla, Rovira, Mederos, Trasante. Stili onnicomprensivi che associano il repertorio di Hoagy Carmichael e Cole Porter al jazz, al blues, il country, i gospel, come quelli che associano i valzerini, samba e bolero della canzone latinoamericana'al tango, la milonga, il malambo, il pericón, la zamba, i cielitos.

Collaborazioni occasionali, come Dizzy Gillespie con Osvaldo Fresedo a Buenos Aires nel 1950, e Gerry Mulligan con Piazzolla a Roma nel 1970. Ingresso di musicisti jazz nelle nuove formazioni di tango, come nel quintetto Nuevo Tango di Pablo Ziegler, l'ultimo pianista di Piazzolla.

Tuttavia, quando gli impresari nordamericani suggeriscono a Piazzolla di trovare un genere destinato ai giovani, che congiunga il jazz e il tango, lui crea il JT, che però non attecchisce.

Vite emblematiche

Casi limite all'insegna dell'alcol, la droga, lo sperpero autodistruttivo: Blind Lemon Jefferson, Bix Beiderbecke, Charlie Parker, Billie Holiday, come Arolas, Juan Carlos Cobián, Romeo Gavioli, Orlando Goñi, Carlos Roldán, Julio Sosa. In preda alla follia: come Bud Powell, Pascual Contursi.

Destini catastrofici: Beiderbecke, John Coltrane, Billie Holliday, Glenn Miller, Bessie Smith, Charlie Parker, King Oliver, Lester Young, come Villoldo che muore per una caduta dal tram; Arolas, appena trentenne, di tisi; Sosa, Goñi, Susy Leiva, Rizzuti, Osmar Maderna, per incidente automobilistico; Fiorentino, schizzato fuori dalla macchina e annegato in una pozzanghera di 20 centimetri; Carlos Gardel in uno scontro tra aerei nell'aeroporto di Medellín insieme a Le Pera e ai suoi chitarristi Barbieri e Riverol, mentre Aguilar, uno dei superstiti, morirà in un incidente stradale.

Pianisti colpiti dalla cecità: come Ray Charles, Enrique Delfino; caratteristici occhiali scuri di Carlos Di Sarli per un incidente agli occhi da bambino; Osvaldo Pugliese, per l'invalidante miopia. Maestri ultra-nonagenari: Irving Berlin e Stephan Grappelli, come Enrique Cadícamo, Coria Peñaloza, Pugliese, Piana.

Rapida ascesa dall'anonimato e la miseria al successo internazionale e alla ricchezza: Lena Horne, Louis Armstrong, come Canaro, Rivero, Gardel.

Percorsi incrociati: Carlos Posadas, musicista nero dalla rigorosa preparazione accademica, trascriveva sul pentagramma i tanghi del bianco Juan "Pacho" Maglio. Posadas contava anche sull'apporto professionale del fratello Manuel, che si era perfezionato studiando col concertista belga Eugène Issaye, e occupava il posto di primo violino nell'orchestra del Teatro Colón. Nella stessa epoca

Harold Phillips, valente pianista nero di origine nordamericana, conteso dalle orchestre di tango di Buenos Aires e Montevideo, inappuntabile con il suo caratteristico cappello a cilindro, le ghette e i guanti bianchi, è a Bruxelles che finisce i suoi giorni, nel 1915, fucilato dai tedeschi con l'accusa di spionaggio.

Nomignoli

Uso di soprannomi caratteristici: Jelly Roll, Count (doppi sensi?), Duke, Fats, The Genius; "El Tigre" Arolas, Canaro "Pirincho" (Porcospino, per i capelli ispidi) e "El Kaiser" (per la durezza del carattere), Rivero "El Feo" (Il Brutto, in quanto affetto da acromegalia), Goyeneche "El Polaco" (per i capelli rossi), Troilo "Pichuco", Maglio "Pacho" (da Pazzo, in italiano), Gardel "El Morocho del Abasto", "El Troesma", "El Mago", ecc.

Un mestiere scomparso

Fino a metà del Novecento, sia a Buenos Aires sia a Montevideo, nelle case di edizioni musicali come la Ricordi della calle Florida o Gioscia Palacio de la Música della avenida 18 de Julio, esisteva la figura del pianista provatore. Grande lettore all'impronta di qualsiasi partitura o spartito gli si mettesse sul leggìo, il pianista provatore era a disposizione del pubblico. A volte diffondeva un brano classico appena giunto dalla Francia, la Germania o l'Italia. Altre volte esaudiva il cliente che gli aveva fischiato o canticchiato un breve motivo, identificando la sonata, il trio o la sinfonia di provenienza. Dava indicazioni ai clienti musicisti per rinnovare il loro repertorio; gli bastava un vocalizzo, due battute alla tastiera, il modo di tenere l'archetto del violino, per farsi un'idea delle loro attitudini e della loro preparazione. Consigliava i brani per l'infanzia, a seconda del grado di difficoltà. Suggeriva ai cantanti la tonalità più adatta alla loro voce, trasportando a prima vista uno spartito per canto e pianoforte o una partitura per orchestra. Con la stessa dimestichezza rintracciava le canzoni locali trasmesse dalla radio e quelle dell'ultimo musical hollywoodiano; nel caso non fossero state pubblicate, le suonava a orecchio. C'era chi entrava nella Casa della Musica per puro sollazzo, solo per sentire lui che cercava di soddisfare le richieste più strampalate.

Poi, la sera, il pianista provatore, per arrotondare lo stipendio, suonava in una "orquesta típica". Non sempre il pianoforte, talvolta il violino o il bandoneón. Il suo era un mestiere a tutto raggio, che richiedeva tecnica e capacità eccezionali.

Anche le città del jazz hanno avuto i loro bravi pianisti provatori. Li chiamavano, minimizzando, "song plugger", come se il loro compito fosse quello di attaccare la canzone alla presa elettrica. Uno di loro però, un tale George Gershwin, avrebbe fatto carriera.

Così era, fino al 1955. Prima della scompartimentazione della musica in classica e leggera, prima dell'incentivazione commerciale, prima che arrivassero i walk-man, le cuffie e i dj. Prima dell'invasione appiattente – sia per il jazz, sia per il tango – della grande industria discografica anglosassone.

Studi musicologici

Le esegesi sul tango generalmente difettano di competenza musicologica: spesso confondono i bassi con il pianissimo, le ottave con gli ottavi, la forma suite con la forma sonata, i cromatismi con i colori dipinti sugli strumenti; parlano di accordi fischiettati; asseriscono che aprendo o chiudendo le valvole del bandoneón cambia l'espressione; pensano che la diteggiatura (*la digitación*) sia una questione di stile e possa essere percepita da chi ascolta, anche dall'ultima fila di galleria e a occhio nudo; quando l'originale dice "dos por cuatro", cioè la battuta del tango in 2/4, traducono "due per quattro" e addirittura "8", credendo si tratti del passo del ballo; dimentichi, per incolmate lacune in materia operistica, del "dolce recitar cantando" della Camerata Fiorentina, traducono col termine "recitativo" le parti da recitare, e si perdono in questioni di lana caprina come il tango andaluso.

Per contro, le esegesi del jazz sono generalmente realizzate con rigore filologico da critici musicalmente preparati. Valgano come esempio: Ernesto Assante e Gino Castaldo, *Blues*, *Jazz*, *Rock*, *Pop* – Il Novecento Americano, Einaudi, 2004. Adriano Mazzoletti, *Il jazz in Italia dalle origini alle grandi orchestre*, EDT, 2004.

Differenze curiose

Sarebbe ormai fuori luogo associare il jazz alle case di tolleranza, alla malavita, al proibizionismo, invece col tango l'identificazione è in aumento. Mentre per eseguire il jazz nessuno tenta più di mimetizzarsi tingendosi il viso di carbone, molti ambienti ancora pretendono il tango in costume vagamente regionale gaucho-torero-zingaresco. I cultori del jazz prenderebbero a fischi uno che si presentasse sulla scena in tenuta da cowboy, e pochi ricordano Al Johnson nel film *The Jazz Singer* del 1927. Ma il Rodolfo Valentino del film *I quattro cavalieri dell'Apocalisse*, del 1921, si adduce di continuo a documentazione del tango.

I tanghi rioplatensi vengono sottoposti a un trattamento timbrico e ritmico omologante: i tecnici del suono europei vanno in crisi di astinenza, per esempio, se non si dà il colpetto di batteria sul quarto tempo di battuta. Anche oggi, digitando i ritmi preconfezionati.

Dopo la seconda guerra mondiale, il jazz, identificato col vincente, si colloca come cultura di classe A. I mass media dedicano eccezionali battage pubblicitari al fox-trot, variante ballabile del ragtime, e alle altre sottospecie del blues che via via si origineranno. Il tango, infecondo ma longevo, si ripresenterà confuso agli altri ritmi "latini", emarginato, cultura di classe B, incurante delle leggi del marketing. Imperterrito.

I miei amici Assante e Castaldo, qui sopra citati, propongono una lente interpretativa diversa, sempre come svolta del dopoguerra: "l'entrata in campo della figura giovane, (che) ha generato la più travolgente delle rivoluzioni musicali, quella di cui ancora viviamo, nel bene e nel male, gli influssi".

Alternanza delle orchestre nelle sale da ballo

Nelle sale da ballo delle città rioplatensi resiste ancora la tendenza, messa a dura prova dall'avanzata della disco music, di alternare l'orchestra "típica" (quella del tango) con l'orchestra "característica", in sezioni minime di un'ora ciascuna. La "característica", avente l'organico della jazz-band, è preposta a suonare il repertorio di fox-trot, slow e rock'n roll, sebbene talvolta devi su altri ritmi come il bolero, la rumba, la conga e il chachachá, arrangiati alla maniera di Benny Goodman o di Artie Shaw. Poi sarà la volta dell'orchestra "tropical", con lusso di maracas, güiro e claves, che si esibisce nei ritmi caraibici, nonché nel samba e nella marchinha del carnevale brasiliano. Oppure della "melódica", nel compito di eseguire boleri e altre canzoni, accompagnando i divi canori del momento. La "típica", fedele al suo organico e al suo repertorio costituito da tango, milonga e vals, rimane ferma come alternativa. Nei ballroom di New York è d'uso alternare la jazz-band con i complessi "latini", tra i quali, in maniera sporadica, uno "típico". Ma la pista raggiunge i massimi livelli di partecipazione e di sollazzo con lo swing.

Le mode ballabili e le date della frenesia cosmopolita

Nel 1900 si danza:
Valzer viennese, Vals Boston
Java, Polka, Redowa, Mazurka
Ragtime, Cake Walk, Tip Tap, Maxixe, Pasodoble

Appaiono alla ribalta:

1910 One-step	1957 Merengue	1977 Break Dance
1913 Tango	1958 Mambo	1978 Techno
1914 Fox-trot	1960 Calypso	1980 Hip Hop
1923 Charleston	1962 Black Bottom	1980 Reggae
1924 Shimmy	1962 Twist	1989 Lambada
1926 Slow-fox	1962 Chachachá	1995 Macarena
1927 Quick step	1962 Bossa nova	1997 Bachata
1928 Rumba	1968 Shake	1997 Rueda
1935 Big Apple	1973 Tango	1997 Tango
1938 Lambeth Walk	1975 Disco	2000 Tango
1943 Boogie-woogie	1977 Punk	2001 Tango
1945 Baião	1977 Dark Punk	2002 Tango
1947 Raspa	1977 Salsa	2003 Tango
1956 Rock'n Roll	1977 Hustle	

2004: Tango nei paesi "latini"; Malambo "sexy danza estiva" nei locali di Londra, Los Angeles e New York.

BORGES, IL POETA PIÙ MUSICATO

Da una mia indagine sulle canzoni latinoamericane, Jorge Luis Borges (1899-1986), figura magna della letteratura contemporanea, è risultato essere il poeta più musicato. Buffo primato, perché Borges era, per sua propria ammissione, molto carente in materia di musica. Non riconosceva nemmeno il Bolero di Ravel (l'aneddoto lo raccontava con tenerezza Silvina Ocampo). Del tango, su cui aveva scritto pagine sublimi, apprezzava appena quattro-cinque titoli, tra i quali *La Morocha*, e ciò per il "curioso ossìmoro *gaucho porteño*" (contadino di città). Invece la milonga campera con accompagnamento di chitarra gli aveva ispirato la raccolta poetica *Las seis cuerdas*, in sapienti quartine o sestine ottonarie, come vuole la tradizione popolare. È a questo materiale che attingono maggiormente i musicisti.

Carlos Guastavino plasma in musica la *Milonga de dos Hermanos*, la preferita di Borges. Possiamo vedere il poeta in un documentario mentre la ascolta estasiato, anche perché Guastavino, essendo un compositore colto e un importante critico musicale, gli offre solide garanzie culturali.

Quando Juan Iberra capì
che il più piccolo lo superava
(doveva alla giustizia più morti
    del fratello maggiore)
perdette la pazienza
e gli tese un'imboscata.

...
Così in un modo fedele
son giunto sino alla fine;
è la storia di Caìno
che continua a uccidere Abele.

Víctor Proncet e Mario Cosentino mettono in musica *El caso de la esquina rosada*, *El General Quiroga va en coche a la muerte*, spaziando su altri ritmi del folclore argentino come il gato. José Luis Castiñeira de Dios è autore di un brano già musicato da Piazzolla, *El Tango*, nonché *A un Gato*, *Al Horizonte de un Suburbio*, *Ausencia*, *El Amenazado*, *Tarkas*, sempre su liriche di Borges. José Basso scrive la Milonga de Albornoz. Osvaldo Piro, la *Milonga de Manuel*

Flores. Julián Plaza porta al pentagramma la *Milonga de los Morenos* e la *Milonga de Marfil Negro*. Sebastián Piana, che ha scosso i canoni musicali della milonga cantata strappandola alla fissità della tradizione, su testi di Borges ne ha composte due: la *Milonga del muerto* e la *Milonga del Infiel*.

Lui e il cavallo erano uno
erano uno solo, non due.
Lo montava a nudo e lo guidava
con il fischio o con la voce.

Non aveva mai visto una porta,
quella cosa così umana
e così antica, né un patio,
né il pozzo e la carrucola.

È questo che chiamano, conclude Borges, la Conquista del Deserto. (Il che corrisponderebbe, guardando l'America del Nord, alla Conquista del West.)

Hermenegildo Sábat, Georgie dear, *Editorial Crisis, 1974.*

Borges non sarebbe stato molto contento nel vedersi citare così disinvoltamente ogni qualvolta si parla del tango, per avallare col suo nome ogni elucubrazione in proposito.

Tutta la grandezza di Borges, le sue elaboratissime situazioni narrative, immaginose e logiche, staccate dall'esperienza, il suo sistema di allusività, gli artifici sul tempo, l'oracolarità, rischiano così di finire nella strettoia di un sottobosco urbano scomparso e diventato caricatura. Il che è ingiusto per Borges. E per il tango.

Nell'aspetto musicologico, sociologico e politico Borges si è contraddetto spesso. Persino nelle sue opinioni letterarie si lasciava prendere dal gusto del paradosso, come quando ribadiva che il Don Chisciotte occorreva leggerlo soltanto in inglese. Contano le sue costruzioni poetiche. Il tango lo immaginava nato da guappi leggendari e riteneva si fosse rovinato diventando un genere sentimentale esecrabile e piagnucolone, un catalogo di fallimenti. Tale decadenza sarebbe iniziata con Filiberto (l'autore di *Caminito*) e con Gardel (l'incarnazione del tango canzone), come ebbe a riaffermare nell'intervista a Dante Escóbar Plata (Buenos Aires, 1989).

Un disco nel magazzini della memoria

Nei primi anni Sessanta Borges lavorò con Astor Piazzolla, accusandolo di "sordità musicale coniugata a sordità poetica". Un incontro improntato all'antipatia reciproca, di cui nascerà un long-play subito sparito dalla circolazione. Un capolavoro assoluto: mi perdonino gli autori per questo giudizio. Loro stessi mi avevano autorizzato a tradurre l'opera, e si era pensato, con l'editore Lagos, a Vittorio Gassman come recitante e a Duilio Del Prete come cantante, nelle parti che l'originale aveva affidato a Lautaro Murúa e a Edmundo Rivero. Purtroppo non ha quagliato. Successivamente si è fatto il nome di Gigi Proietti, ma l'attore romano non era abbastanza conosciuto in Argentina.

Poco dopo, sia Borges, sia Piazzolla sono diventati anche un fenomeno di moda, gestito dal sistema editoriale. E lì intervengono altri parametri decisionali.

Cosa aveva potuto accomunare questi due giganti?

Sono cresciuti lontano dall'amata Buenos Aires; la loro esistenza è stata scandita da partenze e ritorni; hanno imparato le stesse lingue straniere; si sono totalmente votati alla loro arte. Per il resto, nessun accostamento fra Borges, nutritosi coi libri della casa avita, e Piazzolla, lanciatosi all'avventura radicale della musica con il bandoneón, lo strumento "popolare" che suo padre, emigrato da Trani, gli aveva messo in mano. Uno in cerca di fare implodere la parola, distillata nei sentieri interni della cecità fisica, al di là del confronto e dell'esperienza. L'altro, esplosivo, teso alla conquista del consenso internazionale, in perenne lotta contro la miopia compiaciuta di certi ambienti del tango.

All'epoca, i loro sporadici incontri d'autore sono stati apprezzati solo da quei rari intellettuali aperti al tango e da quegli altrettanto rari musicisti assuefatti alle buone letture. L'LP Polydor 27128 del 1965, che testimonia il più lungo sodalizio dell'autore di *Ficciones* e dell'autore di *Adiós Nonino*, io lo ebbi in dono da Simón Blech che, dalla gavetta di violinista nei complessi di tango, era salito sul podio delle più importanti sinfoniche del mondo (anni prima mi aveva diretto a Rosario nel *Concerto per Dimitri* di Riccardo Malipiero). Tale disco, chiacchierato, sconfessato da entrambi come un errore di percorso, mai più ristampato, si esaurì subito, e fu trattato dai pochi fortunati possessori come un terreno a maggese, come un pegno a garanzia futura.

Piazzolla vi si esprime in un ampio ventaglio: dalla forma oratoriale con recitante, cantante solista, coro e orchestra, al tango d'avanguardia; dalla milonga arcaica che si accompagna con la chitarra al modo dei gauchos, a quella veloce diventata puro ritmo ballabile, a quella evocativa, dilatata, quasi religiosa.

Qui i testi di Borges sono incentrati sulla sua idea del tango, diavoleria sfidante il tempo, invenzione di una "ciurma valorosa" in cui spiccano i Nicanor Paredes, i Jacinto Chiclana, gli Alejo Albornoz, il Juan Iberra che uccide il fratello, guappi di una mitologia per lui così vivida da sentirne "il ricordo impossibile di esser morto" pugnalato in un torbido vicolo di periferia.

La grande assente

Impossibile non notare in queste opere di Borges passate al canto l'assenza della donna, appena un pretesto per il combattimento, a mala pena l'oggetto astratto dell'amore non corrisposto. Forse perché ancora non era apparsa María Kodama, la donna che avrebbe condiviso e arricchito l'esistenza di Borges, i suoi occhi per circunnavigare il mondo, l'ispiratrice di parole intime e supreme che nessuno mai metterà in musica:

> Questo è il labirinto di Creta il cui centro fu il Minotauro che Dante immaginò come un toro con testa di uomo e nella cui rete di pietra si persero tante generazioni, come María Kodama e io ci perdemmo quel mattino e seguitiamo a perderci nel tempo, quest'altro labirinto.

María Kodama e Meri Lao, foto Salvatore Colella, Roma 2002.

CON BENEFICIO DI INVENTANGO

Indico il nome degli autori solo con le iniziali, eccetto quelli che fanno la differenza, per esempio quello mio, che scrivo con tutte le lettere così un'altra volta imparo. Fra parentesi, dopo la parola "Anziché", una delle più probabili soluzioni.

Come la pelliccia della bestia puzzolente arrivata dalla Siberia si è trasformata in pregiato zibellino, tiepida e profumata carezza sulle spalle fragili delle parigine, come l'avano nero e succoso si è mutato in una fine sigaretta bionda, così il tango argentino denicotinizzato è divenuto il tango di Parigi profumato, ondulato, adorabilmente sgualcito, articolo della rue de la Paix.

[Sem, *Tangoville*, album di cronache e disegni, 1914. L'autore, visibilmente colpito dalla seriosità dei ballerini, si domandava anche se una siffatta danza in cui ci si applica con tanta testardaggine non sarà un massaggio addominale, una terapia, una ginnastica oppure un vizio.]

A mezza luce

Al vecchio bar sivigliano
portarti voglio con me,
in un angolo nascosto
pronto è un tavolo per te.
All'ombra del paravento,
soli, stretti, cuore a cuor,
scordiamo in un momento
ogni amoroso tormento.
Sotto quella luce blu
per un'ora, a me vicino,
ci sarai soltanto tu.
A mezza luce, amor,
è tanto bello amar.
A mezza luce il cuor
soltanto vuol sognar.
A mezza luce ancor
con me dovrai restar.
A mezza luce, amor,
tu mi dovrai baciar.

[Adorni, adattamento italiano del tango *A media luz*, 1924. – *Commento*: Giova confrontarlo col testo originale, cfr. Letras]

Analisi lessicale di A media luz

"Questo conflitto pari/dispari, e la sua soluzione perversa obbligata, è d'altronde rappresentato nelle sequenze cifrate dei versi con cui iniziano entrambe le strofe. La prima attiene a un indirizzo: *Corrientes 3-4-8* (1ª), e l'altra un numero telefonico: *Juncal 12-24* (1ª bis). Queste indicazioni evocano la localizzazione convenuta del tango nel centro, per opposizione nell'*arrabal*. Al che bisogna aggiungere che la loro successione cifrata nel testo implica una serie di operazioni simboliche.

Infatti osserviamo che i numeri che costituiscono l'indirizzo danno come risultato il numero telefonico. Cioè 3x4 (le prime due cifre dell'indirizzo) = 12 (primo segmento del numero telefonico). Allo stesso modo 3x8 (primo e terzo numero dell'indirizzo) = 24 (secondo segmento del numero telefonico). Va notato altresì che 4 sta a 8 come 12 sta a 24, e che le operazioni in causa consistono in moltiplicare un numero pari (4 oppure 8) per uno dispari (3). (...) Bisogna completare l'analisi riportando queste cifre ai loro valori simbolici in lingua volgare o *lunfarda* (3). Così 348, scomposto in 3-4-8 evoca insieme l'abbondanza (3), il letto e il gatto (4), i seni di donna e la *figue* (*n.d.t.* fico *in francese*)(8). Per giunta, 34 (ossia la congiunzione di 3 e 4) significa l'adulterio. Ecco riconosciuti i motivi della prima strofa. Per quel che riguarda la seconda strofa, essa si apre con un 12 che, nello stesso codice, significa la droga, benché 12-24 non dica altro che la droga è per 2.

[J-P.B. e M.M., Università Parigi IV, Colloquio Internazionale, 13-14 novembre 1984, Université de Toulouse-Le-Mirail, Eché Editeur, 1985, originale in francese. – *Commento*: Faccio fede dell'esattezza della traduzione, tanguesse oblige]

Forse Fresedo è stato l'unico che ha saputo mantenersi all'avanguardia ed evolversi insieme allo sviluppo del tango. Coccolato dall'oligarchia negli anni Venti, nei Trenta ha continuato ad avere successo, che diventò di massa nei Quaranta, quando riuscì ad aggiornarsi. (...) La donna sessuata (cioè chiunque non sia la madre o la sorella, perpetuamente vergini nella fantasia del personaggio) racchiude sempre la possibilità dell'inganno, anzi, lo incarna. Il criterio, di remota origine, giacché risale agli stessi Padri della Chiesa (dal I al IV secolo d.C.) nasconde un trasparente atteggiamento omosessuale: si ammira un altro uomo (il padre sostituto), si ama solo la donna priva di attività genitale e si fugge via dalla donna sessuata perché la si considera astrattamente uno strumento del male. Perciò il buon amico consiglia: "Non ti lasciar convincere, perché lei è donna, e quando nacque fece dell'inganno un suo sentimento. Mente nel piangere, mente nel ridere, mente nei baci e nell'amore (Non ti ingannare, cuore).

[H.S, *El tango*, Planeta Argentina, 1984]

Meri Lao traccia un quadro affascinante delle trasformazioni sociali e politiche dei popoli latinoamericani che dai testi del tango traspaiono. Ai lettori il compito di associare il tutto a echi musicali (ieri, un barlume di postriboli e teppaglia; oggi, faconde sequenze di sesso): perché il tango, da rito qual è, si officia con la musica.

[Libro *Voglia di tango*, SugarCo,1986, IV di copertina, parte a cura della redazione editoriale]

Nel ballo simulano gli accoppiamenti più spinti, cantando in lunfardo la loro voglia di sesso, che è la voglia assatanata dei loro padri.

["Giornale di Sicilia", 1° febbraio 1987]

Nata alla fine del secolo scorso come pretesto per la danza nei postriboli di Buenos Aires e di Montevideo, questa composizione musicale è diventata via via, grazie alle parole che l'hanno fatta diventare *tango canción*, il luogo metaforico di condensazione dei miti urbani. (...) Il bandoneón conferisce alla musica quella sua aria di singhiozzo. (...) Esibendosi in luoghi e situazioni sempre proibite o comunque di trasgressione: dapprima il postribolo, dove la donna non ha niente da perdere in quanto a reputazione e balla in abbraccio totale con il suo compagno occasionale, o l'accademia, dove gli uomini vanno non certamente ad imparare qualcosa, come suggerirebbe il vocabolo, ma a pagare una moneta per ogni tango ballato con donne offertegli dal gestore del locale. (...) Era sorta tra gli uomini l'abitudine di ballare fra loro negli angoli delle strade. Nessuna donna si azzardava allora ad esibirsi in simile atteggiamento per strada, e i compadritos di quartiere si lanciavano nel ballo in una continua gara di bravura.

[R.C. e E.C. Quaderni dell'Istituto di Lingue Straniere, Università di Macerata, 1988. – *Commento*: Gli autori, troppo giovani per avere vissuto in prima persona i fatti narrati, dovrebbero invece sapere per esperienza che le donne e gli uomini, salvo rare occasioni di carnevale, per strada non ballano nemmeno il valzer né la lambada]

La coppia archetipica del tango è, in fin dei conti, la prostituta e il suo prosseneta.

[H.D. e S.Y., Tango, *Une anthologie*, P.O.L., 1988]

Si ripercorrono le strade di Buenos Aires e di Parigi, dove il tango diventa arte e letteratura, fino ad arrivare alle note di Caminito, tenero quartiere dalle case di tutti i colori, perché le prostitute venivano pagate anche con un barattolo di vernice, e ogni nave aveva un colore diverso. I poeti puerteños (sic) trasformati in inventori di struggenti versi e sensuali passi di danza. Il Tango ha convinto il raffinato Borges a scrivere più di un testo per Gardel.

[M.S., "Il Messaggero", 12 novembre 1992]

Hipólito Yrigoyen, l'uomo che avevano spregiativamente soprannominato *El Peludo* (l'Ubriacone) era un trascinatore di masse, un leader autenticamente popolare. (Anziché: per il suo carattere chiuso, coriaceo, l'avevano soprannominato *El Peludo*, l'Armadillo). Il tango di Arolas *Derecho viejo*: "Vecchio arzillo". (Anziché: "Forza, Legge" perché dedicato ai balli della Facoltà di Legge, Derecho). Il tango di Vicente Greco *El flete*: "Il noleggio". (Anziché: "Il cavallo"). *Quedémonos aquí*: "Bruciamoci qui". (Anziché "Rimaniamo qui"). *Hoy que Dios me deja de soñar*: "Oggi che Dio mi lascia sognare". (Anziché: "Oggi che Dio smette di sognarmi"). *Lastima, bandoneón*: "Peccato bandoneón". (Anziché: "Ferisci, bandoneón": ha confuso lástima con lastima, voce del verbo lastimar). *A tu viejo millonario lo voy a ver al final cuidando coches a nafta*: "Che tuo padre il milionario lo voglio vedere alla fine facendo da guardiano ai cocchi a benzina". (Anziché: "finirà col fare il posteggiatore di automobili"). *Largar esta manga de patos*: "Lasciare questa manica di anatroccoli". (Anziché: "mollare questi qua senza il becco di un quattrino").

[H.S., *Il Tango*, Prefazione di Ernesto Sábato, Garzanti Editore, 1992. Traduzione C.M. – *Commento*: L'articolo di Sábato esibito come prefazione era stato pubblicato nel 1963 col titolo *Tango, discusión y clave*]

Pablo Neruda, cileno, non può non essere uno dei migliori parolieri del tango: canta l'amore, la voglia di vivere, la sensualità della natura, l'impegno sociale. (Commento: Granchio madornale poiché nell'originale c'era scritto "Non si saprebbe far collimare col tango una traiettoria come quella di Neruda, uomo e poeta: vi è troppa voglia di vivere, troppa meraviglia sensuale di fronte alla natura, e un impegno politico che non ha mai conosciuto rinunce").

[P.S., *La letteratura del tango in alcuni scrittori ispanoamericani*, Centro per lo studio delle Letterature e delle Culture delle aree emergenti, Sezione Iberica e Latinoamericana, Università degli Studi di Milano, 1993. – *Commento*: Tranne il paragrafo di cui sopra, tutto il resto è stato ricopiato dal capitolo *Il tango nella letteratura,* pp. 192-224 del libro *Voglia di tango*, Sugar-Co, 1986]

L'indirizzo del postribolo più famoso di tutta la storia del tango compare nella prima strofa di *A media luz*: "Corrientes, 348, secondo piano, ascensore".

[Euros, maggio-agosto 1993. – *Commento*: *A media luz* è nato a Montevideo, nel palacio (diciamo pure la reggia) della famiglia Wilson, e fu cantato da Lucy Clory in due teatri della colonia spagnola della stessa città. Carlos César Lenzi, autore del testo, era un diplomatico uruguayano, commediografo. Trentenne, vip dei transatlantici e dell'ambiente colto parigino, come pure Edgardo Donato, il musicista. Niente di strano che, uno o l'altro, fosse proprietario di un pied-à-terre nella strada principale di Buenos Aires: una garçonnière, un appartamentino arredato con gusto, a firma di Maple come dice il testo. È escluso che, guadagnando tanto a fare l'intellettuale e l'artista, abbiano pensato di investire in un postribolo, per di più sprovvisto di una grande sala d'attesa dove i clienti potessero stiparsi per ballare il tango]

Gato redondo de azotea, barrilete celeste, copetón y compadre: "Gatto rotondo di terrazza, barilotto celeste, ciuffo e compare". (Anziché: "Tondo gatto sui tetti, aquilone celeste, agghindato e fanfarone"). *Soplás porque te da la gana, porque sos así, qué vachaché*: "Soffi perché ti va di soffiare, perché sei così, te sei te". (Anziché: "Che ci vuoi fare": *Qué vachaché* è il titolo di un tango di Discépolo).

[Julio Cortázar, *Le ragioni della collera*, Viento de esquina, traduzione di G.T., Fahrenheit 451, Roma, 1995]

Borges definiva il tango "un sentimento triste che si balla", di certo il tango è un genere musicale che rappresenta il cuore e il temperamento della nazione argentina (...) Mostra per illustrare al pubblico del Festival il sensuale mondo del Tango. La danza argentina della seduzione per eccellenza, la celebrazione senza confronti del corteggiamento, della lotta, della sfida e dell'abbandono.

[Dépliant illustrativo della Mostra promossa dall'APCLAI, Festival Latinoamericando, luglio 1999]

Il tango è un mostro a due teste, una bestia a quattro zampe languida o vivace che vive per la durata di una canzone e muore uccisa dall'ultima nota.

[A.D.O., *El Tangauta*, settembre 1999]

"Un pensiero triste che si balla". La definizione attribuita ad Astor Piazzolla è un'epigrafe perfetta del tango (...) Bandoneon (e/o fisarmonica) sono la 'voce' per antonomasia del tango, e quindi di Piazzolla (...) Nel 1954 Piazzolla vinse un concorso con relativa borsa di studio che gli consentì di andare a Parigi per studiare con Nadia Boulanger. Bastarono pochi mesi per far esplodere la vitalità musicale del non più giovane artista argentino.

[A.F. sul dépliant del Cd 2001 del Concerto di Piazzolla e il suo Quintetto a Lugano nel 1983. – *Commento*: Nato nel 1921, Piazzolla all'epoca aveva 33 anni]

Il sotterraneo sulfureo temperamento di Piazzolla mette in luce rivoli di mercurio sonoro. Ma sono le extrasistoli del bandoneon, le note alte trattenute al filo dello spasimo, che poi scivolano a bruciacchiare i bassi altrui, a coinvolgerci nell'ascolto di Piazzolla; per non ripetere della sua sapienza nel trasformare la materia erotica del tango in accecanti strutture sonore.

[E.S., "Venerdì di Repubblica", 6 aprile 2001]

Al cimitero monumentale della Chacarita ogni giorno decine di visitatori depongono mazzi di fiori sulla tomba del tango. Il tango giace in buona compagnia. Poco più in là, infatti, riposa in pace, anche se con le mani amputate dai suoi assassini, l'ex presidente Juan Domingo Perón accanto alla moglie, quell'attrice biondo tinta, Evita Duarte, che diventò un mito ancora più duraturo del consorte. Sulla tomba del tango c'è la foto di un uomo con molta brillantina nei capelli e una sigaretta tra le mani, anche se tutti sanno che non fumava, ma la sigaretta faceva tanto guappo di Buenos Aires e quindi se l'infilava accesa tra indice e dito medio. (...) Carlos Gardel fu il migliore interprete di "quel pensiero triste che si balla" come lo definì Jorge Luis Borges. (...) Ma il tango è un'altra cosa, non è la ridicolizzazione di un'immagine superficiale, è un modo di essere argentino, una sfumatura romantica della tristezza che si esprime attraverso una danza.

[C.P., *Permette un tango*, in "I Viaggi di Repubblica", 8 febbraio 2001. – *Commento*: Si tratta della tomba di Gardel. Juan Domingo Perón è morto a 78 anni di malattia. Assassini non ci furono, e nemmeno amputazioni di mani. Forse l'articolista confonde col Che Guevara. In compenso sembra preparato in materia di tinture e brillantine]

Oggi, nel presente, vi è la forma di ogni vita, il sogno della leggerezza corporea e, se è vero che chi ha visto il presente ha visto tutte le cose del passato e del futuro, non può mancare il tango. Per liberarsi di tutti gli obbrobri e per evitare che obbrobri ci impoveriscano. Il ballo così diventa pensiero. Ma i pensieri volano come farfalle ed ecco allontanarsi da queste terre di milonga quell'indifferenza malinconica che per anni le ha caratterizzate.

[G.S., *La stella danzante*, in "I Viaggi di Repubblica", 8 febbraio 2001]

È nei bordelli delle periferie, dove tanti emigranti sradicati cercavano di dimenticare con le ragazze di vita i loro Paesi lontani, che il tango assume le sue classiche figurazioni erotiche e allude esplicitamente all'atto sessuale. Un ballo fatto di corpi che lottano, con l'uomo che costringe la donna ai suoi movimenti ma che poi, nel corso del ballo, viene come avvolto nelle sue spire. Insomma, scandaloso, tanto da meritarsi una scomunica papale e – ancora agli inizi del '900 – da essere ballato in pubblico solo da coppie di uomini: le donne non volevano compromettersi con un ballo per puttane.

[C.V., in "Donna di Repubblica", 19 marzo 2002]

Lei, a sua volta tutta vestita di nero, sostiene il corpo dell'uomo e nel frattempo, con la gamba destra fasciata in una calza a rete, avvinghia quella dell'uomo con la sua scarpa. Naturalmente non è soltanto questione di erotismo. (...) Secondo Ernesto Sábato, è "un sentimento triste che si balla".

[F.M., *Balliamo un tango con tanta nostalgia*, "Repubblica", 19 luglio 2002]

Si dice che "Malena" fosse la cantante Nelly Omar che a quel tempo era l'amante di turno di Homero Manzi, l'autore, altri dicono che s'ispirò a Malena de Toledo, quando la vide cantare in un locale di San Paolo in Brasile restando molto impressionato dalla sua voce "de caña", una specie di grappa. (...) Chi è quel ragazzino che compare insieme a Carlos Gardel in questa immagine tratta dal film "El día que me quieras"? Per uno strano scherzo del destino è Astor Piazzolla, il rivoluzionario, l'uomo che divise il mondo del tango in "pioazzollistas"(sic) e "anti-piazzolistas"(sic). (...) Per la gente comune, il fatto che la sua musica non fosse ballabile, significava semplicemente e spesso violentemente che non era tango.

[G.U., Programma dello spettacolo "Una donna nel peccaminoso, indecente, malfamato, meraviglioso mondo del tango", settembre 2003. – *Commento*: Nelly Omar (1911, al secolo Nilda Elvira Vattuone), definita da un presentatore di provincia "Gardel con le gonne", è considerata da molti la più grande cantante di tango. Nel 1948 aveva lanciato *Sur*; con testo di Homero Manzi, il grande amore della sua vita. Sempre accompagnata da chitarre, a volte con l'aggiunta di un'arpa, continua a cantare anche dopo gli 85 anni]

Io sono la neretta / quella che il paesano / di notte fonda ti offre / la cima più grande. (Cfr. in Letras l'originale de *La Morocha*). Per cantare che mi hai rinchiuso / nel meglio della mia vita... / Sempre porto biscottini / per mangiarli con i bambini / come se tu fossi con me, / e se vedessi la materassaia come si arrabbia / quando non ci vede insieme. (Cfr. *Mi noche triste*). *Las calles y las lunas suburbanas*: "Le strade e le lune di una città sottosviluppata". (Cfr. *Sur*. – *Commento*: Città sottosviluppata Buenos Aires?) Il tango, il nostro tango, sarà tango recente intorno al 1880, quando gli impagliatori con le loro chitarre cantano piccoli versi. (...) Esce dai luoghi più bassi, dai bordelli, dai lupanari, fino ai bordelli più raffinati con profumi francesi. In quei luoghi che possiamo considerare di trasgressione, che le ragazze di un paese tanto cattolico come l'Argentina non dovevano frequentare. (...) Quell'intreccio dove la donna "facile o leggera" portava un coltello nella giarrettiera, probabilmente per difendersi dalla violenza dell'uomo, va accompagnato pure dall'uso dell'uomo con il pugnale. (...) Il coltello come elemento di castrazione, di sgarro, di ferita, di taglio, di perdita, sembra sorvolare la danza, sia perché ce l'ha la donna che l'uomo. Lei per difendersi da una aggressione che sempre può creare una situazione di violenza arcaica come l'incesto. (...) L'amore e nello stesso tempo il dolore sono due elementi presenti in qualunque paziente, in qualunque essere umano che non sia paziente. (...) *Pobre mi madre querida* è un classico di un impagliatore chiamato Betinotti: la fantasia edipica di essere tutto per la mamma, che non piange per la mancanza di un compagno, bensì per gli errori del figlio. (...) Questo sarebbe un intento di analisi verso ciò che possiamo analizzare del tango.

[G.S.F., Stampato della conferenza su Psicanalisi del Tango, Roma, marzo 2003. – *Commento*: Forse all'origine di tutto sta la traduzione del termine "payador", che pur somigliante all'italiano "impagliatore" significa invece trovatore, che definisce sia quello medievale, sia quello della nueva trova latinoamericana, cantastorie in questo caso]

Bocca Tango è il nome del balletto di cui è protagonista Julio Bocca e che sarà al Sistina dal 10 al 15 giugno. Diceva Carlos Gardel: "Il tango è un pensiero triste che si balla". (...) *Il Bocca Tango* è uno spettacolo fascinoso e trasgressivo e Julio Bocca è un ex ragazzino prodigio (ha debuttato a 4 anni e a 15 era già la star dell'accademia di danza del Teatro Colón di Buenos Aires) che ha assunto la direzione del Ballet Argentino e, nel 1998, insieme al coreografo Ricky Pankus, ha fondato la Musical Comedy School.

[A.R., "La Repubblica", 6 giugno 2003]

Da Piazzolla a Gato Barbieri la cult-band propone la sensualità dei ritmi argentini aggiornata in stile Buddha Bar. Ipnotico e affascinante, palpitante e sensuale torna a Roma il Gotan Project, gruppo di culto che a metà strada fra Kraftwerk e Madredeus ha rilanciato la dimensione del tango filtrandolo attraverso l'elettronica (...) Torna a riproporre con passionalità bruciante la sensualità intrinseca del tango e degli altri ritmi latini: la milonga e il vals, con un progetto che tocca i sensi dell'ascoltatore senza perdere di vista le strutture ritmiche e armoniche originarie di quei ritmi classici... Modo del tutto nuovo con cui si proponeva di rileggere il tango, utilizzando oltre all'elettronica l'art pop, suoni vicini al mondo del trip hop e della techno, ma senza esagerare, anzi in quel modo ammaliante e suadente che è proprio del ritmo rioplatense... D'altra parte già dalla scelta del nome è sempre stato chiaro il progetto musicale della formazione fondata da Philippe Cohen Solal, supervisore musicale per grandi registi come Lars Von Trier, Nikita Mikhalkov e Bertrand Tavernier, perché nello slang parigino Gotan significa tango, a richiamare la cultura musicale originaria di riferimento, però reinterpretata attraverso lo spirito dei tango-club della capitale francese.

[F.L., "La Repubblica", 31.07.03. – *Commento*: Gotán significa semplicemente "tango", è la metatesi della parola, una tipica risorsa del lunfardo di rovesciare le sillabe, *el vesre*. Il vecchio *Flor de fango* di Contursi e Gentile, anno 1917, parla de "las delicias de un gotán"]

Alguien chaira en los rincones el rigor de la guadaña: "Qualcuno blatera negli angoli sulla dura falce". (Anziché: "Qualcuno sta arrotando nell'ombra la tagliente falce"). *Te acoplaste a un mishé*: "A un vecchiaccio ti sei ammucchiata". (Anziché: "Sei andata con uno che ti mantiene"). *Donde ella me batió que me quería*: "Dove lei mi ha spifferato che mi amava". (Anziché: "Dove lei mi disse di volermi bene"). *Y al campanearlo me da pena*: "E spiarlo mi dà pena". (Anziché: "E guardarlo mi fa pena"). *Campaneando un cacho 'e sol*: "Cercando di spiare uno spicchio di sole". (Anziché: "Contemplando un tozzo di sole"). *Mi rancho es una ruina*: "Il mio giro è una rovina". (Anziché: "La mia capanna è una rovina"). *Piano, estera y velador*: "Un pianoforte, un tappeto e un candelabro". (Anziché: "Pianoforte, stuoia e abat-jour"). *Dos cuartos de cogote*: "Frolla per due spanne". (Anziché: *dos cuartas*, "Due spanne di collo"). *Le quité el pan a la vieja, me hice ruin y pechador*: "Ho tolto il pane a chi mi dava tenerezza, sono stato vile e ho mendicato". (Anziché: "Ho tolto il pane alla mia vecchia, sono diventato abbietto e scroccone"). *Buscando ese mango que te haga morfar*: "Cercando il baiocco che ti faccia sbranare". (Anziché: "Cercando quel soldo che ti faccia mangiare"). *Mientras que una pebeta espera coqueta*: "Mentre una pupattola aspetta cocotte". (Anziché: "Mentre una ragazza aspetta graziosa"). *Cuna de tauras y cantores*: "Culla di azzardati ed elegantoni". (Anziché: "Culla di valorosi e di cantanti"). *Era la papusa del Barrio Latino que supo a los puntos del verso inspirar*: "Era il babà del Quartiere Latino che seppe ispirare i tizi dei versi". (Anziché: "Era la più bella del Quartiere Latino, che seppe ispirare noti poeti"). *Con las chatas entrando al corralón*: "Con i carri che entrano in deposito". (Anziché: "Con le chiatte che si ricoverano in darsena"). *Desde el pescante del carro*: "Da sopra il carro tango". (Anziché: "Dalla cassetta del carro"). *Seguirás orillando nuestra vida*: "Tu continuerai a rifinire la nostra vita". (Anziché: "Tu continuerai a costeggiare la nostra vita").

[a cura di P.C. e E.F., *Tango*, Einaudi, 2002]

LETRAS

Antologia di 115 testi di canzoni in lingua originale e a fronte la loro traduzione, il più possibile letterale. Alcune sono adattamenti, cioè traduzioni ritmiche atte a essere cantate in italiano. Ogni utilizzo pubblico dovrà essere preceduto da regolare dichiarazione SIAE, SADAIC o AGADU.

Sotto il titolo di ciascun brano originale figura, in ordine, il nome del paroliere, poi quello del compositore. Fra parentesi quadre le parti che vanno recitate.

A la luz del candil

Julio Navarrine
Carlos Vicente Geroni Flores
1927

¿Me da su permiso, señor comisario?
Disculpe si vengo tan mal entrazao,
yo soy forastero y he caido
al Rosario
trayendo a los tientos un güen entripao.
Acaso usté piense que soy un matrero:
yo soy gaucho honrado a carta cabal,
no soy un borracho ni soy
pendenciero,
señor comisario, yo soy
criminal.

Arrésteme, sargento,
y póngame cadenas.
Si soy un delincuente,
que me perdone Dios.

Yo he sido un criollo güeno,
me llamo Alberto Arenas.
Señor, ¡me pisotearon
sin compasión los dos!
Mi china fue malvada,
mi amigo era un sotreta;
mientras me fui a otro pago
me basureó la infiel.
Un tordo traicionero
se me ganó en el nido,
¿qué importa lo demás?
Las pruebas de la infamia
las traigo en la maleta:
las trenzas de mi china
y el corazón de él.

Apriete, sargento, que yo no me
retobo.
Yo quiero que sepan la verdad de mí:
la noche era oscura como boca 'e lobo,
testigo solito la luz del candil
Total, cuasi nada: un beso en las
sombras,
dos cuerpos cayeron y una maldición.
Y allí, comisario, si usted no se asombra,
¡yo encontré dos vainas para mi facón!

Alla luce del lume a olio

Posso entrare, signor commissario?
Mi perdoni se vengo così malconcio;
sono un forestiero arrivato per caso
a Rosario
portando un bel bagaglio di roba.
Forse lei pensa che sono un bandito:
sono un gaucho onesto di tutto punto,
non sono un ubriacone e nemmeno
un attaccabrighe,
signor commissario, io sono
un criminale.

Mi arresti, sergente,
mi metta le manette.
Se sono un delinquente,
che Dio mi perdoni.

Ero un paesano buono,
il mio nome è Alberto Arenas.
Signore, mi hanno calpestato
senza pietà, tutti e due!
La mia donna era malvagia,
il mio amico un mascalzone;
mentre stavo in un'altra contrada
l'infedele mi ha infangato.
Un uccello traditore
si è impossessato del mio nido.
Il resto cosa importa?
Le prove dell'infamia
le porto qui nella valigia:
le trecce della mia donna
e il cuore di lui.

Stringa pure, sergente, io non faccio
resistenza.
Voglio che si sappia la verità da me:
la notte era buia come bocca di lupo,
solo testimone il lume a olio.
Poi non ci fu quasi niente: un bacio
nell'ombra,
i corpi caddero e una maledizione,
e lì, commissario, non si meravigli,
ho trovato due guaine per il mio coltello!

A media luz
Carlos César Lenzi
Edgardo Donato
Editorial Musical Perrotti, 1925

Corrientes, tres cuatro ocho,
segundo piso, ascensor.
No hay porteros ni vecinos;
adentro cocktail y amor.
Pisito que puso Maple:
piano, estera y velador,
un telefón que contesta,
una victrola que llora
viejos tangos de mi flor
y un gato de porcelana
pa' que no maulle al amor.

Y todo a media luz,
que es un brujo el amor,
a media luz los besos,
a media luz los dos.
Y todo a media luz,
crepúsculo interior,
¡qué suave terciopelo
la media luz de amor!

Juncal doce veinticuatro,
telefoneá sin temor.
De tarde, té con masitas;
de noche, tango y cantor.
Los domingos, tés danzantes;
los lunes, desolación.
Hay de todo nella casita:
almohadones y divanes,
como en botica, cocó,
alfombras que no hacen ruido
y mesa puesta al amor.

In penombra
Sub-editore per l'Italia Suvini Zerboni

Corrientes, tre quattro otto,
secondo piano, ascensore.
Né portiere, né vicini;
dentro, cocktail e amore.
Appartamentino arredato da Maple:
piano, stuoia e abat-jour.
Mentre un telefono squilla,
piange un grammofono i tanghi,
quelli veri di altri tempi,
e il gatto è di porcellana
così non miagolerà d'amore.

E tutto in penombra,
un mago è l'amore,
in penombra i baci,
in penombra noi.
E tutto in penombra,
crepuscolo all'interno,
che morbido velluto
la penombra d'amore!

Juncal dodici ventiquattro,
telefona quando vuoi.
Di giorno, paste col tè,
di sera si canta il tango.
La domenica si balla,
la desolazione arriva il lunedì.
C'è di tutto in questo nido:
i cuscini, i divani,
come in farmacia, la coca,
i tappeti che ovattano i rumori
e la tavola servita per l'amore.

Maple, apprezzata impresa di designer e arredamento che ha firmato gli interni più lussuosi del centro bonaerense.

Acquaforte

Juan Carlos Marambio Catán
Horacio Pettorossi
1930

Es medianoche, el cabaret despierta,
muchas mujeres, flores y champán.
Va a comenzar la eterna y triste fiesta
de los que viven al ritmo de un gotán.
Cuarenta años de vida me encadenan,
blanca la testa, viejo el corazón.
Hoy puedo ya mirar con mucha pena
lo que en otros tiempos miré
con ilusión.

Las pobres milongas
dopadas de besos
me miran extrañas,
con curiosidad.
Ya no me conocen,
estoy solo y viejo,
no hay luz en mis ojos,
la vida se va.

Un viejo verde que gasta su dinero
emborrachando a Lulú con el champán
hoy le negó el aumento a un pobre
obrero
que le pidió un pedazo más de pan.
Aquella pobre mujer que vende flores
y fue en un tiempo la reina
de Montmartre
me ofrece con sonrisa unas violetas
para que alegren tal vez mi soledad.

Y pienso en la vida,
las madres que sufren,
los hijos que vagan
sin techo ni pan,
vendiendo "La Prensa",
ganando dos guitas.
Qué triste es todo esto,
¡quisiera llorar!

Acquaforte

È mezzanotte, il cabaret si sveglia,
molte le donne, i fiori, lo champagne.
Sta per cominciare l'eterna e triste festa
di quelli che vivono al ritmo di un tango.
Quarant'anni di vita mi incatenano,
bianca la testa, vecchio il cuore.
Oggi ormai posso guardare con pena
ciò che in altri tempi guardai
con illusione.

Le povere femmine
drogate di baci
mi guardano estranee,
con curiosità.
Non mi riconoscono,
sono solo e vecchio,
non c'è luce nei miei occhi,
la vita se ne va.

Un vecchio libertino che spende i soldi
ubriacando Lulù con lo champagne
oggi ha negato l'aumento a un povero
operaio
che gli chiedeva un altro pezzo di pane.
Quella povera donna che vende i fiori
e fu in passato regina
di Montmartre
mi offre con un sorriso delle viole
per rallegrare forse la mia solitudine.

E penso alla vita,
alle madri che soffrono,
ai figli che vanno in giro
senza tetto né pane
a vendere i giornali,
per guadagnare due monete...
Quanto è triste tutto ciò,
vorrei piangere!

Afiches

Homero Expósito
Atilio Stampone
1956

Cruel en el cartel
la propaganda manda,
cruel en el cartel
y en el fetiche de un afiche de papel
se vende la ilusión,
se rifa el corazón.
Y apareces tú,
vendiendo el último jirón de juventud,
cargándome otra vez la cruz.
Cruel en el cartel
te ríes, corazón,
¡dan ganas de balearse en un rincón!

Ya da la noche a la cancel
su piel de ojeras,
ya moja el aire su pincel
y hace con él la primavera.
Pero, ¿qué?
si están tus cosas
pero tú no estás,
porque eres algo para todos ya,
como un desnudo de vidriera.
Luché a tu lado para ti,
por Dios, ¡y te perdí!

Yo te di un hogar,
siempre fui pobre pero
yo te di un hogar.
Se me gastaron las sonrisas de luchar,
luchando para ti,
sangrando para ti.
Luego la verdad,
que es restregarse con arena el paladar
y ahogarse sin poder gritar.
Yo te di un hogar,
fue culpa del amor:
¡dan ganas de balearse en un rincón!

Manifesti

Crudele sul manifesto
la pubblicità comanda,
crudele sul manifesto
e sul modello di un cartello di carta
si vende l'illusione,
si mette all'asta il cuore.
E appari tu,
vendendo l'ultimo brandello di gioventù,
caricandomi con la croce.
Crudele sul manifesto
tu ridi, cuore,
viene voglia di spararsi in un cantone!

La notte offre al portone
la sua pelle di occhiaie,
l'aria intinge il suo pennello
per farci la primavera.
Ma con questo?
Ci sono le cose tue
ma tu non ci sei,
perché sei ormai una cosa di tutti,
come un nudo in vetrina.
Ho lottato al tuo fianco per te,
per Dio, e ti ho perduta!

Io ti ho dato una casa,
sono sempre stato povero ma
io ti ho dato una casa.
Mi si è consumato il sorriso nella lotta,
lottavo per te,
sanguinavo per te.
Poi la verità,
che è strofinarsi con sabbia il palato
e affogare senza poter gridare.
Io ti ho dato una casa,
la colpa è stata dell'amore:
viene voglia di spararsi in un cantone!

Ahora no me conocés

Santiago Adamini
Giampetrucci/Baliotto
1945

Te alejaste del rincón natal
tras un sueño de distancias,
sin pensar que aquí dejabas
los seres que te amaban
y yo, con mi constancia;
agonía de vivir sin vos
o morir en un sendero,
y me alejé dejando atrás
la maldición entre los dos
y este es el pago que me das.

Ahora no me conocés,
me borró tu ingratitud,
y aunque dejes mi alma trunca
no podrás olvidar nunca
lo de nuestra juventud.
Algún día llorarás
todo el daño que me hacés;
te busqué sin darme paz,
por cariño nada más
y ahora no me conocés.

No se juega con un corazón
como vos lo hacés conmigo;
no pongás el gesto huraño:
buscarte fue mi engaño
y hallarte mi castigo.
Yo no sé cómo podés fingir
ese asombro en mi presencia.
Yo, que esperaba esta ocasión,
te vi pasar, te oí reir,
y se hizo trizas mi ilusión.

Ora non mi conosci

Ti allontanasti dal luogo natìo
dietro un sogno di distanza,
senza pensare che qui lasciavi
le persone che ti amavano
e me, e la mia costanza;
agonia di vivere senza te
o morire in un sentiero,
e mi allontanai lasciando dietro
la maledizione fra noi
e ora mi ripaghi così.

Ora non mi conosci,
mi ha cancellato la tua ingratitudine,
ma anche se mi hai mozzato l'anima
non potrai dimenticare i fatti
della nostra gioventù.
Un giorno piangerai
tutto il danno che mi fai;
senza darmi pace ti cercai,
per amore e nient'altro,
e ora non mi conosci.

Non si gioca con un cuore
come fai tu con me;
non ti ritrarre:
cercarti è stato un mio abbaglio,
trovarti, il mio castigo.
Io non so come fai a fingere
di stupirti in mia presenza.
Io che aspettavo quest'occasione,
vedendoti passare, sentendoti ridere,
la mia illusione è andata in frantumi.

Alguien le dice al tango

Jorge Luis Borges
Astor Piazzolla
Editorial Pigal, 1965

Tango que he visto bailar
contra un ocaso amarillo
por quienes eran capaces
de otro baile, el del cuchillo.

Tango de aquel Maldonado
con menos agua que barro,
tango silbado al pasar
desde el pescante del carro.

Despreocupado y zafado
siempre mirabas de frente,
tango que fuiste la dicha
de ser hombre y ser valiente.

Tango que fuiste feliz
como yo también lo he sido,
según me cuenta el recuerdo,
el recuerdo o el olvido.

Desde ese ayer, cuántas cosas
a los dos nos han pasado:
las partidas y el pesar
de amar y no ser amado.

Yo habré muerto y seguirás
orillando nuestra vida,
Buenos Aires no te olvida,
tango que fuiste y serás.

Qualcuno parla al tango

Meri Lao
(autorizzazione senza proventi)
A.Pagani Ed.Mus., 1987

Tango che ho visto ballare
contro un crepuscolo giallo
da chi faceva faville
nella danza del coltello.

Tango di quel torrentello
semplice nastro di fango,
tango fischiato al passare
dalla cassetta del carro.

Senza vergogna, spigliato,
guardavi in faccia e fiero,
tango che fosti la gioia
d'esser uomo per davvero.

Tango che fosti felice
come sono stato anch'io
secondo quanto mi narra
il ricordo o l'oblio.

Da allora in poi, quante cose
io e te abbiamo visto:
le partenze e il soffrir
d'amore non corrisposto.

La morte mi prenderà,
tu costeggerai la vita,
tu sei memoria infinita,
tango che fosti e sarai.

Maldonado, fiumiciattolo che attraversava Villa Crespo, il quartiere popolare bonaerense.

Al pie de la Santa Cruz

Mario Battistella
Enrique Delfino
1933

Declaran la huelga,
hay hambre en las casas.
Es mucho el trabajo
y poco el jornal,
y en ese entrevero
de lucha sangrienta
se venga de un hombre
la ley patronal
Los viejos no saben
que lo condenaron
pues miente piadosa
su pobre mujer.
Quizás un milagro
le lleve al indulto
y vuelva en su casa
la dicha de ayer.

Mientras tanto,
al pie de la Santa Cruz
una anciana desolada
llorando implora a Jesús:
"Por tus llagas que son santas,
por mi pena y mi dolor
ten piedad de nuestro hijo.
¡Protégelo, Señor!"
Y el anciano, que no sabe ya rezar,
con acento tembloroso
también protesta a la par:
"¡Qué mal te hicimos nosotros
pa' darnos tanto dolor?"
Y a su vez dice la anciana:
"¡Protégelo, Señor!".

Los pies engrillados
cruzó la planchada.
La esposa lo mira,
quisiera gritar
Y el pibe inocente
que lleva en los brazos
le dice llorando:
"Yo quiero a papá".
Largaron amarras
y el último cabo
vibró al desprenderse
en todo su ser.
Se pierde de vista
la nave maldita
y cae desmayada
la pobre mujer.

Ai piedi della Santa Croce

Dichiarano lo sciopero,
c'è fame nelle case.
È molto il lavoro
e poco il salario,
e in quel miscuglio
di lotta sanguinosa
si vendica di un uomo
la legge patronale.
I genitori non sanno
che l'hanno condannato
perché ha mentito pietosa
la sua povera moglie.
Forse un miracolo
le porterà l'indulto
e tornerà nella sua casa
la gioia di ieri.

Nel frattempo,
ai piedi della Santa Croce
una vecchia donna desolata
piange implorando Gesù:
"Per le tue piaghe che sono sante,
per questo dolore che mi affligge,
abbi pietà di nostro figlio.
Proteggilo, Signore".
E il vecchio, che non sa più pregare,
con accento tremante
si aggiunge alla protesta:
"Che male ti abbiamo fatto
per darci tanto dolore?"
E a sua volta la vecchia donna dice:
"Proteggilo, Signore".

I piedi incatenati,
attraversa il pontile.
La moglie lo guarda,
vorrebbe gridare.
E il bimbo innocente
che porta in braccio
le dice piangendo
"Io voglio papà".
Levano gli ormeggi
e l'ultimo cavo
vibra strappandosi
con tutta forza.
Si perde di vista
la nave maledetta
e cade svenuta
la povera donna.

Anclao en París

Enrique Cadícamo
Guillermo Desiderio Barbieri
1925 ca.

Tirao por la vida de errante bohemio
estoy, Buenos Aires, anclao
en París;
curtido de malas, bandeado
de apremio,
te evoco desde este lejano país.
Contemplo la nieve que cae blandamente
desde mi ventana que da al boulevard,
las luces rojizas con tonos murientes
parecen pupilas de extraño mirar.

Lejano Buenos Aires,
qué lindo que has de estar...
Ya va para diez años
que me viste zarpar.
Aquí en este Montmartre,
faubourg sentimental,
yo siento que el recuerdo
me clava su puñal.

Cómo habrá cambiado tu calle Corrientes,
Suipacha, Esmeralda, tu mismo
arrabal...
Alguien me ha dicho que estás floreciente
y un juego de calles se da en diagonal.
¡No sabés las ganas que tengo de verte!
Aquí estoy varado, sin plata y sin fe:
quién sabe, una noche me encane
la muerte
y chau, Buenos Aires, no te vuelva a ver.

Ancorato a Parigi

Distrutto dalla vita di errante bohémien
mi trovo, Buenos Aires, ancorato
a Parigi;
indurito dai mali, vacillante
per gli affanni,
ti evoco da questo lontano paese.
Contemplo la neve che cade mollemente
dalla mia finestra che dà al boulevard:
le luci rossastre dai toni morenti
sembrano pupille di uno strano sguardo.

Lontana Buenos Aires,
che bella devi essere...
Sono quasi dieci anni
che mi hai visto salpare.
Qua, in questa Montmartre,
faubourg sentimentale
io sento che il ricordo
mi inchioda il suo pugnale.

Come sarà cambiata la calle Corrientes,
Suipacha, Esmeralda, e anche
la periferia...
Mi hanno raccontato che sei fiorente
e che c'è un gioco di strade in diagonale.
Non sai quanta voglia ho di vederti!
Sono qui, incagliato, senza soldi né fede:
forse una sera mi imprigionerà
la morte
e ciao, Buenos Aires, non ti rivedrò più.

Gioco di strade in diagonale: si riferisce allo sventramento della via Corrientes Angosta (Stretta).

Aquel tapado de armiño

Manuel Romero
Enrique Delfino
1928

Aquel tapado de armiño
todo forrado en lamé
que tu cuerpito abrigaba
al salir del cabaret
cuando pasaste a mi lado
prendida a tu gigoló,
aquel tapado de armiño,
¡cuántas penas me causó!

¿Te acordás? Era el momento
culminante del cariño:
me encontraba yo sin vento,
vos amabas el armiño.
Cuántas veces tiritando
los dos junto a la vidriera
me decías suspirando:
"Ay, mi amor, ¡si vos pudieras!".
Y yo con mil sacrificios
te lo pude al fin comprar:
mangueé amigos,
    vi usureros
y estuve un mes sin fumar.

Aquel tapado de armiño
todo forrado en lamé
que tu cuerpito abrigaba
al salir del cabaret
me resultó al fin y al cabo
más durable que tu amor:
el tapao lo estoy pagando,
¡y tu amor ya se murió!

Quel mantello di ermellino

Quel mantello di ermellino
tutto foderato in lamé
che scaldava il tuo corpicino
quando uscivi dal cabaret,
mentre passavi vicino a me
allacciata al tuo gigolò,
quel mantello d'ermellino,
quanto mi ha fatto penare!

Ricordi? Era il momento
culminante della nostra unione:
io mi trovavo senza grana,
tu amavi l'ermellino.
Quante volte tremando dal freddo
tutti e due davanti alla vetrina
mi dicevi sospirando:
"Ahi, amore, se tu potessi!"
E io con mille sacrifici
te l'ho potuto infine comperare:
scroccando gli amici, andando
    dagli usurai,
smettendo per un mese di fumare.

Quel mantello di ermellino
tutto foderato in lamé
che scaldava il tuo corpìcino
quando uscivi dal cabaret
si è rivelato, in fin dei conti,
più durevole del tuo amore:
il mantello lo sto pagando
e il tuo amore è già morto!

Argentina primer mundo

Eladia Blázquez
Eladia Blázquez
1994

En el medio de este mambo y el delirio más profundo,
el cartel de primer mundo nos vinieron a colgar,
tan grotesco es el absurdo, tan inmundo está el chiquero
que mirando el noticiero, me reí por no llorar.
Todo el mundo está en el oro, dado vuelta de la nuca,
nos vendieron hasta el loro, la altivez, la dignidad.
No terminan de asombrarnos, y es tan grande el desatino
que a la leche y hasta el vino, hoy por hoy,
les tenés que desconfiar.

Y me duele que sea cierto, con dolor del más profundo,
porque si esto es primer mundo, este mundo, ¿dónde está?
Si parece la utopía de un mamao, voy a hacértela bien corta:
se afanaron con la torta el honor y la verdad.

Nos están pudriendo el aire, nos cambiaron el idioma,
hoy la caca de paloma es más limpia que el honor.
La justicia ya sin venda a un corrupto le hace un guiño
y acomoda el desaliño del poder y del favor.
En un loco "todo vale" un caniche acicalado
morfa más que un jubilado que no llega a fin de mes.

Y en la cruda indiferencia, entre el cólera y el curro
hay un juez que se hace el burro y también
hay un burro al que hacen juez.

Argentina primo mondo

In mezzo a questo bailamme e al delirio più profondo,
il cartello di primo mondo ci hanno appeso al collo.
È così grottesco l'assurdo, così immondo il porcile,
che, guardando il telegiornale, ho riso per non piangere.
Tutti in affari d'oro, li vedi sempre di schiena,
ci hanno venduto anche il pappagallo, la fierezza, la dignità.
Non finiscono di sorprenderci, ed è così grande lo sproposito
che persino del latte e del vino, oggi come oggi,
devi diffidare.

E mi duole che sia vero, col dolore più profondo,
perché se questo è il primo, il resto del mondo dov'è?
Sembra l'utopia di un ubriaco, te la faccio breve:
hanno rubato, con la torta, l'onore e la verità.

Ci stanno imputridendo l'aria, ci hanno cambiato l'idioma,
oggi la cacca dei piccioni è più pulita dell'onore.
La giustizia senza più la benda fa l'occhiolino a un corrotto,
e mette in ordine la sciatteria del potere e del favore.
In un pazzo "tutto è concesso", un barboncino agghindato
mangia più di un pensionato che non riesce a sbarcare il lunario.

E nella crudele indifferenza, tra il colera e il saccheggio
c'è un giudice che fa l'asino
e un asino che fa il giudice.

Arrabalera

Cátulo Castillo
Sebastián Piana
1960 ca.

Mi casa fue un corralón
de arrabal bien proletario,
papel de diario el pañal
del cajón en que me crié.
Para mostrar mi blasón,
pedigré modesto y sano,
oiga che, presentemé,
soy Felicia Roberano,
¡tanto gusto, no hay de qué!

Arrabalera,
como flor de enredadera
que creció en el callejón.
Arrabalera,
yo soy propia hermana entera
de Chiclana el compadrón.
Si me gano el morfi diario,
¡qué me importa el diccionario
ni el hablar con distinción!
Llevo un sello de nobleza:
soy porteña de una pieza,
tengo voz de bandoneón.

Si se le da la ocasión
de bailar un tango arruespe
encrespe su corazón
de varón sentimental,
y al revolear mi percal
marquemé su firulete,
que en el brete musical
se conoce, ¡la gran siete!
mi prosapia de arrabal.

Borgatara

La mia casa era una baracca
di periferia davvero proletaria,
carta di giornale la coperta
della cassetta dove dormivo.
Tanto per mostrare il mio blasone,
pedigree modesto e sano,
senti tu, voglio presentarmi:
sono Felicia Roberano,
tanto piacere, non c'è di che!

Borgatara,
come fiore di rampicante
cresciuta nel viòttolo.
Borgatara,
sono la sorella vera e propria
del guappo Chiclana.
Se guadagno il pane quotidiano,
che m'importa il vocabolario
o la parlata distinta!
Porto un marchio di nobiltà:
sono bonaerense tutta di un pezzo,
ho voce da bandoneón.

Se vi si presenta l'occasione
di ballare un tango pedestre,
rigonfiate il cuore
di maschio sentimentale,
e quando la mia gonna si agiterà
marcatemi il passo figurato,
ché nel recinto musicale
si capisce, porco Giuda!
la mia ascendenza borgatara.

Arruespe, voce dialettale italiana fatta circolare dalla famiglia del musicista Francisco Canaro; forse "a rospo".

Así se baila el tango

Elizardo "Marvil", Martínez Vila
Elías Randal
Editorial Select, 1942

Qué saben los pitucos, lambidos y shushetas,
qué saben lo que es tango, qué saben de compás.
Aquí está la elegancia, ¡qué pinta, qué silueta,
qué porte, qué arrogancia, qué clase pa' bailar!
Así se corta el césped mientras dibujo el ocho,
para estas filigranas yo soy como un pintor.
Ahora una corrida, una vuelta, una sentada,
así se baila el tango, ¡un tango de mi flor!

Así se baila el tango,
sintiendo en la cara
la sangre que sube
a cada compás,
mientras el brazo
como una serpiente
se enrosca en el talle
que se va a quebrar.
Así se baila el tango,
mezclando el aliento,
cerrando los ojos
pa' escuchar mejor
cómo los violines
le cuentan al fueye
por qué desde esa noche
Malena no cantó.

¿Será mujer o junco quando hace una quebrada,
tendrá resorte o cuerda para mover los pies?
Lo cierto es que mi prenda, que mi "peor es nada"
bailando es una fiera que me hace enloquecer.
A veces me pregunto si no será mi sombra
que siempre me persigue, o un ser sin voluntad.
Pero es que yo he nacido así, pa' la milonga,
y como yo se muere, se muere por bailar.

Così si balla il tango

Che ne sanno gli aristocratici, leccati e attillati,
che ne sanno di tango, che ne sanno di ritmo?
Ecco qui l'eleganza, la presenza, la linea,
il portamento, la grinta, la classe per ballare!
Così si rade il prato mentre disegno l'otto,
per queste filigrane io sono un vero artista.
Adesso una corsetta, un giro, una seduta,
così si balla il tango, un perfetto tango!

Così si balla il tango,
sentendo nel viso
il sangue che sale
a ogni battuta,
mentre il braccio
come un serpente
si attorciglia alla vita
quasi a spezzarla.
Così si balla il tango,
mescolando l'alito,
chiudendo gli occhi
per ascoltare meglio
come i violini
raccontano al mantice
perché da quella sera
Malena non ha più cantato.

Sarà una donna o un giunco quando esegue una figura,
quale molla o carica le farà muovere i piedi?
Di certo però il mio bene, il mio "meglio di niente"
quando balla è una pantera che mi fa impazzire.
A volte mi domando se non sarà la mia ombra
che mi segue di continuo, o un essere privo di volontà.
Ma forse è nata per il ballo, come me,
e si sente morire, come me, se non può danzare.

Malena, cfr. "Malena", tango di Manzi e Demare.

Balada para un loco
Horacio Ferrer
Astor Piazzolla
Editorial Lagos, 1969

Ya sé que estoy piantao, piantao, piantao,
no ves que va la luna rodando por Callao,
que un coro de astronautas y niños, con un vals,
me baila alrededor... ¡Bailá, vení, volá!
Yo sé que estoy piantao, piantao, piantao,
yo miro a Buenos Aires del nido de un gorrión,
y a vos te vi tan triste... ¡Vení, volá, sentí!

Loco, loco, loco,
cuando anochezca en tu porteña soledad,
por la ribera de tu sábana vendré
con un poema y un trombón
a desvelarte el corazón.
Loco, loco, loco,
como un acróbata demente saltaré
sobre el abismo de tu escote hasta sentir
que enloquecí tu corazón de libertad...
¡Ya vas a ver!

Salgamos a volar, querida mía,
subite a mi ilusión superesport
y vamos a correr por las cornisas
con una golondrina en el motor.

De Vieytes nos aplauden: ¡viva, viva
los locos que inventaron el amor!
Y un ángel y un soldado y una niña
nos dan un valsecito bailador.

Nos sale a saludar la gente linda,
y loco, pero tuyo, ¡qué se yo!
provoco campanarios con la risa,
y al fin te miro y canto a media voz.

Queréme así piantao, piantao, piantao,
abrite a los amores que vamos a intentar
la mágica locura total de revivir,
¡vení, volá, vení! ¡Trai-lai lailá-lará!

¡Viva, viva, viva, loca ella y loco yo!
¡Locos, locos, locos!
¡Loca ella y loco yo!

Ballata per un pazzo

Son matto, lo so già, matto, matto,
non vedi la luna che rotola lungo Callao
un coro d'astronauti e bambini, in un valzer,
ruota intorno a me... Balla, vieni, vola!
Son matto, lo so già, matto, matto,
io guardo Buenos Aires dal nido di un passero,
e ti ho visto così triste... Vieni, vola, senti!

Pazzo, pazzo, pazzo,
quando si farà notte sulla tua solitudine di città,
lungo la riva al tuo lenzuolo verrò
con una poesia e un trombone
a tenerti sveglio il cuore.
Pazzo, pazzo, pazzo,
come un acrobata demente salterò
in cima all'abisso della tua scollatura fino a sentire
che ho fatto impazzire di libertà il tuo cuore...
Sta a vedere!

Usciamo a volare, mia cara,
sali sulla mia illusione supersportiva
e andiamo a correre sui cornicioni
con una rondine nel motore.

Da Vieytes ci applaudono: evviva, viva
i pazzi che hanno inventato l'amore!
E un angelo, un soldato e una bimba
ci offrono un valzerino ballabile.

Esce a salutarci la bella gente,
e pazzo, ma tuo, che ne so!
provoco i campanili con le risate,
e infine ti guardo e canto a mezza voce.

Prendimi matto così, matto, matto,
apriti agli amori che intraprenderemo,
la magica pazzia totale di rivivere,
vieni, vola, vieni! Tralai-lero-larà!

Evviva, viva, viva, pazza lei e pazzo io!
Pazzi, pazzi, pazzi!
Pazza lei e pazzo io!

Questa Balada, lanciata dalla cantante Amelita Baltar, record assoluto di vendite del 1969, è stato il primo successo di massa di Piazzolla.

Barrio de tango
Homero Manzi
Aníbal Troilo
Editorial Korn, 1942

Un pedazo de barrio, allá en Pompeya,
durmiéndose al costado del terraplén,
un farol balanceando en la barrera
y el misterio de adiós que siembra el tren.
Un ladrido de perros a la luna,
el amor escondido en el portón,
y los sapos redoblando en la laguna
y a lo lejos la voz del bandoneón.

Barrio de tango, luna y misterio.
Calles lejanas, ¡cómo estarán!
Viejos amigos que hoy ni recuerdo,
¿qué se habrán hecho? ¿Dónde andarán?
Barrio de tango, ¿qué fue de aquella
Juana la rubia que tanto amé?
¿Sabrá que sufro pensando en ella
desde la tarde que la dejé?
Barrio de tango, luna y misterio,
¡desde el recuerdo te vuelvo a ver!

Un coro de silbidos allá en la esquina,
y su canto llenando el almacén,
y el dolor de la pálida vecina
que ya nunca salió a mirar el tren.
Así evoco tus noches, barrio 'e tango,
con las chatas entrando al corralón
y la luna chapaleando sobre el fango,
y a lo lejos la voz del bandoneón.

Quartiere tango
Meri Lao, Warner & Chappell
1986

Un brandello di cielo nel mio quartiere
sonnecchia dalle parti del terrapieno,
una lampada trema sul binario
e un mistero d'addio sparge il treno.
I cani che abbaiano alla luna
e l'amore nascosto da un portone,
il chiasso delle rane, la laguna,
e qualcuno che suona il bandoneón.

Quartiere tango, luna e mistero.
Strada lontana, dove sarai?
I vecchi amici della mia infanzia,
che ne è di loro? Lo saprò mai?
Quartiere tango, dov'è finito
il biondo amore di gioventù?
Ancora soffro, ancora penso
a quella sera che me ne andai.
Quartiere tango, luna e mistero,
col mio ricordo ti fermerò.

Un coro fischiettante giù per la china
si univa alle altre voci dentro del bar.
Che destino, la pallida vicina,
che ogni treno usciva a salutare.
Quante notti con te, quartiere tango,
con le chiatte accanto al baraccone,
e la luna guazzando dentro il fango,
e qualcuno che suona il bandoneón.

Bronca

Mario Battistella Edmundo Rivero
SADAIC 1962

Por seguir a mi conciencia
estoy bien en la palmera
sin un mango en la cartera
y con fama de chabón;
ésta es la época moderna
donde triunfa el delincuente
y el que quiere ser decente
es del tiempo de Colón.
Lo cortés pasó de moda,
no hay modales con las damas,
ya no se respetan canas,
ni las leyes, ni el poder;
la decencia la tiraron
en el tacho 'e la basura
y el amor por la cultura,
todo es grupo, puro bluff.
¿Qué pasa en este país,
qué pasa, mi Dios,
que nos vinimos tan abajo?
¡Qué tapa que nos metió
el año sesenta y dos!
¿Qué pasa?
¿Qué signo infernal
lo arrastra al dolor,
que ni entre hermanos se entienden
en esta atroz confusión?
Que si falta la guita,
que si no hay más lealtad.
¿Y nuestra conciencia
no vale eso, más?
Pucha, qué bronca me da
ver tanta injusticia en la humanidad.
Refundir a quien se pueda
fue la última consigna
y ninguno se resigna
a quedarse sin chapar.
Se trafica con las drogas,
la vivienda, el contrabando,
todos ladran por el mando,
nadie quiere laburar.
Los muleros van en coche,
Satanás está de farra
y detrás de la fanfarra
salta y baila el arlequín.
Es la hora del asalto,
¡métanle, que son pasteles!
¡...Y así queman "los laureles
que supimos conseguir"!

Rabbia

Meri Lao, Warner & Chappell
1981

Per seguir la mia coscienza
mi son fatto buggerare:
senza un soldo per mangiare,
con la fama di coglione.
Questa è l'epoca moderna,
qui trionfa il delinquente
e chi vuole esser decente
sembra figlio di Platone.
Si violentano le donne,
si ghettizzano gli anziani,
ma si battono le mani
a ogni segno di potere.
La morale l'han gettata
Tutta nella spazzatura
E l'amor per la cultura
Solo balle, puro bluff.
Cosa succede quaggiù?
Per Dio, perché
Siamo caduti tanto in basso?
Ci ha fatto un culo così
Quest'epoca boia qui.
Che mondo!
Che segno infernale
Lo porta al dolore?
Si ammazzan pure i fratelli
In mezzo a tanto casino.
Si passa col rosso,
si danno tangenti.
La nostra coscienza,
a che serve più?
Cazzo, che rabbia mi fa
Vedere ingiustizia nell'umanità.
Fare fessi a mano salva:
ecco l'ultima consegna
e nessuno si rassegna
né si astiene d'arraffare.
Si fa traffico di droga,
si lottizza, contrabbanda,
non si sa più chi comanda
e nessuno vuol sgobbare.
Il furfante va in carrozza,
i magnaccia fanno a gara,
e seguendo la fanfara
salta e balla l'arlecchino.
Qui c'è tanto da pappare,
su, lottiam in fitta schiera,
bruci pure la bandiera
del magnifico ideal!

Bronca, scritto nell'anno in cui il presidente Frondizi fu abbattuto da un golpe militare, è stato vietato dalle autorità, che lo giudicavano irrispettoso dell'Inno Nazionale Argentino, citato nei due versi finali. Nella traduzione l'inno è sostituito dall'Internazionale.

Rabbia fa parte del musical "Tangonero" di G. Belledi e M. Lao, rappresentato dalla Compagnia del Collettivo di Parma nel 1981.

Café de los Angelitos

Cátulo Castillo
José Razzano
Editorial AURA, 1944

Yo te evoco, perdido en la vida
y enredado en los hilos del humo
frente a un grato recuerdo que fumo
y a esta negra porción de café.
Rivadavia y Rincón, vieja esquina
de la antigua amistad que regresa
coqueteando en el gris de la mesa
que está
meditando en sus noches de ayer.

Café de los Angelitos,
bar de Gabino y Casaux,
yo te alegré con mis gritos
en los tiempos de Carlitos
por Rivadavia y Rincón.
¿Tras de qué sueños volaron?
¿En qué estrellas andarán?
Las voces que ayer llegaron
y pasaron y callaron,
¿dónde están?
¿Por qué calles volverán?

Cuando llueven las noches su frío
vuelvo al mismo lugar del pasado
y de nuevo se sienta a mi lado
Betinotti templando la voz,
y en el dulce rincón que era mío
su cansancio la vida gotea
porque nadie me llama a la mesa
de ayer,
porque todo es ausencia y adiós.

Caffè degli Angioletti

Io ti evoco, perduto nella vita
e invischiato nei fili del fumo
davanti a un grato ricordo che consumo
e a questa tazza di nero caffè.
Rivadavia e Rincón, vecchie strade
dell'antica amicizia che torna
civettando nel grigio del tavolino
che ripensa
alle notte di ieri.

Caffè degli Angioletti,
bar di Gabino e Casaux,
io ti ho rallegrato col mio vociare
ai tempi di Carlitos
nel bivio di Rivadavia e Rincon.
Dietro quale sogno sono volate?
Su quali stelle andranno?
Le voci che ieri arrivarono
e passarono e tacquero,
dove sono?
Per quali strade torneranno?

Quando le notti piovono il loro freddo
torno allo stesso luogo del passato
e nuovamente si siede vicino a me
Betinotti per riscaldare la sua voce;
e nel dolce angolo che era mio
sgocciola la sua stanchezza la vita
perché nessuno mi chiama al tavolino
di ieri,
perché tutto è assenza e addio.

Café de los Angelitos, bar con biliardi, pavimento sterrato, che ebbe come primo proprietario Battista Fazio, nel 1890. Il nome gli è stato messo ironicamente, perché, trovandosi a pochi passi dal circolo di pugilato della polizia, era frequentato da gente abituata alla boxe. Assidui il campione di pesi massimi Luis Angel Firpo, gli attori Roberto Casaux e Florencio Parravicini, il chitarrista e cantor estemporaneo José Luis Betinotti, Carlos Gardel e i fratelli Armando e Enrique Santos Discépolo. Un luogo mitico del tango che, nel marzo del 1992, dopo aver rischiato di venire abbattuto, viene dichiarato opera di interesse artistico nazionale.

Cafetín de Buenos Aires
Enrique Santos Discépolo
Mariano Mores
Editorial EDAMI, 1948

De chiquilín te miraba de afuera
como a esas cosas que nunca se alcanzan,
la ñata contra el vidrio
en un azul de frío
que sólo fue después, viviendo,
igual al mío.
Como una escuela de todas las cosas,
ya de purrete me diste, entre asombros,
el cigarrillo,
la fe en mis sueños
y una esperanza de amar.

¿Cómo olvidarte en esta queja,
cafetín de Buenos Aires,
si sos lo único en la vida
que se pareció a mi vieja?
En tu mezcla milagrosa
de sabihondos y suicidas,
yo aprendí filosofía, dados, timba
y la poesía cruel
de no pensar más en mí.

Me diste en oro un puñado de amigos
que son los mismos que alientan mis
horas:
José, el de la quimera,
Marcial, que aun cree y espera
y el flaco Abel que se nos fue
y aún me guía.
Sobre tus mesas que nunca preguntan
lloré una tarde el primer desengaño,
nací a las penas, bebí mis años
y me entregué sin luchar.

Oh caffè di Buenos Aires
Meri Lao, 1981
(autorizzazione della Southern senza proventi)

Irraggiungibile tu mi sembravi
quando bambino guardavo da fuori,
il naso contro il vetro
bluastro per quel freddo,
lo stesso freddo che, crescendo,
mi ha invaso dentro.
Come una scuola di tutte le cose,
già da bambino stupito mi hai dato
la sigaretta,
la fantasia
e la speranza di amar.

Come scordarti in questo pianto,
oh caffè di Buenos Aires,
se potrei paragonarti
a mia madre, a lei soltanto?
Nel tuo magico miscuglio
di pedanti e di suicidi
imparai filosofia, dadi, rischio
e la poesia crudele
di non pensar più a me.

Una manciata di amici mi hai dato
che sono il lusso di questi
momenti:
José e la sua chimera,
Marcial, che ancora spera,
e il magro Abel che non c'è più,
la nostra guida.
Sui tavolini che stanno a sentire
io vissi il primo dei miei disinganni,
provai dolore, bevvi i miei anni,
mi arresi senza lottar.

Oh caffè di Buenos Aires fa parte del musical "Tangonero" Cfr. Bronca / Rabbia. I diritti vanno all'adattamento realizzato da E.L.Poletto nel 1950 per le Edizioni Southern.

Cambalache

Enrique Santos Discépolo
Enrique Santos Discépolo
Editorial Musical Korn-Intersong, 1935

Que el mundo fue y será una porquería,
ya lo sé:
en el quinientos seis
y en el dos mil también.
Que siempre ha habido chorros,
maquiavelos y estafaos,
contentos y amargaos,
valores y dublé...
Pero que el siglo veinte
es un despliegue
de malda' insolente
ya no hay quien lo niegue.
Vivimos revolcaos en un merengue
y en el mismo lodo todos manoseaos.

Hoy resulta que es lo mismo
ser derecho que traidor,
ignorante, sabio, chorro,
generoso o estafador.
¡Todo es igual! ¡Nada es mejor!
Lo mismo un burro que un gran profesor,
no hay aplazaos ni escalafón,
los inmorales nos han igualao.
Si uno vive en la impostura
y otro roba en su ambición,
da lo mismo que sea cura,
colchonero, rey de bastos,
caradura o polizón.

¡Qué falta de respeto,
qué atropello a la razón!
Cualquiera es un señor,
cualquiera es un ladrón.
Mezclao con Stavisky
va Don Bosco y "la Mignon",
Don Chicho y Napoleón,
Carnera y San Martín.
Igual que en la vidriera irrespetuosa
de los cambalaches
se ha meclao la vida,
y herida por un sable sin remache
ves llorar la Biblia
contra un calefón.

Siglo veinte, ¡cambalache
problemático y febril!
El que no llora no mama
y el que no afana es un gil.

Bottega di rigattiere

Che il mondo è stato e sarà una porcheria,
lo so già:
nel cinquecentosei
come pure nel duemila.
Che sempre ci sono stati i ladri,
i machiavellici, i truffati,
contenti e amareggiati,
preziosi e similoro...
Ma che il ventesimo secolo
sia una mostra
di malvagità insolente
nessuno può negarlo.
Viviamo impelagati in un pasticcio
tutti guastati nello stesso fango.

Oggi succede che è lo stesso
essere onesto o traditore,
ignorante, sapiente, ladro,
generoso o truffatore.
Tutto è uguale, niente è meglio,
un asino come un grande professore.
Non ci sono scartati né promossi,
gli immorali ci hanno raggiunto.
Se si vive nell'impostura
o si ruba per ambizione,
fa lo stesso essere prete,
materassaio, re di bastoni,
facciatosta o imbarcato clandestino.

Che mancanza di rispetto, che sopruso
alla ragione,
chiunque è un signore,
chiunque è un ladro.
Mescolati a Stavisky
vanno Don Bosco e la mantenuta di turno,
Don Ciccio e Napoleone,
Carnera e San Martín.
In una vetrina irriverente
di rigattiere
si è mescolata la vita
e ferita da uno spadino sgangherato
vedi piangere la Bibbia
contro uno scaldabagno.

Ventesimo secolo, rigatteria
problematica e febbrile!
Chi non piange non mangia
e chi non ruba è uno scemo.

Dale nomás, dale que va,
que allá en el horno nos vamo' a encontrar.
No pienses más, sentate a un lao,
que a nadie importa si naciste honrao.
Es lo mismo el que labura
noche y día, como un buey,
que el que vive de los otros,
que el que mata, que el que cura
o está fuera de la ley.

Continua pure, continua che va,
tanto, là nel forno ci si incontrerà
Non pensare più, scansati e siediti
che a nessuno importa se sei nato onesto.
Chi lavora notte e giorno
come un bue, è uguale
a chi vive degli altri,
a chi uccide, a chi guarisce,
o a chi è fuori dalla legge.

Alexander Stavisky, truffatore internazionale morto suicida in un carcere di Baiona nel 1934;
Don Bosco, fondatore dell'ordine dei Salesiani, canonizzato da Pio XI nello stesso anno;
Don Chicho, nomignolo di Juan Galiffi, capo della mafia argentina, arrestato e processato nel 1932;
Primo Carnera, pugile italiano campione mondiale dei pesi massimi nel 1933.
La Biblia contra un calefón, immagine non surreale, ma iperrealistica: si riferisce alla carta sottile da Bibbia infilzata in un chiodo come carta igienica.

Caminito
Gabino Coria Peñaloza
Juan de Dios Filiberto
Ediciones Piróvano/Julio Garzón, 1923

Caminito que el tiempo ha borrado,
que juntos un día nos viste pasar,
he venido por última vez,
he venido a contarte mi mal.
Caminito que entonces estabas
bordeado de trébol y juncos en flor,
una sombra muy pronto serás,
una sombra, lo mismo que yo.

Desde que se fue
triste vivo yo;
caminito amigo,
yo también me voy.
Desde que se fue
nunca más volvió.
Seguiré sus pasos,
caminito, adiós.

Caminito que todas las tardes
feliz recorría cantando mi amor,
no le digas, si vuelve a pasar,
que mi llanto tu suelo regó.
Caminito cubierto de cardos,
la mano del tiempo tu huella
borró.
Yo a tu lado quisiera caer
y que el tiempo nos mate a los dos.

Piccolo sentiero
Sub-editore per l'Italia Buffalo Bill

Sentiero che il tempo ha cancellato,
che un giorno ci hai visto passare insieme,
son venuto per l'ultima volta,
son venuto a dirti il mio male.
Sentiero che allora eri fiancheggiato
di trifoglio e giunchi in fiore,
un'ombra ben presto sarai,
un'ombra, lo stesso di me.

Da quando se ne è andata
io vivo triste;
sentiero amico,
anch'io me ne vado.
Da quando se ne é andata
non è più tornata;
seguirò i suoi passi,
sentiero, addio.

Sentiero che tutte le sere
felice percorrevo cantando il mio amore,
non dirle, se torna a passare,
che il mio pianto ha bagnato il tuo suolo.
Sentiero coperto di cardi,
la mano del tempo ha cancellato il tuo
segno.
Io vorrei cadere accanto a te
e che il tempo uccida entrambi.

Cantando

Mercedes Simone
Mercedes Simone

Ya no tengo la dulzura de sus besos,
vago sola por el mundo sin amor.
Otra boca más feliz será la dueña
de sus besos que eran toda
    mi pasión.

Hay momentos que no sé lo que
    me pasa:
tengo ganas de reir y de llorar,
tengo celos, tengo miedo que no vuelva.
Yo lo quiero, no lo puedo remediar.

Cantando yo le di
mi corazón, mi amor,
y desde que se fue
yo canto mi dolor.
Cantando lo encontré,
cantando lo perdí,
porque no sé llorar
cantando he de morir.

Virgencita milagrosa, perdoname
si cantando esta canción que vive en mí,
yo te pido que me traigas lo que es mío,
que tan pronto y sin motivos lo perdí.

Si es pecado querer tanto en esta vida
yo te pido, de rodillas, tu perdón.
Yo lo quiero tanto y tanto que me muero
si me faltan las caricias de su amor.

Cantando

Non ho più la dolcezza dei suoi baci,
sola vado per il mondo senza amore.
Un'altra bocca più felice sarà oggetto
dei suoi baci che erano tutta
    la mia passione.

Ci sono dei momenti in cui non so cosa
    mi succede:
ho voglia di ridere e di piangere,
sono gelosa, ho paura che non torni.
Io gli voglio bene, non trovo rimedio.

Cantando gli ho dato
il mio cuore, il mio amore,
e da quando se ne è andato
io canto il mio dolore.
Cantando l'ho trovato,
cantando l'ho perduto,
siccome non so piangere,
cantando morirò.

Vergine dei Miracoli, perdonami
se cantando questa canzone che vive in me,
io ti chiedo di portarmi ciò che è mio,
che così presto e senza motivo ho perso.

Se è peccato amare tanto in questa vita
io chiedo in ginocchio il tuo perdono.
Io l'amo tanto e tanto da morire
se mi mancano le carezze del suo amore.

Caserón de tejas

Cátulo Castillo
Sebastián Piana (vals) 1950

Barrio de Belgrano,
caserón de tejas,
te acordás hermana
de las tibias noches
sobre la vereda
cuando un tren cercano
nos dejaba viejas
raras añoranzas
bajo la templanza
suave del rosal?

Todo fue tan simple,
claro como el cielo
bueno como el cuento
que en las dulces siestas
nos contó el abuelo,
cuando en el pianito
de la sala oscura
sangraba la pura
ternura de un vals.

Revivió, revivió
en las voces dormidas del piano
y al conjuro sutil de tus manos
el faldón del abuelo vendrá.
Llamaló, llamaló
viviremos el cuento lejano
que en aquel caserón de Belgrano
venciendo al arcano
nos llama mamá.

Barrio de Belgrano,
caserón de tejas,
¿dónde está el aljibe,
dónde está tu patio,
dónde están tus rejas?
Volverás al piano,
mi hermanita vieja
y en las melodías
volverán los días
claros del hogar.

Tu sonrisa, hermana,
cobijó mi duelo
y como en el cuento
que en las dulces siestas
nos contó el abuelo,
tornará el pianito
de la sala oscura
a sangrar la pura
ternura de un vals.

Casona con tetto di tegole

Quartiere Belgrano,
casa con tetto di tegole,
ricordi, sorella,
le tiepide sere
sul marciapiede
quando un treno vicino
ci lasciava vecchi
strani rimpianti
sotto la mitezza
soave del roseto?

Tutto fu semplice,
chiaro come il cielo
buono come la favola
che nelle dolci sieste
ci raccontava il nonno,
quando nel pianino
del salotto buio
sanguinava la pura
tenerezza di un vals.

Rivisse, rivisse
nelle voci addormentate del piano
e per la sottile magia delle tue mani
che gli tirano la giacca, il nonno verrà.
Chiamalo, chiamalo
rivivremo il racconto lontano
perché in quella casona di Belgrano
vincendo l'arcano
ci chiama nostra madre.

Quartiere Belgrano,
casa con tetto di tegole,
dov'è il pozzo,
dov'è il tuo cortile,
dove sono le inferriate?
Tornerai al piano,
mia sorellina vecchia
e nelle melodie
torneranno i giorni
chiari del focolare.

Nel tuo sorriso, sorella,
il mio lutto trovò rifugio
e come nella favola
che nelle dolci sieste
ci raccontava il nonno,
tornerà il pianino
del salotto buio
a sanguinare la pura
tenerezza di un vals.

Chau, no va más

Homero Expósito, Virgilio Expósito
1974

Chau, no va más
es la ley de la vida devenir.
Chau, no va más,
ya gastamos las balas y el fusil.
Te enseñé cómo tiembla la piel
cuando nace el amor y otra vez lo
aprendí,
pero nadie vivió sin matar,
sin cortar una flor,
perfumarse y seguir.

Vivir es cambiar,
dale paso al progreso que es fatal.
Chau, no va más,
simplemente la vida seguirá.
Ay qué bronca sentir todavía el ayer
y dejarte partir sin llorar.
Si te pude comprar un bebé,
acuñar otra vida y cantar.
Ay qué bronca saber
que me dejo robar
un futuro que yo no perdí
pero nada regresa al ayer,
tenés que seguir.

[Tomálo con calma, esto es dialéctica
pura.
Te volverá a pasar tantas veces en la vida,
yo decía, ¿te acordás?
"Empezar a pintar todos los días
sobre el paisaje muerto del pasado
y lograr, cada vez que necesite
nueva música, nueva, en nuevo
piano.
Vos podés elegir el piano,
crear la música de una nueva vida
y vivirla intensamente hasta equivocarte
otra vez,
y luego volver a empezar y volver a
equivocarte,
pero siempre vivir, vivir intensamente
porque, ¿sabés qué es vivir?"]

Vivir es cambiar:
en cualquier foto vieja lo verás.
Chau, no va más,
dale un tiro al pasado
y empezá.
Si lo nuestro no fue ni ganar ni perder,
fue tan solo la vida, nomás y el intento de
un casi bebé
debe siempre volverse a intentar.
Sé que es duro matar
por la espalda el amor
sin tener otra piel donde ir,
pero dale, la vida está en flor, tenés que
surgir.

Ciao, è finita

Ciao, è finita,
è una legge della vita, divenire.
Ciao, è finita,
abbiamo consumato gli spari e il fucile.
Ti ho insegnato come trema la pelle
quando nasce l'amore e anch'io l'ho
imparato nuovamente,
ma nessuno è vissuto senza uccidere,
senza tagliare un fiore,
profumarsi e andare avanti.

Vivere è cambiare,
devi aprirti al progresso, è fatale.
Ciao, è finita,
semplicemente la vita continuerà.
Ah che rabbia sentire ancora l'ieri
e lasciarti partire senza piangere.
Avrei potuto comperarti un bebè,
coniare un'altra vita e cantare.
Ah che rabbia sapere
che mi lascio rubare
un futuro che non ho nemmeno perso,
ma niente ritorna all'ieri,
dovrai continuare.

[Prendilo con calma, questo è dialettica
pura.
Ti succederà tante altre volte nella vita,
io dicevo, ricordi?
"Cominciare a dipingere tutti i giorni
sul paesaggio morto del passato,
e ottenere, ogni volta che sia necessario,
una nuova musica, nuova, in un nuovo
piano.
Tu puoi scegliere il piano,
creare la musica di una nuova vita
e viverla intensamente fino a sbagliare
ancora,
eppoi ricominciare e di nuovo sbagliare,
ma sempre vivendo, vivendo
intensamente
perché, sai cos'è vivere?"]

Vivere è cambiare:
basta una vecchia foto e lo vedrai.
Ciao, è finita,
dà un colpo di rivoltella al passato
e ricomincia.
La nostra storia non era cosa da vincere
o perdere,
era soltanto la vita, nient'altro e il
tentativo di un quasi bebè
deve essere sempre ritentato.
So che è duro uccidere l'amore
sparandogli alla schiena
senza avere un'altra pelle dove andare,
ma dài, la vita è in fiore, devi risorgere.

Che bandoneón

Homero Manzi
Aníbal Troilo
1947

El duende de tu son, che bandoneón,
se apiada del dolor de los demás,
y al estrujar tu fuelle dormilón
se arrima al corazón que sufre más.
Esthercita y Mimí, con Ninón,
dejando sus destinos de percal,
vistieron al final mortaja
de rayón
al eco funeral de tu canción.

Bandoneón,
hoy es noche de fandango
y puedo confesarte la verdad,
copa a copa, pena a pena, tango
a tango,
temblando en la locura
del alcohol y la amargura.
Bandoneón,
¿para qué nombrarla tanto?
¿No ves que está de olvido el corazón
y ella vuelve, noche a noche, como
un canto
en las notas de tu llanto,
che bandoneón?

Tu canto es el amor que no se dio,
y el cielo que soñamos una vez,
y el fraternal amigo que se hundió
cinchando en la tormenta de un querer.
Y esas ganas tremendas de llorar
que a veces nos inundan sin razón,
y el trago de licor que obliga
a recordar
si el alma está en orsái, che bandoneón.

Tu, bandoneón

Lo spirito del tuo suono, bandoneón,
prova pietà per il dolore altrui
e stringendo il mantice dormiglione
si accosta al cuore che soffre di più.
Esterina e Mimì, come Ninon,
lasciando i loro destini di percalle
indossarono infine lenzuoli mortuari di
rayon
nell'eco funerea della tua canzone.

Bandoneón,
oggi è notte di baldoria
e posso confessarti la verità,
calice dopo calice, pena dopo pena,
tango dopo tango,
sospinto dalla follia
dell'alcol e l'amarezza.
Bandoneón,
perché nominarla tanto?
Non vedi che il cuore è in tema di oblio
mentre lei torna notte dopo notte come
un canto,
nelle note del tuo pianto,
bandoneón?

Il tuo canto è l'amore che non si è dato,
il cielo che una volta si è sognato
e l'amico fraterno che è stato sconfitto
lottando nella tempesta di un amore.
E quella voglia immane di piangere
che a volte ci invade senza ragione,
e il sorso di liquore che costringe a
ricordare
che l'anima è fuori gioco, bandoneón.

Chorra

Enrique S. Discépolo
Enrique S. Discépolo
Editorial Korn, 1928

Por ser bueno, me pusiste a la miseria,
me dejaste en la palmera,
me afanaste hasta el color.
En seis meses me comiste el mercadito,
la casilla de la feria,
la ganchera, el mostrador.

¡Chorra!
Me robaste hasta el amor.
Si hace un mes me desayuno
con lo que he sabido ayer,
no era a mí que me cachaban
tus rebusques de mujer.
Hoy me entero que tu mama
"noble viuda de un guerrero"
es la chorra de más fama
que ha pisao la treinta y tres.
Y he sabido que "el guerrero
que murió lleno de honor",
ni murió ni fue guerrero
como me engrupiste vos.
Está en cana prontuariado
como agente 'e la camorra,
profesor de cachiporra,
malandrín y estafador.

Entre todos me pelaron con la cero,
tu silueta fue el anzuelo
donde yo me fui a ensartar.
Se tragaron vos, "la viuda" y "el
guerrero"
lo que me costó diez años
de paciencia y de yugar.
¡Chorros!
Vos, tu vieja y tu papá.

¡Guarda!
Cuidensé porque anda suelta,
si los cacha los da vuelta,
¡no les da tiempo a rajar!

¡Lo que más bronca me da
es haber sido tan gil!

Ladra

Perché sono buono, mi hai distrutto,
mi hai lasciato al verde,
mi hai rubato persino il colorito.
In sei mesi ti sei mangiata il mercatino,
il chiosco della fiera,
la trave coi ganci, il bancone.

Ladra!
Mi hai rubato anche l'amore.
Se avessi saputo prima
ciò che solo ieri ho saputo,
non sarei crollato
di fronte alle tue moine di donna.
Oggi vengo a sapere che tua madre,
"la nobile vedova di un eroe di guerra"
è la ladra più famosa
che ha messo piede nel trentatreesimo.
E mi dicono che "l'eroe di guerra
morto con tanto onore",
non è morto né è stato in guerra
come me l'hai data da intendere tu.
Si trova invece in galera, schedato
come spia della camorra,
professore di manganello,
malvivente e truffatore.

Tutti insieme mi avete spellato vivo,
il tuo corpo è stato l'amo
dove sono andato a impigliarmi.
Tu, "la vedova" e "l'eroe" vi siete
inghiottiti
ciò che mi è costato dieci anni
di pazienza e di fatica.
Ladri!
Tu, la tua vecchia e il tuo papà.

Attenti!
State accorti perché è in giro,
se vi prende vi rivolta come un guanto,
senza darvi il tempo di scappare!

Ciò che più rabbia mi fa
è essere stato così scemo!

Como abrazao a un rencor

Antonio Podestá, Rafael Rossi
1930

[Está listo,
sentenciaron las comadres.
Y el varón, ya difunto en el presagio,
en el último momento
de su pobre vida rea
dejó al mundo el testamento
de estas amargas palabras
piantadas de su rencor.]

Esta noche, para siempre terminaron mis hazañas:
un chamuyo misterioso me acorrala el corazón.
Alguien chaira en los rincones el rigor de la guadaña,
y anda un algo cerca 'el catre olfateándome el cajón.
Los recuerdos más fuleros me destrozan la zabeca:
una infancia sin juguetes, un pasado sin honor,
el dolor de unas cadenas que aun me queman las muñecas
y una mina que arrodilla mis arrestos de varón.

Yo quiero morir conmigo,
sin confesión y sin Dios,
crucificao en mis penas
como abrazao a un rencor.
Nada le debo a la vida,
nada le debo al amor;
aquélla me dio amarguras
y el amor una traición.

Yo no quiero la comedia de las lágrimas sinceras,
ni palabras de consuelo: no ando en busca de perdón.
No pretendo sacramentos ni palabras funebreras;
me le entrego mansamente como me entregué al botón.
Sólo a usté, madre querida, si viviese, le daría
el derecho de encenderle cuatro velas a mi adiós,
de volcar todo su pecho sobre mi hereje agonía,
de llorar sobre mis manos y pedirme el corazón.

Come abbracciato a un rancore

[Ormai è andato,
sentenziarono le commari.
E il maschio, sentendosi già defunto,
all'ultimo momento
della sua povera miserabile vita
lasciò al mondo il testamento
di queste amare parole
sfuggite al suo rancore.]

Questa sera, per sempre son finite le mie imprese:
un sussurro misterioso mi stringe il cuore.
Qualcuno arrota nei cantoni la lama della falce,
e un qualcosa accanto alla branda mi sta fiutando la bara.
I ricordi più spiacevoli mi distruggono la testa:
un'infanzia senza giocattoli, un passato senza onore,
il dolore di certe catene che ancora mi bruciano i polsi
e una femmina che mette in ginocchio il mio coraggio di maschio.

Io voglio morire con me stesso,
senza confessione e senza Dio,
crocefisso alle mie pene
come abbracciato a un rancore.
Niente devo alla vita,
niente devo all'amore;
una mi ha dato amarezze,
e l'amore, un tradimento.

Io non voglio la commedia delle lacrime sincere,
né parole di consolazione: non sono in cerca di perdono.
Non pretendo sacramenti né parole di cordoglio,
mi ci consegno docilmente come mi consegnai alla guardia.
Solo a te, madre cara, se fossi viva, ammetterei
il diritto di accendere quattro ceri al mio addio,
di versare l'intero tuo petto sulla mia eretica agonia,
di piangere sulle mie mani e di chiedermi il cuore.

Confesión
Enrique S.Discépolo /Luis C.Amadori
Enrique Santos Discépolo
Editorial Musical Korn-Intersong, 1930

Fue a conciencia pura
que perdí tu amor,
¡nada más que por salvarte!
Hoy me odiás y yo, feliz,
¡me arrincono pa' llorarte!
El recuerdo que tendrás de mí
será horroroso:
me verás siempre golpeándote
como un malvao.
Y si supieras, bien, qué generoso,
fue que pagase así tu buen amor...

Sol de mi vida,
fui un fracasao
y en mi caída
busqué dejarte a un lao,
porque te quise
tanto, tanto
que al rodar,
para salvarte,
sólo supe hacerme odiar.

Hoy, después de un año
atroz, te vi pasar:
¡me mordí pa' no
llamarte!
Ibas linda como un sol,
¡se paraban pa' mirarte!
Yo no sé si el que te tiene así
se lo merece.
Sólo sé que la miseria cruel
que te ofrecí, me justifica
al verte hoy así, hecha una reina
que vivirás mejor lejos de mí.

Confessione

In piena consapevolezza
ho perduto il tuo amore,
soltanto per salvarti.
Oggi mi detesti e io, felice,
mi apparto per piangerti.
Il ricordo che avrai di me
sarà spaventoso:
mi vedrai picchiarti sempre
come un malvagio.
Eppure, cara, sappi che era generoso
pagare così il tuo grande amore.

Sole della mia vita
sono stato un fallito
e nella mia caduta
ho cercato di lasciarti da parte
perché ti ho amata
tanto, tanto
che nel precipitare,
per salvarti,
ho solo saputo farmi odiare.

Oggi dopo un anno
atroce, t'ho vista passare:
mi son morso le labbra per non
chiamarti!
Eri bella come un sole,
si fermavano a guardarti!
Io non so se chi ti ha così
se lo merita.
So solo che la dura miseria
che ti avevo offerto, mi giustifica
il vederti diventata una regina
che vivrà meglio lontano da me.

Corrientes y Esmeralda

Celedonio Flores
Francisco Pracánico
1933

Amainaron guapos junto a tus
ochavas
cuando un cajetilla los calzó
de cross
y te dieron lustre las patotas bravas
allá por el año novecientos dos.
Esquina porteña, tu rante
canguela
se hace un mélange de caña,
gin fitz,
pase inglés y monte, bacará y quiniela,
curdelas de grapa y locas de pris.

El Odeón se manda
la Real Academia
rebotando en tangos el viejo
Pigall,
y se juega el resto la doliente anemia
que espera el tranvía para su
arrabal.
De Esmeralda al norte, del lao
de Retiro,
franchutas papusas caen en la oración
a ligarse un viaje, si se pone
a tiro
gambeteando el lente que tira el botón.

En tu esquina un día, Milonguita, aquella
papirusa criolla que Linning mentó,
llevando un atado de ropa plebeya
al hombre tragedia tal vez encontró.
Te glosa en poemas Carlos de la Púa
y el pobre Contursi fue tu amigo fiel.
En tu esquina rea, cualquier
cacatúa
sueña con la pinta
de Carlos Gardel.

Esquina porteña, este
milonguero
te ofrece su afecto más hondo y cordial.
Cuando con la vida esté cero a cero
te prometo el verso más rante y canero
para hacer el tango que te haga inmortal.

Angolo Corrientes e Esmeralda

I guappi calarono le vele contro i tuoi
angoli smussati
quando un pugile li mise fuori
combattimento,
e le bande di teppisti ti resero famoso
intorno all'anno novecentodue.
Angolo di Buenos Aires, il tuo duro
torpore
diventa un miscuglio di acquavite,
gin fitz,
dadi e scommesse, baccarà e lotto,
imbottiti di grappa e di coca.

Durante la prima dell'Odeón e
l'Accademia Spagnola
rimbalzano i tanghi del vecchio cabaret
Pigall,
e il resto lo gioca la dolente anemia
di chi aspetta il tram per tornare in
periferia.
Da Esmeralda a nord, dalla parte
di Retiro,
belle francesine appaiono verso sera
in cerca di qualcuno che se le prenda
al volo
evitando che il poliziotto se ne accorga.

In quest'angolo, Milonguita, quella
ragazza creola che Linning raccontò,
carica col fagotto della biancheria
forse l'uomo-tragedia incontrò.
Ti chiosa il poeta Carlos de la Púa
e il povero Contursi ti fu amico fedele.
In quest'angolo disgraziato, qualsiasi
babbeo
si illude di avere l'attrattiva
di Carlos Gardel.

Angolo di Buenos Aires, quest'amante
del tango
ti offre il suo affetto profondo e cordiale.
Quando totalizzerò zero punti con la vita
ti prometto i versi più grezzi ed esperti
per farti il tango che ti immortalerà.

L'uomo-tragedia si riferisce a *El hombre que está solo y espera*, il libro di Raúl Scalabrini Ortiz (1931), che considera l'incrocio di queste due vie la quintessenza della città.

Cristal

José María Contursi
Mariano Mores
1944

Tengo el corazón hecho pedazos,
rota mi emoción en este día,
noches y más noches sin descanso
y esta desazón del alma mía.
Cuántos, cuántos años han pasado,
grises mis cabellos y mi vida.
Loco, casi muerto, destrozado
con mi espíritu amarrado a nuestra
juventud.

Más frágil que el cristal fue mi amor
junto a ti,
cristal tu corazón, tu mirar,
tu reir.
Tus sueños y mi voz y nuestra
timidez
temblando suavemente en tu balcón.
Y ahora sólo sé que todo se perdió
la tarde de mi ausencia.
Ya nunca volveré, lo sé bien, nunca más.
Tal vez me esperarás junto a Dios, más
allá.

Todo para mí se ha terminado,
todo para mí se torna olvido.
Trágica enseñanza me dejaron
esas horas negras que he vivido.
Cuántos, cuántos años han pasado,
grises mis cabellos y mi vida.
Solo, siempre solo y olvidado
con mi espíritu amarrado a nuestra
juventud.

Cristallo

Ho il cuore a brandelli,
oggi è a pezzi la mia emozione.
Notti, tante notti senza requie
e malessere nell'anima.
Quanti, quanti anni son passati,
grigi i capelli come la mia vita.
Pazzo, quasi morto, distrutto
con lo spirito ancorato alla nostra
gioventù.

Più fragile del cristallo fu il mio amore
insieme a te,
cristallo il tuo cuore, lo sguardo,
il tuo riso.
I sogni tuoi, la mia voce e la nostra
timidezza
tremando soavemente nel balcone.
E so soltanto che da quando me ne andai
abbiamo perso tutto.
Ormai non tornerò, lo so bene, mai più,
ma forse aspetterai nella fede,
aldilà.

Tutto per me è finito,
tutto per me diventa oblio.
Tragica lezione mi han lasciato
quelle ore buie che ho vissuto.
Quanti, quanti anni son passati,
grigi i capelli come la mia vita.
Solo, sempre solo e dimenticato,
con lo spirito ancorato alla nostra
gioventù!

Cuando llego al bulín

Les Luthiers, Les Luthiers
1968

Cuando llego al bulín que vos
dejaste
esa tarde de copas y palabras,
rememoro el amor que me juraste
y los besos que a la noche vos me dabas.
En las horas de escabio y de amargura
me pregunto si fue cierto tu cariño,
y aunque busco en el embrache no hay
ninguna
que como vos me quiera como a un niño.

¿Por qué te fuiste, mamá,
con ese gil antipático?
¿Por qué te fuiste, mamita,
dejándome en mi dolor?
¿Por qué te fuiste, mamá,
con ese señor mayor?
¿Por qué te fuiste, viejita,
qué tiene él que yo no?

[Decí por Dios qué me has dao,
que tengo el corazón hecho pedazos…
De chiquilín te miraba de afuera…
No, no.
Viejita, qué noche llena
de hastío y de frío… Punto aparte.
Punto aparte].

En la esquina del herrero la percanta
mano a mano con la seda y el percal,
tira el músculo que ni una vez descansa
del romance otario araca vil metal.
Metejón taimada taita guapo
cafetines suburbios arrabales.
Conventillo Pompeya y gira el tango
ilusión de gigoló sentimental... les.

¿Por qué te fuiste, mamá?
Poca ropa me lavabas...
¿Por qué te fuiste, mamita?
Raras veces te pegaba...
¿Por qué te fuiste, viejita?
¿Por qué ya no estás, mamá?
¡Cómo, madre hay una sola
y amurado me largás?
Si no me pasás más guita,
me v'y a vivir con papá!

Quando torno alla stanzetta

Meri Lao

Quando torno alla stanzetta che hai
lasciato
quella sera di bicchieri e di parole,
io rimembro l'amor che m'hai giurato
e quei baci che mi davi nella notte.
In quest'ora di sbronza e di amarezza
se l'affetto era poi vero, mi domando,
ma non vedo nessun'altra nei
dintorni
che come te mi ami come un bimbo.

Perché fuggisti, mammá,
con quello scemo antipatico?
Perché fuggisti, mammina,
lasciandomi nel dolor?
Perché fuggisti, mammá,
con quell'anziano signor?
Perché, mia cara vecchina,
cos'ha che io non ho?

[Dimmi per Dio cosa mi hai fatto,
che ho il cuore a brandelli…
E da bambino ti guardavo da fuori…
No, no.
Vecchia, che notte piena
di tedio e di freddo … Punto a capo
Punto a capo].

Nell'angolo del fabbro c'è la femmina,
siamo pari con la seta e il percalle,
tira il muscolo che non riposa mai
del romance idiota attenti vil metal.
È la cotta che ha preso il bullo guappo
Nei sobborghi i caffè e altri locali
Casermone caserme e gira il tango,
illusion dei gigoló sentimental…li.

Perché lasciarmi, mammá?
Poca roba mi lavavi...
Perché lasciarmi, mammina?
Rare volte ti picchiavo...
Perché, mia cara vecchina,
perché andasti via da qui?
Una sola c'è di mamma,
e tu mi pianti così?
O tiri fuori più grana
o me ne vo' con papá!

Collage di notissimi tanghi nella parte recitata e nella seconda strofa.

Cuartito azul

Mario Battistella
Mariano Mores
Editorial Julio Korn, 1939

Cuartito azul, dulce morada de mi vida,
fiel testigo de mi tierna juventud,
llegó la hora de la triste despedida,
ya lo ves: todo en el mundo es inquietud.
Ya no soy más aquel muchacho
oscuro,
todo un señor en esta tarde soy,
y sin embargo, cuartito, te lo juro,
nunca estuve tan triste como hoy.

Cuartito azul
de mi primera pasión,
vos guardarás todo mi corazón;
si alguna vez
volviera la que amé,
vos le dirás
que nunca la olvidé.
Cuartito azul,
hoy te canto mi adiós,
ya no abriré
tu puerta y tu balcón.

Aquí viví toda mi ardiente fantasía
y al amor con alegría le canté,
aquí fue donde sollozó la amada mía
recitándome los versos de Chénier.
Quizás tendré para enorgullecerme
gloria y honor como nadie alcanzó,
pero nada podrá ya parecerme
tan lindo y tan sincero como vos.

Stanzetta blu

Stanzetta blu, dolce riparo della vita,
testimone della mia gioventù,
è giunta l'ora della triste dipartita,
lo vedi ormai: tutto nel mondo è
insicurezza.
Io non sono più quel ragazzo opaco,
questa sera sono un vero signore,
eppure, stanzetta, te lo giuro,
non sono mai stato triste come oggi.

Stanzetta blu
della mia prima passione,
tu conserverai tutto il mio cuore;
se una volta
tornasse colei che ho amato,
tu le dirai
che non l'ho dimenticata mai.
Stanzetta blu,
oggi ti canto il mio addio,
non aprirò più
la tua porta né il tuo balcone.

Qui ho vissuto la mia ardente fantasia
e all'amore ho cantato con allegria,
qui ha singhiozzato la mia amata
recitandomi i versi di Chénier.
Anche se un giorno meritassi
gloria e onori come nessun altro,
mai nulla potrà sembrarmi
così bello e sincero come te.

Chénier: Probabilmente la citazione del poeta rivoluzionario francese non implica una conoscenza letteraria di prima mano, ma proviene dall'opera *Andrea Chénier* di Umberto Giordano.

Cuesta abajo

Alfredo Le Pera
Carlos Gardel
1934

Si arrastré por este mundo
la vergüenza de haber sido
y el dolor de ya no ser,
bajo el ala del sombrero
cuántas veces embozada
una lágrima asomada
yo no pude contener.
Si crucé por los caminos
como un paria que el destino
se empeñó en deshacer,
si fui flojo, si fui ciego
sólo quiero que comprendan
el valor que representa
el coraje de querer.

Era para mí la vida entera,
como un sol de primavera,
mi esperanza y mi pasión.
Sabía que en el mundo no cabía
toda la humilde alegría
de mi pobre corazón.
Ahora, cuesta abajo en mi rodada,
las ilusiones pasadas
yo no las puedo arrancar.
Sueño con el pasado que añoro,
el tiempo viejo que lloro
y que nunca volverá.

Por seguir tras de su huella
yo bebí incansablemente
en mi copa de dolor,
pero nadie comprendía
que si todo yo lo daba
en cada vuelta dejaba
pedazos de corazón.
Ahora triste en la pendiente,
solitario y ya vencido
yo me quiero confesar:
si aquella boca mentía
el amor que me ofrecía,
por aquellos ojos brujos
yo habría dado siempre más.

Giù per la china

Se nel mondo ho trascinato
il dolore d'esser stato
e di non essere più,
sotto l'ala del cappello
quante volte, mascherata,
la lacrima che spuntava
non potevo contenere.
Se ho traversato le strade
come un paria che il destino
si è accanito a distruggere,
se sono stato debole o cieco,
voglio solo che si comprenda
il valore che rappresenta
il coraggio di amare.

Era per me la vita intera,
come un sole di primavera,
la mia speranza e la mia passione.
Sapevo che nel mondo non c'era posto
per tutta l'umile gioia
del mio povero cuore.
Adesso, giù per la china rotolano
le illusioni passate
che non posso strappare.
Sogno un passato che rimpiango
i tempi andati che piango
e mai più torneranno.

Per seguire i suoi passi
ho bevuto instancabile
la mia coppa di dolore,
ma nessuno comprendeva
che se io davo tutto
in ogni svolta lasciavo
brandelli di cuore.
Ora triste sulla china,
solitario e ormai vinto
voglio confessarmi:
se quella bocca mentiva
l'amore che mi offriva,
per quegli occhi stregati
io avrei dato sempre di più.

El choclo

Enrique S. Discépolo/J. Marambio Catán
Angel Villoldo, 1904
Alfredo Perrotti, 1947

Con este tango que es burlón y compadrito
se ató dos alas la canción de mi suburbio,
con este tango nació el tango y como
un grito
salió del sórdido barrial buscando el cielo.
Conjuro extraño de un amor hecho
cadencia
que abrió caminos sin más ley que su
esperanza,
mezcla de rabia, de dolor, de fe, de
ausencia,
llorando en la inocencia
de un ritmo juguetón.

Por tu milagro de notas agoreras
nacieron sin pensarlo las paicas y las
grelas,
luna en los charcos, canyengue en las
caderas
y un ansia fiera en la manera de querer.
Al evocarte,
tango querido,
siento que tiemblan las baldosas de un
bailongo
y oigo el rezongo de mi pasado.
Hoy que no tengo
más a mi madre,
siento que llega en punta 'e pie para
besarme
cuando tu canto nace al son
de un bandoneón.

Carancanfunfa se hizo al mar con tu
bandera
y en un pernod mezcló a París con
Puente Alsina,
fuiste compadre del gavión y de la mina
y hasta comadre del bacán y la pebeta.
Por vos shusheta, cana, reo y mishiadura
se hicieron voces al nacer con tu destino
misa de faldas, kerosén, tajo y cuchillo
que ardió en los conventillos y ardió
en tu corazón.

Pannocchia

Meri Lao
Sub-editore per l'Italia Suvini Zerboni
(in attesa di iscrizione)

Con questo tango che è burlone e malfido
spiegó le ali l'ambizione del sobborgo.
Con questo tango è nato il tango e come
un grido
dal fango sordido si alzò cercando il cielo.
Richiamo magico di amore
e di cadenza
ha aperto strade con la forza
del talento
misto di rabbia, dolore
dell'assenza,
nel pianto e l'innocenza
di un ritmo senza età.

Dalle tue note son nate per incanto
le femmine e le pupe, le lune sulla
foce,
con le figure del ballo ch'è
un vanto,
e una maniera di esprimere l'amor.
Quando ti invoco,
tango mio caro,
sento tremare sotto i piedi
il pavimento:
sarà il passato o lo sgomento.
Anche mia madre
che arriva sento
e piano piano si avvicina
per baciarmi
tutte le volte che risuona
un bandoneón.

Attraversasti i mari con la tua
bandiera,
per ritrovare Buenos Aires
in Europa,
fosti fratello di chi è uomo di frontiera,
del poliziotto, di chi aspetta la galera.
Hai messo il frac, sei diventato miliardario,
ma rimarrai sempre un bugiardo,
un infingardo,
un poveraccio, un bastian contrario
e il tango leggendario con te rinascerà.

Tango in omaggio a un amico di Villoldo, frequentatore delle strade Junín e Lavalle di Buenos Aires, che si era meritato il nomignolo de *El Choclo* per il colore e la foggia dei capelli: un ciuffo biondo come "la barba del choclo".

El ciruja

Francisco Alfredo Marino
Ernesto de la Cruz
1926

Como con bronca y junando
de rabo de ojo a un costado,
sus pasos ha encaminado
derecho pa'l arrabal.
Lo lleva el presentimiento
de que, en aquel potrerito,
no existe ya el bulincito
que fue su único ideal.

Recordaba aquellas horas de garufa
cuando minga de laburo, se pasaba
meta punga, el codillo escolaseaba
y en los burros se ligaba un metejón.
Cuando no era tan junado
por los tiras
la lanceaba sin pavura
al manyamiento,
una mina le solfeaba todo el vento
y jugó con su pasión.

Era un mosaico diquero
que yugaba de quemera;
hija de una curandera
mechera de profesión,
pero vivía engrupida
de un cafiolo vidalita
y le pasaba la guita
que le chacaba al matón.

Frente a frente, dando muestras de coraje
los dos tauras se trenzaron en el bajo
y el ciruja que era listo para
el tajo
al cafiolo le cobró caro su amor.
Hoy ya libre 'e la gayola y sin
la nami,
campaneando un cacho 'e sol
en la vedera,
piensa un rato en el amor
de la quemera
y solloza de dolor.

Chirurgo dei rifiuti

Come arrabbiato e scrutando
con la coda dell'occhio,
i suoi passi avvia
dritto verso i bassifondi.
Lo guida il presentimento
che in quel terreno incolto
non esista più la stanzetta
che era stata l'unico suo ideale.

Ricordava le ore di baldoria
quando, senza lavoro, si dedicava
al borseggio, a giocare a carte
e a puntare sui cavalli da corsa.
Quando non era tanto controllato
dai poliziotti
si dava da fare senza paura
che lo identificassero,
ma una donna gli portava via tutti i soldi
giocando con la sua passione.

Era una ragazza arrogante
che faceva la straccivendola;
figlia di una guaritrice
ladruncola di mestiere,
ma era stata ingannata
da un ruffiano canterino,
al quale passava il denaro
che toglieva al guappo.

Fronte a fronte, mostrando coraggio,
i due bravi lottarono corpo a corpo
e il fruga-immondizia, che era svelto di
coltello
fece pagar caro al ruffiano il suo amore.
Oggi infine libero dalla galera e senza
la donna,
contemplando un tozzo di sole
sul marciapiede
pensa un istante all'amore
della straccivendola
e singhiozza nel suo dolore.

Impossibile tradurre in tutta la sua espressività questo testo, scritto nel più stretto lunfardo, abbondante di termini dialettali italiani come bulín, minga, laburo, pavura, punga, tira, manyamiento, mina, vento, shacar ecc.

El día que me quieras

Alfredo Le Pera
Carlos Gardel
Editorial Julio Korn, 1935

Acaricia mi ensueño
el suave murmullo
de tu suspirar.
Cómo ríe la vida
si tus ojos negros
me quieren mirar,
y si es mío el amparo
de tu risa leve
que es como un cantar,
ella aquieta mi herida,
todo, todo se olvida.

El día que me quieras
la rosa que engalana
se vestirá de fiesta
con su mejor color,
y al viento las campanas
dirán que ya eres mía
y locas, las fontanas
se contarán tu amor.

La noche que me quieras,
desde el azul del cielo
las estrellas celosas
nos mirarán pasar,
y un rayo misterioso
hará nido en tu pelo,
luciérnaga curiosa que verá
que eres mi consuelo.

El día que me quieras
no habrá más que armonía,
será clara la aurora
y alegre el manantial,
traerá quieta la brisa
rumor de melodías
y nos darán las fuentes
su canto de cristal.

[El día que me quieras endulzará sus cuerdas el pájaro cantor, florecerá la vida, no existirá el dolor].

Il giorno che mi amerai

Accarezza il mio sogno
il soave mormorio
del tuo sospirare.
Come ride la vita
se i tuoi occhi neri
mi vogliono guardare,
e se è mio il rifugio
del tuo riso lieve
che è come un canto,
che acquieta la mia ferita,
tutto, tutto si dimentica.

Il giorno che mi amerai
la rosa che abbellisce
si vestirà da festa
con il colore migliore,
al vento le campane
diranno che sei mia
e pazze, le fontane
si racconteranno il tuo amore.

La notte che mi amerai,
dal blu del cielo
le stelle gelose
ci guarderanno passare,
e un raggio misterioso
farà il nido nei tuoi capelli,
lucciola curiosa che vedrà
che sei il mio conforto.

Il giorno che mi amerai
non ci sarà altro che armonia,
sarà chiara l'aurora
e allegra la sorgente,
la brezza calma porterà
suono di melodie
e ci daranno le fonti
un canto di cristallo.

[Il giorno che mi amerai addolcirà la voce l'uccello canterino, fiorirà la vita, non esisterà il dolore].

Per questo brano Alfredo Le Pera si è ispirato alla lirica omonima del poeta modernista messicano *Amado Nervo* (1870-1919): "El día que me quieras tendrá más luz que junio;/ la noche que me quieras será de plenilunio.../ Las fuentes cristalinas/ irán por las laderas/ saltando cantarinas / el día que me quieras".

El error

Anonimo senza musica
1950 ca.

El erótico error de mis padres
me dio luz: yo me llamo Fracaso.
Es mentira que tengo otro nombre,
por más que lo diga, lo grite o lo ladre
el severo y absurdo papel de un juzgado.
Fui el orgasmo fatal de un momento
fui un instinto morboso y malsano
y pasé de mi padre a mi madre
por un tubo convulso y enfermo
una noche, hace ya treinta años.

Pude estar encerrado en el vidrio
de la feria brutal de algún sabio.
Por error he nacido y existo
sin poder ayudar a la ciencia
conservado en el fondo de un frasco.

Pude ser una obra suprema
de monstruosa fealdad, una bestia
pero tengo un defecto que impide
consumar tan macabra belleza:
y es que en mí, tan deforme y enfermo,
puso Dios con crueldad manifiesta
la espantosa salud de un cerebro.

L'errore

L'erotico errore dei miei genitori
mi diede la luce: io mi chiamo Fallimento.
Non è vero che io abbia un altro nome,
anche se lo afferma, lo grida, lo abbaia
una severa e assurda carta del Comune.
Fui l'orgasmo fatale di un momento,
fui l'istinto morboso e malsano
e passai da mio padre a mia madre
attraverso un tubo convulso e malato
una notte, sono trent'anni ormai.

Avrei dovuto esser rinchiuso in un vetro
nella fiera brutale di qualche scienziato.
Per errore son nato ed esisto
senza poter aiutare la scienza
dal fondo di un barattolo.

Avrei potuto essere un'opera suprema
di mostruosa bruttezza, una bestia,
ma ho un difetto che impedisce
il raggiungere una così macabra beltà:
è che in me, così deforme e malato,
Dio mise con crudeltà manifesta
la spaventosa salute di un cervello.

El miedo de vivir

Eladia Blázquez
Eladia Blázquez
1969

El miedo de vivir
es el señor y dueño
de muchos miedos más
voraces y pequeños,
en una angustia sorda
que brota sin razón
y crece muchas veces
ahogando el corazón.

El miedo de vivir
es una valentía
queriéndose asumir
en cada nuevo día.
Es tuyo y es tan mío
que sangra en el latir
igual que un desafío
el miedo de vivir.

Los miedos que inventamos
nos acercan a todos
porque en el miedo estamos
juntos, codo con codo.
Por temor que nos roben
el amor, la paciencia
y ese pan que ganamos
con sudor y a conciencia.
La soledad es miedo
que se teje callando,
el silencio es el miedo
que matamos hablando,
y es un miedo el coraje
de ponerse a pensar
en el último viaje
sin gemir ni temblar.

La paura di vivere

La paura di vivere
è signora e padrona
di molte altre paure
voraci e piccole,
in un'angoscia sorda
che sgorga senza ragione
e cresce molte volte
soffocando il cuore.

La paura di vivere
è il coraggio
che si vuole assumere
ogni nuovo giorno.
È tua e tanto mia
che sanguina mentre batte
uguale a una sfida
la paura di vivere.

Le paure che inventiamo
ci avvicinano tutti
perché nella paura siamo
uniti gomito a gomito.
Per timore di essere derubati
dell'amore, la pazienza,
e del pane che guadagniamo
con sudore e coscienza.
La solitudine è la paura
che si intesse tacendo,
il silenzio è la paura
che uccidiamo parlando,
ed è paura il coraggio
di mettersi a pensare
all'ultimo viaggio
senza gemere né tremare.

El tango

Jorge Luis Borges
José Luis Castiñeira de Dios
1991

¿Dónde estarán aquellos que pasaron,
dejando a la epopeya un episodio,
una fábula al tiempo, y que sin odio,
lucro o pasión de amor
se acuchillaron?

Los busco en su leyenda, en la postrera
brasa que, a modo de una vaga rosa,
guarda algo de esa chusma valerosa
de los Corrales y de Balvanera.

Una mitología de puñales
lentamente se anula en el olvido;
una canción de gesta se ha perdido
en sórdidas noticias policiales.

En la música está, en el cordaje
de la terca guitarra trabajosa
que trama en la milonga venturosa
la fiesta y la inocencia del coraje.

Esa ráfaga, el tango, esa diablura,
los atareados años desafía;
hecho de polvo y tiempo el hombre dura
menos que la liviana melodía.

Aunque esa daga hostil o esa otra daga,
el tiempo, los hicieron perder en el fango,
hoy, más allá del tiempo y de la muerte,
esos muertos reviven en el tango.

Il tango

Dove saranno quelli che passarono,
legando alla epopea un episodio,
una favola al tempo, e che senza odio,
lucro né passione d'amore
s'accoltellarono?

Li cerco nella loro leggenda, nell'ultima
brace che, come una vaga rosa,
trattiene qualcosa della ciurma valorosa
dei quartieri Corrales e Balvanera.

Una mitologia di pugnali
lentamente si annulla nell'oblio;
una canzone di gesta si è perduta
fra sordide cronache poliziesche.

Si trovano nella musica, nelle corde
della testarda chitarra faticosa,
che trama nella milonga venturosa
la festa e l'innocenza del coraggio.

Quella raffica, il tango, quella diavoleria,
gli anni indaffarati sfida;
fatto di polvere e tempo, l'uomo dura
meno di quella lieve melodia.

Anche se la lama ostile o quell'altra lama,
il tempo, li ha fatti perdere nel fango,
oggi, più in là del tempo e della morte,
quei morti rivivono nel tango.

L'anno 1991 è la data del *disco* Le Chant du Monde / Sacem "Valeria Munárriz chante Jorge Luis Borges".
Il *testo* della canzone è tratto dal poema più ampio (quindici quartine) scritto da Borges nel 1930 e appartenente alla raccolta *El otro, el mismo.*

El último café

Cátulo Castillo
Héctor Stamponi
Editorial Julio Korn, 1963

Llega tu recuerdo en torbellino,
vuelve en el otoño a atardecer,
miro la garúa y mientras miro,
gira la cuchara de café...

Del último café
que tus labios con frío
pidieron esa vez
con la voz de un suspiro.
Recuerdo tu desdén,
te evoco sin razón,
te escucho sin que estés.
"Lo nuestro terminó",
dijiste en un adiós
de azúcar y de hiel,
lo mismo que el café,
que el amor, que el olvido,
que el vértigo final
de un rencor sin porqué.
Y allí con tu impiedad
me vi morir de pie,
medí tu vanidad
y entonces comprendí mi soledad
sin para qué.

Llovía y te ofrecí el último café.

L'ultimo caffè

Arriva come una ventata il tuo ricordo,
torna in autunno a farsi sera,
guardo la pioviggine e intanto
giro il cucchiaino nel caffè...

Nell'ultimo caffè
che le tue labbra infreddolite
chiesero quella volta
con un lieve sospiro.
Ricordo il tuo sdegno,
ti evoco senza ragione,
ti ascolto ma non ci sei.
"La nostra storia è finita",
dicesti in un addio
di zucchero e di fiele,
lo stesso del caffè,
dell'amore, dell'oblio,
del vortice finale
di un rancore senza perché.
E lì per la tua crudeltà
mi vidi morire in piedi,
misurai la tua vanità
e allora compresi la mia solitudine
senza scopo.

Pioveva e ti offersi l'ultimo caffè.

Envidia

Luis César Amadori
Francisco Canaro
1930

Envidia, envidia siente el que sufre,
envidia siente el que espera
viendo que la vida entera
no es más que desilusión.
Envidia, envidia siente el cobarde,
envidia siente el que muere,
el que mata y el que hiere,
porque no tendrá perdón.
Envidia, envidia amarga y traidora,
envidia que grita y llora;
la que causa más dolor
es la envidia del amor.

Yo he nacido bueno,
yo he nacido honrado,
mi cabeza altiva
nunca se ha doblado.
Para el compañero
fue mi brazo amigo,
y estreché la mano
del que fue enemigo.

Nunca el triunfo del otro
me trajo una pena,
ni sentí amargura
por la dicha ajena;
y hoy, ante el espejo
cruel de mi pasado,
veo qué cambiado
me tiene el rencor.

Envidia, envidia tengo en mi seno,
envidia del que a tu lado
es feliz por ser amado
mientras muerdo mi pasión.
Envidia, envidia de mis desvelos,
envidia, como el vencido,
porque jamás ha tenido
en la vida, una ilusión.
Envidia, envidia que me condena
a seguir con esta pena
porque no hay mayor dolor
que la envidia del amor.

Invidia

Invidia, invidia prova chi soffre,
invidia prova chi aspetta
e vede che la vita intera
non è altro che delusione.
Invidia, invidia prova il codardo,
invidia prova chi muore,
chi uccide e chi ferisce,
perché non avrà perdono.
Invidia, invidia amara e traditrice,
invidia che grida e piange;
quella che provoca maggior dolore
è l'invidia per amore.

Io sono nato buono,
sono nato onesto,
la mia testa altera
mai si è piegata.
Per il compagno
il mio braccio fu amico,
e strinsi la mano
a chi mi era nemico.

Mai il successo d'altri
mi fece soffrire,
né provai amarezza
per la gioia altrui;
ma oggi, davanti allo specchio
crudele del mio passato
vedo quanto sono cambiato
per colpa del rancore.

Invidia, invidia dentro me stesso,
invidia di chi al tuo fianco
è felice d'esser amato
mentre mordo la mia passione.
Invidia, invidia che mi fa stare in ansia,
invidia come di uno sconfitto,
e che non ebbe mai
nella vita un'illusione.
Invidia, invidia che mi condanna
a continuare con questa pena
perché non c'è dolore maggiore
dell'invidia per amore.

Esta noche me emborracho

Enrique Santos Discépolo
Enrique Santos Discépolo
Ediciones Julio Garzón, 1928

Sola, fané, descangayada
la vi esta madrugada
salir de un cabaret;
flaca, dos cuartas de cogote
y una percha en el escote
bajo la nuez.
Chueca, vestida de pebeta,
teñida y coqueteando
su desnudez,
parecía un gallo desplumao
mostrando al compadrear
el cuero picoteao.
Yo, que sé cuándo no aguanto más,
al verla así rajé
pa' no llorar.

¡Y pensar que hace diez años
fue mi locura!
¡Que llegué hasta la traición
por su hermosura!
Que esto que hoy es un cascajo
fue la dulce metedura
donde yo perdí el honor;
que chiflao por su belleza
le quité el pan a la vieja,
me hice ruin y pechador.
Que quedé sin un amigo,
que viví de mala fe,
que me tuvo de rodillas,
sin moral, hecho un mendigo,
cuando se fue.

Nunca soñé que la vería
en un requiesca in pache
tan cruel como el de hoy.
¡Mire si no es pa' suicidarse
que por ese cachivache
sea lo que soy!
Fiera venganza la del tiempo
que le hace ver deshecho
lo que uno amó!

Este encuentro me ha hecho tanto mal,
que si lo pienso más
termino envenenao.
Esta noche me emborracho bien,
me mamo, ¡bien mamao!
pa' no pensar.

Questa sera mi ubriaco

Meri Lao, 1992
Sub-editore per l'Italia Suvini Zerboni
(autorizzazione senza proventi)

Sola, sfinita, sgangherata,
l'ho vista a notte tarda
lasciare il cabaret;
secca, un collo da giraffa,
una stampella invece
del decolté.
Goffa, sbilenca, malvestita,
capelli ossigenati,
trucco da clown,
come un gallo spennacchiato che
le smargiassate fa
ma chi lo guarda ormai.
Io, che so quando non reggo più
vedendola così
me ne scappai.

E se penso che soltanto
dieci anni addietro
la bellezza di costei
mi ha reso scemo.
Questo rudere di oggi
fu la cotta più grandiosa
che la vita mia cambiò.
Per seguire i suoi capricci
diventai scroccone e ladro,
e mia madre abbandonai.
E rimasi senza amici,
senza un grammo di lealtà,
un pezzente, un immorale,
in ginocchio da quel giorno
che se ne andò.

Come potevo immaginare
che il caso mi colpisse
con tanta crudeltà.
Solo il suicidio mi rimane
se per causa di un rottame
sono così.
Aspra rivincita del tempo
nel mettermi davanti
colei che amai.

Questo incontro è una calamità
e non ci penso più
sennó mi ucciderà.
Questa sera mi ubriacherò
anche il cervello, sì,
io mi berrò!

Fuimos

Homero Manzi
José Dames
Editorial Julio Korn, 1945

Fui como una lluvia de cenizas y fatigas
en las horas resignadas de tu vida,
gota de vinagre derramada,
fatalmente derramada sobre todas tus
heridas.
Fuiste por mi culpa golondrina
entre la nieve,
rosa marchitada por la nube
que no llueve.
Fuimos la esperanza que no llega, que no
alcanza,
que no puede vislumbrar su tarde mansa.
Fuimos el viajero que no implora,
que no reza,
que no llora, que se echó a morir.

Vete, ¿no comprendes que te estás
matando,
no comprendes que te estoy llamando?
Vete, no me beses que te estoy llorando
y quisiera no llorarte más.
¿No ves? Es mejor que mi dolor
quede tirado con tu amor
librado de mi amor final.
Vete, ¿no comprendes que te estoy
salvando,
no comprendes que te estoy amando?
No me sigas, ni me llames,
ni me beses,
ni me llores, ni me quieras más.

Fuimos abrazados a la angustia
de un presagio
por la noche de un camino sin salidas,
pálidos despojos de un naufragio
sacudidos por las olas del amor
y de la vida.
Fuimos empujados en un viento desolado,
sombras de una sombra que tornaba
del pasado.
Fuimos la esperanza que no llega,
que no alcanza,
que no puede vislumbrar su tarde mansa.
Fuimos el viajero que no implora,
que no reza,
que no llora, que se echó a morir.

Via!

Meri Lao, Warner & Chappell, 1981

Sono una pioviggine di cenere e fatica
nelle ore scarne della tua vita,
gocce di aceto che si addentrano fatali
ed esasperano ogni tua
ferita.
Tu per colpa mia sei un fiore
che non beve,
sei come una rondine sperduta
nella neve.
E noi due insieme senza tregua,
condannati
a soffrire, a non avere mai speranza,
come quel viandante che non chiama,
che non prega,
che non lotta, e si arrenderà.

Via! Non comprendi che sennò
ti uccidi,
non comprendi che così ti chiamo?
Via! Ogni bacio si trasforma in pianto
e vorrei non dover pianger più.
Vedrai che strappandoti da me
questo tormento finirà,
gettiamo via l'amore, sì.
Via! Non comprendi che così
ti salvo,
non comprendi che così ti amo?
Non baciarmi, non seguirmi,
non chiamarmi,
non amarmi, non soffrire più.

Siamo nella morsa angosciosa
di un presagio,
nella notte di una strada senza uscita,
pallidi relitti di un naufragio
fra le onde dell'amore
e della vita.
Siamo ricacciati da un vento desolato,
ombre di quell'ombra che ritorna
dal passato.
Sì, noi due insieme senza tregua
condannati
a soffrire, a non avere mai speranza,
come quel viandante che non chiama,
che non prega,
che non lotta, e si arrenderà.

Via! fa parte del musical "Tangonero". Cfr. Bronca /Rabbia.

Gricel

José María Contursi
Mariano Mores
Editorial Julio Korn, 1942

No debí pensar jamás
en lograr tu corazón,
y sin embargo te busqué
hasta que un día te encontré
y con mis besos te aturdí,
sin importarme que eras buena.
Tu ilusión fue de cristal:
se rompió cuando partí,
pues nunca, nunca más volví.
¡Qué amarga fue tu pena!

"No te olvides de mí,
de tu Gricel",
me dijiste al besar el Cristo aquel,
y hoy que vivo enloquecido
porque no te olvidé,
ni te acuerdas de mí,
Gricel, Gricel...

Me faltó después tu voz
y el calor de tu mirar,
y como un loco te busqué
pero ya nunca te encontré
y en otros besos me aturdí.
¡Mi vida toda fue un engaño!
¿Qué será, Gricel, de mí?
Se cumplió la ley de Dios,
porque sus culpas ya pagó
quien te hizo tanto daño.

Gricel

Meri Lao
Warner & Chappell, 1995
(in attesa di iscrizione)

Non avrei pensato mai
di potere avere te
ma incosciente ti cercai
finché un giorno t'incontrai
e ti stordii coi baci miei
senza pensare che eri buona.
L'illusione si spezzò
non appena ti lasciai
per non tornare più da te.
Che amara la tua pena!

"Non scordarti di me,
la tua Gricel",
mi giurasti eterno amor, perché?
Se oggi vivo come un pazzo
e non penso che a te
più memoria non hai,
Gricel, Gricel...

La tua voce mi mancò,
ho perduto gli occhi tuoi,
e come un pazzo ti cercai,
ma senza ritrovarti mai.
Con altri baci mi ubriacai,
che grande inganno la mia vita!
Che sarà di me, Gricel?
La giustizia si compì,
le sue colpe ormai pagò
chi ha fatto tanto male.

Griseta

José González Castillo
Enrique P. Delfino
1924

Mezcla rara de Museta y de Mimí,
con caricias de Rodolfo y de Schaunard,
era la flor de París
que un sueño de novela trajo
al arrabal.
Y en el loco divagar del cabaret,
al arrullo de algún tango compadrón
alentaba una ilusión:
soñaba con Des Grieux,
quería ser Manón.

Francesita,
que trajiste pizpireta,
sentimental y coqueta
la poesía del Quartier.
Quién diría
que tu poema de griseta,
sólo una estrofa tendría:
la silenciosa agonía
de Margarita Gauthier.

Mas la fría sordidez del arrabal
agostando la pureza de su fe,
sin hallar a su Duval,
secó su corazón lo mismo que un
muguet.
Y una noche de champán y de cocó,
al arrullo funeral de un bandoneón,
pobrecita, se durmió
lo mismo que Mimí,
lo mismo que Manón.

Sartina

Raro miscuglio di Musetta e di Mimì,
con carezze di Rodolfo e di Schaunard,
era il fiore di Parigi
che un sogno da romanzo portò
al sobborgo.
E nel pazzo divagare del cabaret,
cullata da qualche tango malandrino
nutriva un'illusione:
sognava Des Grieux,
voleva essere Manon.

Francesina,
che hai portato vivace,
sentimentale e civetta
la poesia del Quartier.
Chi avrebbe mai detto
che la tua poesia di sartina
avrebbe avuto una sola strofa:
la silenziosa agonia
di Margherita Gauthier.

Ma la fredda sordidezza dei bassifondi
ha bruciato la purezza della sua fede,
senza trovare il suo Duval,
il cuore le appassì come un
mughetto.
E una notte di champagne e di coca,
cullata da un funereo bandoneón,
poveretta, si addormentò
uguale a Mimì,
uguale a Manon.

Infamia
Enrique Santos Discépolo
Enrique Santos Discépolo
Editorial Julio Korn, 1935

La gente que es brutal cuando se ensaña,
la gente que es feroz cuando hace mal,
buscó para hacer títeres de su
guignol
la imagen de tu amor
y mi esperanza.
¿A mí que me importaba tu pasado
si tu alma entraba pura a un porvenir?
Dichoso, abrí los brazos a tu afán
y con mi amor
salimos de payasos a vivir.

Fue inútil gritar que querías ser buena,
fue estúpido aullar la promesa
de tu redención.
La gente es brutal y odia siempre
al que sueña,
se burla y con risas desdeña su intento
mejor.
Tu historia y mi honor, desnudaos
en la feria
bailaron su danza de horror, sin
compasión.

Tu angustia comprendió que era
imposible:
luchar contra la gente es infernal.
Por eso me dejaste sin decirlo,
amor,
y fuiste a hundirte al fin en tu destino.
Tu vida desde entonces fue un suplicio:
vorágine de horrores y de alcohol.
Anoche te mataste ya del todo y mi
emoción
te llora en tu descanso, corazón.

Quisiera que Dios amparara tu sueño,
muñeca de amor que no pudo alcanzar
su ilusión.
Yo quise hacer más pero sólo fue un
ansia:
que tu alma perdone a mi vida
su esfuerzo mejor
De blanco, al morir, llegará
tu esperanza,
vestida de novia ante Dios,
como soñó.

Infamia

La gente brutale quando si accanisce,
la gente feroce quando fa male,
ha preso come marionette del suo grand
guignol
l'immagine del tuo amore
e la mia speranza.
A me cosa importava del tuo passato
se entravi con l'anima pura al futuro?
Felice, ho accolto la tua brama
e col mio amore
siamo usciti a vivere da pagliacci.

Invano gridare che volevi essere buona,
era stupido urlare la promessa
della tua redenzione.
La gente è brutale e odia sempre
chi sogna,
lo deride e disprezza i suoi migliori
propositi.
La tua storia e il mio onore, messi a nudo
in piazza
ballarono una danza di orrore, senza
pietà.

La tua angoscia comprese che era
impossibile:
lottare contro la gente è infernale.
Perciò mi hai lasciato senza dirmi nulla,
amore,
per andare in fondo al tuo destino.
Da allora la tua vita fu un supplizio:
voragine di orrori e di alcol.
Stanotte hai finito per ucciderti e la mia
emozione
ti piange nel tuo riposo, amore.

Vorrei che Dio proteggesse il tuo sogno,
bambola d'amore che non raggiunse la
sua illusione.
Io volli fare di più, ma fu un desiderio
appena:
perdoni la tua anima lo sforzo migliore
della mia vita.
In bianco, morendo, arriverà
la tua speranza,
vestita da sposa davanti a Dio,
come aveva sognato.

Jacinto Chiclana

Jorge Luis Borges
Astor Piazzolla
Editorial Pigal, 1965

Me acuerdo, fue en Balvanera,
en una noche lejana,
que alguien dejó caer el nombre
de un tal Jacinto Chiclana.

Algo se dijo también
de una esquina y de un cuchillo.
Los años no dejan ver
el entrevero y el brillo.

¡Quién sabe por qué razón
me anda buscando ese nombre!
Me gustaría saber
cómo habrá sido aquel hombre.

Alto lo veo y cabal,
con el alma comedida;
capaz de no alzar la voz
y de jugarse la vida.

[Nadie con paso más firme
habrá pisado la tierra.
Nadie habrá habido como él
en el amor y en la guerra.

Sobre la huerta y el patio
las torres de Balvanera,
y aquella muerte casual
en una esquina cualquiera].

Sólo Dios puede saber
la laya fiel de aquel hombre.
Señores, yo estoy cantando
lo que se cifra en el nombre.

Siempre el coraje es mejor,
la esperanza nunca es vana.
Vaya pues esta milonga
para Jacinto Chiclana.

Giacinto Ciclana

Meri Lao
A. Pagani Ed. Mus., 1986
(autorizzazione senza proventi)

Ricordo, fu a Balvanera,
in una notte lontana,
che qualcuno disse il nome
di un tal Giacinto Ciclana.

E qualcosa si accennò
di un bivio e di un coltello:
il tempo non spegnerà
la lucentezza del duello.

Io mi domando perché
quel nome non mi abbandona.
Vorrei saperne di più:
chi era quella persona?

Alto lo vedo che va,
la sua figura compita.
Nessuno mai oltraggiò,
ma mise in gioco la vita.

[Chi mai col piede suo fermo
ha calpestato la terra,
chi come lui mai sarà
nell'amore, nella guerra?

Sopra il cortile e l'orto
i forni di Balvanera
quando la morte arrivò
per puro caso una sera.]

Solamente Dio saprà
chi in fondo quell'uomo è stato,
perché, signori, io canto
ciò che nel nome è cifrato.

Il coraggio vincerà,
la speranza non è vana.
Vada pure una milonga
per quel Giacinto Ciclana.

Justo el treinta y uno

Enrique S.Discépolo / Ray Rada
Enrique Santos Discépolo
1930

Hace cinco días,
loco de contento
vivo en movimiento
como un carousel.
Ella que pensaba
amurarme el uno,
¡justo el treinta y uno
yo la madrugué!

Si se ahorca no me paga
las que yo pasé:
era un mono loco que encontré en un
árbol
una noche de hambre que me vio pasar;
me tiró un coquito, yo, que soy chicato
me ensarté al oscuro y la llevé al bulín.

Me contó un vecino
que la inglesa loca,
cuando vio la pieza
sin un alfiler,
se morfó la soga
de colgar la ropa,
que fue en el apuro
lo que me olvidé.

Sé que entré en la pieza
y encendí la vela,
sé que me di vuelta
para verla bien:
era tan fulera
que la vi, di un grito,
lo demás fue un sueño,
¡yo me desmayé!

La aguanté de pena
casi cuatro meses
entre la cachada
de todo el café.
Le tiraban nueces
mientras me gritaban:
"¡Ahí va Sarrasani
con el chimpancé!"

Gracias a que el zurdo
que es tipo derecho
le regó el helecho
cuando s'iba a alzar,
¡y la redoblona
de amurarme el uno
justo el treinta y uno
se la fui a cortar!

Giusto il trentuno

Da cinque giorni,
pazzo di gioia,
vivo e mi muovo
come una trottola.
Lei aveva pensato
di piantarmi il primo del mese,
ma giusto il trentuno
l'ho fregata io!

Nemmeno impiccandosi mi ripaga di
quanto ho passato:
era una scimmia pazza che ho trovato su
un albero
una notte di fame in cui mi vide passare;
mi buttò un dattero, io che sono miope
ho abboccato al buio e la portai via con me.

Mi ha raccontato un vicino
che quell'estranea pazza
quando ha visto la camera
senza nemmeno uno spillo,
si è mangiata il filo
da stendere i panni,
l'unica cosa che nella fretta
avevo dimenticato.

So che entrai nella camera
e accesi la candela:
so che mi sono voltato
per vederla bene:
era così orrenda
che ho cacciato un urlo,
il resto era stato un sogno.
Poi sono svenuto!

L'ho sopportata per pietà
quasi quattro mesi
in mezzo allo scherno
di tutto il bar.
Le gettavano noccioline
mentre mi gridavano:
"Ecco che passa Orfei
col suo scimpanzé!"

Per fortuna il cuore
anche se storto cammina dritto
ha previsto il colpo
e l'ha messa K.O.
così la quaterna
di mollarmi il primo del mese
giusto il trentuno
le è andata male!

La canción de Buenos Aires

Manuel Romero
Orestes Cufaro / Azucena Maizani
1932

Buenos Aires, cuando lejos te vi
sólo hallaba consuelo
en las notas de un tango dulzón
que lloraba el bandoneón.
Buenos Aires, suspirando por ti
bajo el sol de otro cielo,
cuánto lloró mi corazón
escuchando tu nostálgica canción.

Canción maleva,
canción de Buenos Aires,
hay algo en tus entrañas
que vive y que perdura.
Canción maleva,
lamento de amargura,
sonrisa de esperanza,
sollozo de pasión.
Ese es el tango,
canción de Buenos Aires
nacida en el suburbio,
que hoy reina en todo el mundo,
ése es el tango
que llevo muy profundo,
clavao en lo más hondo
del criollo corazón.

Buenos Aires, donde el tango nació,
tierra mía querida,
yo quisiera poderte ofrendar
toda el alma en mi cantar,
y le pido a mi destino el favor
de que al fin de mi vida
oiga el llorar del bandoneón
entonando tu nostálgica canción.

La canzone di Buenos Aires

Buenos Aires, quando mi trovavo lontano,
l'unica mia consolazione erano
le note di un tango dolciastro
che piangendo suonava il bandoneón.
Buenos Aires, mentre sospiravo per te
sotto il sole di un altro cielo,
quanto pianse il mio cuore
ascoltando la tua nostalgica canzone.

Canzone della mala,
canzone di Buenos Aires,
qualcosa nel tuo seno
vive e dura.
Canzone della mala,
lamento di amarezza,
sorriso di speranza,
singhiozzo di passione.
Questo è il tango,
canzone di Buenos Aires
nato nel sobborgo,
che oggi regna nel mondo,
questo è il tango
che porto dentro di me,
inchiodato bene in fondo
al cuore creolo.

Buenos Aires, dove il tango è nato,
terra mia cara,
vorrei poterti offrire
tutta l'anima nel mio canto,
e chiedo al destino il favore
di sentire alla fine della mia vita,
il pianto del bandoneón
che suona la tua nostalgica canzone.

La casita de mis viejos
Enrique Cadícamo
Juan Carlos Cobián
1931

Barrio tranquilo de mi ayer,
como un triste atardecer
a tu esquina vuelvo viejo.
Vuelvo más viejo,
la vida me ha cambiado,
en mi cabello un poco 'e plata
me ha dejado.
Yo fui el viajero del dolor
y en mi andar de soñador
comprendí mi mal de vida,
y cada beso lo borré con una copa:
las mujeres siempre son
las que matan la ilusión.

Vuelvo vencido
a la casita de mis viejos,
cada cosa es un recuerdo
que se agita en mi memoria.
Mis veinte abriles
me llevaron lejos:
¡locuras juveniles,
la falta de consejos!
Hay en la casa un hondo
y cruel silencio huraño
y al golpear como un extraño
me recibe el viejo criado.
Habré cambiado yo talmente
que el anciano, ¡por la voz
tan sólo me reconoció!

Pobre viejita, la encontré
enfermita; yo le hablé
y miró con unos ojos,
con esos ojos
nublados por el llanto
como diciéndome: "¿Por qué tardaste
tanto?".
Ya nunca más he de partir
y a tu lado he de sentir
el calor de un gran cariño.
Sólo una madre nos perdona
en esta vida,
¡es la única verdad!
¡Es mentira lo demás!

La casetta dei miei vecchi

Calmo quartiere di ieri,
come un triste tramonto
alle tue strade torno vecchio.
Torno più vecchio,
la vita mi ha cambiato,
nei capelli un po' d'argento
mi ha lasciato.
Sono stato il viandante del dolore
e in un percorso da sognatore
ho capito il mio mal di vivere,
e ogni bacio cancellai con un bicchiere:
sono sempre le donne
a uccidere l'illusione.

Torno vinto
alla casetta dei miei vecchi,
ogni cosa è un ricordo
che si agita nella memoria.
I miei vent'anni
mi hanno portato lontano:
pazzie giovanili,
mancanza di consigli!
C'è nella casa un profondo,
crudele e ritroso silenzio,
busso alla porta come un estraneo
e mi accoglie il vecchio domestico.
Come sarò cambiato
che il vecchio, solo per la voce
mi ha riconosciuto!

Povera vecchierella, l'ho trovata
malata; le parlai
e mi guardò con certi occhi,
con quegli occhi
nuvoli dal pianto
come dicendomi: "Perché hai tardato
tanto?".
Ormai non partirò più
e al tuo fianco sentirò
il calore di un grande affetto.
Solo una madre ci perdona
nella vita,
è l'unica verità!
Il resto è menzogna!

La cruz del sur

Julio Cortázar
Edgardo Cantón
1979

Vos ves la Cruz del Sur
y respirás el verano con su olor a duraznos
y caminás de noche
mi pequeño fantasma silencioso
por ese Buenos Aires,
por ese siempre mismo Buenos Aires.

Extraño la Cruz del Sur
cuando la sed me hace alzar la cabeza
para beber tu vino negro, medianoche.
Y extraño las esquinas con almacenes
dormilones
donde el perfume de la yerba
tiembla en la piel del aire.

Extraño tu voz,
tu caminar
conmigo por la ciudad.

Comprender que eso está siempre allá
como un bolsillo donde a cada rato
la mano busca una moneda, el peine,
llaves,
la mano infatigable de una oscura
memoria
que recuenta sus muertos.

La Cruz del Sur, el mate amargo
y las voces de amigos
usándose con otros.
Me duele un tiempo amargo lleno
de perros y desgracia
la agazapada convicción de que volver
es vano.

Comprender que un mar
es más que un mar,
que la muerte se viste de distancia
para llegar de a poco, lenta,
interminable,
como una melodía que se resuelve al fin
en humo de silencio.

Extraño ese callejón
que se perdía en el campo y el cielo
con sauces y caballos y algo como
un sueño.
Y me duelen los nombres de cada cosa
que hoy me falta
como me duele estar tan lejos
de tus caricias y tus labios.

Extraño tu voz,
tu caminar
conmigo por la ciudad.

La croce del sud

Tu vedi la Croce del Sud
e respiri l'estate col suo odore di pesche
e cammini di notte,
piccolo mio fantasma silenzioso,
per quella tale Buenos Aires,
per quella sempre la stessa Buenos Aires.

Mi manca la Croce del Sud
quando la sete mi fa alzare la testa
per bere il tuo vino nero, mezzanotte.
E mi mancano gli angoli di strada con le
osterie assonnate,
col profumo del mate
che trema sulla pelle dell'aria.

Mi manca la tua voce
il tuo passo
accanto a me per la città.

Comprendere che tutto ciò è sempre là
come una tasca dove in ogni momento
la mano cerca una moneta, il pettine, le
chiavi,
la mano infaticabile di una memoria
oscura
che ripassa i suoi morti.

La Croce del Sud, il mate amaro
e le voci degli amici
rivolte ad altri.
Mi fa male il tempo amaro fatto di cani
e disgrazie,
la nascosta convinzione che tornare
è vano.

Comprendere che un mare
è più di un mare,
che la morte si veste di distanze
per arrivare a poco a poco, lenta,
interminabile,
come una melodia che finalmente si risolve
in fumo di silenzio.

Mi manca quel vicolo
che si perdeva nei campi e il cielo
con salici e cavalli e qualcosa come
un sogno.
E mi fanno male i nomi delle cose
di cui oggi sono privo,
come mi fa male essere così lontano
dalle tue carezze e dalle tue labbra.

Mi manca la tua voce,
il tuo passo
accanto a me per la città.

La luz de un fósforo

Enrique Cadícamo
Alberto Suárez Villanueva
Editorial Korn, 1943

Nos encontramos, tú y yo,
y a conversar nos detuvimos.
Un algo raro tenías
cuando callabas, cuando reías.
La esgrima sentimental
al fin surgió
la tarde aquella.
Después, qué poco quedó:
el viento, todo lo llevó.

La luz de un fósforo fue
nuestro amor pasajero.
Duró tan poco, lo sé,
como el fulgor de un lucero.
La luz de un fósforo fue
nada más nuestro idilio.
Otra ilusión que se va del corazón
y que no vuelve más.

En todo, siempre, el color
es del cristal
con que se mira.
De rosa, yo te veía
cuando callabas, cuando reías.
Después, con otro cristal,
cambió el color
y ya no eras.
La vida es toda ilusión
y un prisma es el corazón.

La luce di un fiammifero

Ci siamo incontrati io e te,
e ci siamo fermati a parlare.
Avevi un non so che di strano
quando tacevi, quando ridevi.
La schermaglia sentimentale
è cominciata
quella sera.
Dopo, ben poco è rimasto:
il vento s'è portato via tutto.

La luce di un fiammifero,
il nostro amore fugace.
È durato poco, lo so,
come una stella cadente.
La luce di un fiammifero,
nient'altro fu il nostro idillio.
Un'illusione ancora che dal cuore se ne va
e non torna più.

Ogni cosa è sempre del colore
del cristallo
con cui si guarda.
Io ti vedevo rosa
quando tacevi, quando ridevi.
Dopo, con un altro cristallo,
cambiando il colore,
tu non eri più.
Tutta la vita è illusione
e un prisma il cuore.

La mariposa

Celedonio Esteban Flores
Pedro Mario Maffia
1921, Editorial Musical Record 1949

No es que esté arrepentido
de haberte querido tanto:
lo que me apena es tu olvido
y tu traición me sume
    en amargo llanto.
Si vieras, estoy tan triste
que canto por no llorar.
Si para tu bien te fuiste,
para tu bien, te tengo que perdonar.

Aquella tarde que te vi
tu estampa me gustó, pebeta
    de arrabal,
y sin saber porqué yo te seguí,
y el corazón te di y fue tan solo
    por mi mal.
Mirá si fue sincero mi querer
que nunca imaginé la hiel
    de tu traición.
¡Qué solo y triste me quedé,
sin amor y sin fe, y derrotado el corazón!

Después de libar traidora
en el rosal de mi amor,
te marchaste engañadora
para libar el perfume de otra flor.
Y buscando la más pura,
la de más lindo color
la riegas con tu hermosura
para después engañarla con tu amor.

Ten cuidado, mariposa
de los mentidos amores.
No te cieguen los fulgores
de alguna falsa pasión,
porque entonces pagarás
toda tu maldad, toda tu traición.

No es que esté arrepentido...

La farfalla

Non è che sia pentito
di averti amata tanto:
mi fa soffrire il tuo oblio,
e il tuo tradimento mi sprofonda
    in un pianto amaro.
Se vedessi, sono così triste
che canto per non piangere.
Se per il tuo bene sei andata via,
per il tuo bene devo perdonarti.

Appena ti vidi quel giorno,
mi piacque la tua figura, ragazza
    di periferia,
e senza sapere perché ti ho seguita,
consegnandoti il cuore, e fu solo
    per il mio male.
Era così sincero il mio affetto
che non potevo immaginare il fiele
    del tuo tradimento.
Che solo e triste sono rimasto,
senza amore e senza fede, vinto il cuore!

Dopo aver libato traditrice
nel roseto del mio amore,
sei partita ingannatrice
per libare il profumo di un altro fiore.
In cerca del più puro,
quello dal colore migliore,
lo annaffi con la tua bellezza
per poi ingannarlo col tuo amore.

Attenzione, farfalla,
agli amori bugiardi.
Non lasciarti accecare dal fulgore
di qualche falsa passione,
perché allora pagherai
ogni cattiveria, ogni tradimento.

Non è che sia pentito...

La morocha

Angel Villoldo
Enrique Saborido
1906

Yo soy la morocha,
la más agraciada,
la más renombrada
de esta población.
Soy la que al paisano,
muy de madrugada,
muy de madrugada
brinda un cimarrón.

Soy la morocha argentina,
la que no siente pesares,
que alegre pasa la vida
con sus cantares.
Soy la feliz compañera
del noble gaucho porteño,
la que conserva el cariño
para su dueño.

Yo soy la morocha
de mirada ardiente,
la que en su alma siente
mil ansias de amor.
Soy la que al paisano
más noble y valiente,
más noble y valiente
ama con ardor.

La bruna

Io sono la bruna,
la più graziosa,
la più rinomata
di questo villaggio.
Sono quella che al paesano,
la mattina presto,
la mattina presto
offre un mate amaro.

Sono la bruna argentina,
quella che non patisce pene,
che allegra vive la vita
con le sue canzoni.
Sono la compagna felice
del nobile gaucho bonaerense,
quella che conserva l'affetto
per il suo padrone.

Io sono la bruna
dallo sguardo ardente,
che nell'anima sente
mille brame d'amore.
Sono quella che il paesano
più nobile e valoroso,
più nobile e valoroso
ama con ardore.

La novia ausente

Enrique Cadícamo
Guillermo Desiderio Barbieri
1928

A veces repaso las horas aquellas
cuando era estudiante y tú eras la amada
que con tu sonrisa repartías estrellas
a los puntos altos de aquella barriada.
A las noches tibias de la fantasía
de nuestra veintena de abriles felices,
cuando solamente tu risa se oía
y yo no tenía los cabellos grises.

Íbamos del brazo y tú suspirabas
porque muy cerquita te decía:
"Mi bien,
¿ves cómo la luna se enreda en los pinos
y su luz de plata te besa la sien?"
Al raro conjuro de noche
y reseda
temblaban las hojas del parque también,
y tú me pedías que te recitara
esa Sonatina que soñó Rubén.

¿Qué duendes lograron lo que ya
no existe?
¿Qué mano huesuda fue hilando
mis males?
¿Y qué pena altiva hoy me ve tan triste,
triste como el eco de las catedrales?
Ah, ya sé, ya sé, fue la novia ausente,
aquella que cuando estudiante
me amaba,
y al morir un beso le dejé
en la frente
porque estaba fría, porque me dejaba.

La fidanzata assente

A volte ripasso quelle ore
quando ero studente e tu eri l'amata
che col sorriso seminava stelle
fra i migliori del quartiere.
Alle notti tiepide della fantasia
dei nostri venti aprili felici,
quando solo il tuo riso si udiva
e io non avevo i capelli grigi.

Andavamo sottobraccio e tu sospiravi
perché molto vicino ti dicevo:
"Amore mio,
vedi come la luna si impiglia nei pini
e la sua luce d'argento ti bacia le tempie?"
Al magico richiamo della notte
e delle tuberose
anche le foglie del parco tremavano,
e tu mi chiedevi che ti recitassi
la Sonatina sognata da Rubén.

Quali spiriti hanno rapito ciò che più
non esiste?
Quale mano ossuta ha filato
i miei mali
e quale pena altera mi vede oggi così triste,
triste come l'eco delle cattedrali?
Ah, lo so, lo so, è la fidanzata assente,
colei che quando ero studente
mi amava,
e quando morì le lasciai un bacio
sulla fronte
perché era fredda, perché mi lasciava.

Rubén Darío (1867-1916), poeta, scrittore, diplomatico nicaraguense, a capo del movimento modernista che ha investito profondamente la letteratura di lingua spagnola.

La que murió en París
Héctor Pedro Blomberg
Enrique Maciel
1930

Yo sé que aun te acuerdas del barrio
perdido
de aquel Buenos Aires que nos vio
partir,
que en tus labios fríos aun
tiemblan los tangos
que en París cantabas antes de morir.
La lluvia de otoño mojó
los castaños,
pero ya no estabas en el bulevar,
muchachita criolla de los ojos negros.
Tus labios dormidos ya no han
de cantar.

Siempre te están esperando
allá en el barrio feliz,
pero siempre está nevando
sobre tu sueño, en París.
Paloma, cómo tosías
aquel invierno, al llegar.
Como un tango te morías
en el frío bulevar.

Envuelta en mi poncho temblabas
de frío,
mirando la nieve caer sin cesar;
buscabas mis manos, cantando
en tu fiebre
el tango que siempre me hacía llorar.
Me hablabas del barrio que ya
no verías,
de nuestros amores y de un carnaval,
y yo te miraba: París y la nieve
te estaban matando, flor
de mi arrabal.

Lei che morì a Parigi

Lo so che ancora ricordi il quartiere
perduto
di quella Buenos Aires che ci ha visto
partire,
che sulle tue labbra fredde ancora
tremano i tanghi
che a Parigi cantavi poco prima di morire.
La pioggia d'autunno ha bagnato
i castagni,
ma tu non c'eri più nel boulevard,
ragazza creola dagli occhi neri.
Le tue labbra addormentate ormai
non canteranno.

Sempre ti aspettano
là nel quartiere felice,
ma sempre nevica
sul tuo sogno, a Parigi.
Colomba, come tossivi
quell'inverno, appena arrivata.
Come un tango morivi
sul freddo boulevard.

Avvolta nel mio poncho tremavi
dal freddo,
guardando la neve che cadeva senza sosta;
cercavi le mie mani, cantando
nella febbre
il tango che sempre mi faceva piangere.
Parlavi del quartiere che non avresti
più rivisto,
dei nostri amori e di un carnevale,
e io ti guardavo: Parigi e la neve
ti stavano uccidendo, fiore
della mia periferia.

La última curda

Cátulo Castillo
Aníbal Troilo
1956

Lastima, bandoneón,
mi corazón,
tu ronca maldición maleva.
Tu lágrima de ron
me lleva
hasta el hondo bajo fondo
donde el barro se subleva.
Ya sé, no me digás,
tenés razón:
la vida es una herida absurda,
y es todo, todo tan fugaz
que es una curda, nada más,
mi confesión.

Contame tu condena,
decime tu fracaso,
¿no ves la pena que me ha herido?
Y hablame simplemente
de aquel amor ausente
tras un retazo de olvido,
llorando mi sermón de vino.
Lo sé que te lastimo,
pero es el viejo amor.
Ya sé que hace daño,
que tiembla el bandoneón
y busca, en el licor que aturda,
la curda que al final
termine la función
corriéndole un telón al corazón.

Un poco de recuerdo
y sinsabor
gotea tu rezongo lerdo.
Marea tu licor
y arrea
la tropilla de la zurda
al volcar la última curda.
Cerrame el ventanal
que quema el sol
su lento caracol de sueño.
¿No ves que vengo de un país
que está de olvido siempre gris
tras el alcohol?

L'ultima sbornia

Fa male, bandoneón,
al mio cuore,
la tua rauca maldizione malandrina.
La lacrima tua di rhum
mi porta
nei profondi bassifondi
dove il fango si ribella.
Lo so già, non dirmelo,
hai ragione:
la vita è una ferita assurda,
e tutto, tutto è così fugace
che è una sbornia, niente più,
la mia confessione.

Raccontami la tua condanna,
dimmi del tuo fallimento,
non vedi quale pena mi ha ferito?
E parlami semplicemente
di quell'amore assente
dietro un ritaglio di oblio,
che piange per la mia predica di vino.
Lo so che ti faccio male,
ma è il vecchio amore.
Lo so che ferisce,
che il bandoneón trema
e cerca, nel liquore che stordisce,
la sbornia che alla fine
concluda lo spettacolo
calando il sipario sul cuore.

Un po' di ricordi
e dispiacere
sgocciola il tuo grugnito pigro.
Fa girare la testa il tuo liquore
e guida
il gregge del cuore
mentre si versa l'ultima sbornia.
Chiudi la vetrata
che brucia il sole
la sua lenta chiocciola di sonno.
Non vedi che vengo da un paese
che è sempre grigio d'oblio
dietro l'alcol?

La Violeta

Cátulo Castillo
Nicolás Olivari
1929

Con el codo en la mesa mugrienta
y la vista clavada en un sueño,
piensa el tano Domingo Pulenta
en el drama de su inmigración.
Y en la sucia cantina en que canta
la nostalgia del viejo paese,
desafina su ronca garganta
ya curtida de vino Carlón.

E la Violeta la va, la va, la va, la va,
la va sul campo que lei si soñaba
que l'era su Gingin que guardándola
estaba.
El también busca su soñado bien
desde aquel día tan lejano ya
que con su carga de ilusión saliera
como la Violeta que la va, la va.

Canzoneta del pago lejano
que idealiza la sucia taberna
y que brilla en los ojos del tano
con la perla de algún lagrimón.
La aprendió cuando vino con otros
encerrado en la panza de un buque,
y es con ella, metiendo batuque,
que consuela su desilusión.

La Violetta

Col gomito sul lurido tavolo
e fisso lo sguardo su un sogno
pensa l'italiano Domingo Pulenta
al dramma della sua emigrazione.
E nella sudicia osteria dove canta
la nostalgia del vecchio paese,
stona la gola sua rauca
indurita dal vino rosso.

"E la Violetta la va, la va, la va, la va,
la va sul campo che s'era 'nsugnada
che gh'era el so Gingin
che la rimirava."
Anche lui cerca un bene sognato
dal giorno ormai lontano
in cui partì col suo carico d'illusione
come la Violetta che la va, la va.

Canzonetta di terre lontane
che idealizza la sporca taverna
e fa brillare gli occhi dell'italiano
con la perla di qualche lacrima.
L'ha imparata arrivando con altri
racchiuso nella pancia di una nave,
ed è con lei, mentre fa chiasso,
che consola la sua delusione.

Las cuarenta

Francisco Gorrindo
Roberto Grela
Ediciones Internacionales Fermata, 1937

[Con el pucho de la vida apretado entre los labios, la mirada turbia y fría, un poco lerdo el andar, dobló la esquina del barrio y curda ya de recuerdos, como volcando un veneno, esto se le oyó acusar].

Vieja calle de mi barrio
donde he dado el primer paso,
vuelvo a vos gastado el mazo
en inútil barajar,
con una llaga en el pecho,
con mi sueño hecho pedazos,
que se rompió en un abrazo
que me diera la verdad.

Aprendí todo lo malo,
aprendí todo lo bueno;
sé del beso que se compra,
sé del beso que se da,
del amigo que es amigo
siempre y cuando le convenga,
y sé que con mucha plata
uno vale mucho más.

Aprendí que en esta vida
hay que llorar si otros lloran,
y si la murga se ríe
uno se debe reír.
No pensar, ni equivocado,
para qué, si igual se vive,
y además corrés el riesgo
de que te bauticen gil.

La vez que quise ser bueno
en la cara se me rieron;
cuando grité una injusticia,
la fuerza me hizo callar,
la experiencia fue mi amante,
el desengaño mi amigo,
¡toda carta tiene contra
y toda contra se da!

Hoy no creo ni en mí mismo,
todo es grupo, todo es falso
y aquél, el que está más alto,
es igual a los demás,
por eso no has de extrañarte
si alguna noche borracho
me vieras pasar del brazo
con quien no debo pasar.

A carte scoperte

[Con la cicca della vita stretta fra le labbra, lo sguardo torbido e freddo, un po' pesante l'andatura, gira l'angolo del quartiere e ormai sbronzo di ricordi, come se versasse un veleno, dichiara il suo gioco].

Vecchia strada del quartiere
dove ho mosso il primo passo,
torno a te con le carte consumate
in inutile mischiare,
con una piaga nel petto,
in frantumi il mio sogno,
che si spezzò quando la verità
mi strinse col suo abbraccio.

Imparai tutta la cattiveria,
imparai tutta la bontà,
so del bacio che si compra,
so del bacio che si dà,
dell'amico che è amico
sempre e quando gli convenga,
e so che con tanti soldi
chiunque vale molto di più.

Imparai che in questa vita
bisogna piangere se altri piangono,
e se la carnevalata ride,
si deve ridere.
Non pensare, nemmeno per sbaglio:
a che serve, tanto si vive lo stesso,
e inoltre corri il rischio
di farti chiamare imbecille.

Quando volli essere buono
mi hanno riso in faccia;
quando gridai contro l'ingiustizia,
la forza mi ha fatto tacere,
l'esperienza fu la mia amante,
il disinganno il mio amico,
ogni carta ha la sua ombra,
che prima o poi si ripresenta!

Oggi non credo neanche a me stesso,
sono balle, tutto è falso,
e quello che sta più in alto,
è uguale agli altri,
quindi non devi meravigliarti
se qualche sera ubriaco
mi vedrai camminare sottobraccio
con chi non dovrei.

Los mareados

Enrique Cadícamo
Juan Carlos Cobián
Editorial Julio Korn, 1942

Rara,
como encendida,
te hallé bebiendo
linda y fatal.
Bebías
y en el fragor del champán
loca reías por no llorar.
Pena
me dio encontrarte,
pues al mirarte
yo vi brillar
tus ojos
con un eléctrico ardor,
tus bellos ojos que tanto adoré.

Esta noche, amiga mía,
el alcohol nos ha embriagado.
¿Qué me importa que se rían
y nos llamen "Los Mareados"?
Cada cual tiene sus penas
y nosotros las tenemos.
Esta noche beberemos
porque ya no volveremos
a vernos más.

Hoy vas a entrar en mi pasado,
en el pasado de mi vida.
Tres cosas lleva mi alma herida:
amor, pesar, dolor.
Hoy vas a entrar en mi pasado
y hoy nuevas sendas tomaremos.
Qué grande ha sido nuestro amor,
y sin embargo, ¡ay,
mirá lo que quedó!

Gli ubriachi

Rara,
come accesa,
ti trovai che bevevi
bella e fatale.
Bevevi,
e nell'effetto dello champagne
pazza ridevi per non piangere.
Pena
ebbi nell'incontrarti,
perché guardandoti
ho visto brillare
i tuoi occhi
con un elettrico ardore,
i tuoi bellissimi occhi adorati.

Questa sera, amica mia,
l'alcol ci ha fatto prendere la sbornia.
Cosa m'importa che ridano
e ci chiamino "Gli Ubriachi"?
Ciascuno ha i propri mali
e noi due ce ne abbiamo.
Questa sera berremo
perché non ci rivedremo
mai più.

Oggi entrerai nel mio passato,
nel passato della mia vita.
Tre cose porta via l'anima mia ferita:
amore, dispiacere, dolore.
Oggi entrerai nel mio passato
e oggi prenderemo nuovi sentieri.
Che grande è stato il nostro amore,
eppure, ahi,
guarda cosa ne è rimasto!

Madame Yvonne

Enrique Cadícamo
Eduardo Pereyra
Editorial Julio Korn, 1930

Mademoiselle Yvonne era una pebeta
que en el barrio posta del viejo
Montmartre
con su pinta brava de alegre griseta
animó las fiestas de Les Quatre Arts.
Era la papusa del Barrio Latino
que supo a los puntos del verso inspirar,
pero fue que un día llegó un argentino
y a la francesita la hizo suspirar.

Madame Yvonne,
la Cruz del Sur fue como el sino,
madame Yvonne,
fue como el sino de tu suerte.
Alondra gris,
tu dolor me conmueve,
tu pena es de nieve,
madame Yvonne.

Han pasado diez años que zarpó
de Francia,
mademoiselle Yvonne hoy sólo
es "madame",
la que al ver que todo quedó en la
distancia
con ojos muy tristes bebe su champán.
Ya no es la papusa del Barrio Latino,
ya no es la mistonga florcita de lis,
ya nada le queda, ni aquel
argentino
que entre tango y mate la alzó
de París.

Madame Yvonne

Mademoiselle Yvonne era una ragazza
che nell'incantevole vecchio
Montmartre
con la sua prestanza di allegra sartina
dava vita alle feste delle Quatre Arts.
Era la più bella del Quartiere Latino,
ispirazione di noti poeti,
finché un giorno arrivò un argentino
a far sospirare la francesina.

Madame Yvonne,
la Croce del Sud ti è stata fatale,
madame Yvonne,
fatale segno della sorte.
Allodola grigia,
mi commuove il tuo dolore,
la tua pena è di neve,
madame Yvonne.

Sono dieci anni che partì
dalla Francia,
mademoiselle Yvonne ora è solo
"madame",
una che vedendo che tutto è rimasto
lontano
fa gli occhi tristi e beve il suo champagne.
Non è più la bella del Quartiere Latino,
non è più l'umile fiorellino di giglio,
niente le rimane, nemmeno
quell'argentino
che tra un tango e un mate l'ha portata
via da Parigi.

Madreselva
Luis César Amadori
Francisco Canaro
1925

Vieja pared del arrabal,
tu sombra fue mi compañera.
De mi niñez sin esplendor
mi amiga fue tu madreselva.
Cuando temblando mi amor primero
con esperanza besaba mi alma,
yo, junto a vos
pura y feliz
cantaba así
mi primera confesión.

Madreselvas en flor
que me vieron nacer
y en la vieja pared
sorprendieron mi amor,
tu humilde caricia
es como el cariño
primero y querido
que siento por él.
Madreselvas en flor
que trepándose van,
es tu abrazo tenaz
y dulzón como aquél.
Si todos los años
tus flores renacen,
hacé que no muera
mi primer amor.

Pasaron los años
y mis desengaños
yo vengo a contarte,
mi vieja pared.

Así aprendí que hay que fingir
para vivir decentemente,
que amor y fe mentiras son,
y del dolor se ríe la gente.
Hoy que la vida me ha castigado
y me ha enseñado su credo amargo,
vieja pared,
con emoción
me acerco a vos
y te digo como ayer.

Vieja pared...

Si todos los años
tus flores renacen,
¿por qué ya no vuelve
mi primer amor?

Caprifoglio

Vecchio muro di periferia,
la tua ombra è stata mia compagna.
Della mia infanzia senza splendori,
l'amico è stato il tuo caprifoglio.
Quando tremante il mio primo amore
fiducioso con l'anima mi baciava,
io, vicino a te,
pura e felice
cantavo così
la mia prima confessione.

Caprifoglio in fiore
che mi hai visto nascere
e nel vecchio muro
hai sorpreso il mio amore,
l'umile tua carezza
è come l'affetto
primo e caro
che sento per lui.
Caprifoglio in fiore
che ti arrampichi
in un abbraccio tenace
e dolce come quello,
se tutti gli anni
i tuoi fiori rinascono,
fa sì che non muoia
il mio primo amore.

Son passati gli anni
e i miei disinganni
io vengo a raccontarti,
mio vecchio muro.

Così ho imparato che bisogna fingere
per vivere decentemente,
che amore e fede sono menzogna,
e del dolore ride la gente.
Oggi che la vita mi ha punito
e mi ha insegnato il suo amaro credo,
vecchio muro,
con emozione
mi avvicino a te
e ti dico come ieri.

Vecchio muro...

Se tutti gli anni
i tuoi fiori rinascono,
perché non torna
il mio primo amore?

Malena

Homero Manzi
Lucio Demare
Editorial Julio Korn, 1942

Malena canta el tango como ninguna
y en cada verso pone su corazón.
A yuyo de suburbio su voz
perfuma,
Malena tiene pena de bandoneón.
Tal vez allá en la infancia su voz
de alondra
tomó ese tono oscuro de callejón
o acaso aquel romance
que sólo nombra
cuando se pone triste con el alcohol.
Malena canta el tango con voz
de sombra,
Malena tiene pena de bandoneón.

Tu canción
tiene el frío del último encuentro.
Tu canción
se hace amarga en la sal del recuerdo.
Yo no sé
si tu voz es la flor de una pena,
sólo sé
que al rumor de tus tangos, Malena,
te siento más buena, más buena que yo.

Tus ojos son oscuros como el olvido,
tus labios apretados como el rencor,
tus manos dos palomas
que sienten frío,
tus venas tienen sangre de bandoneón.
Tus tangos son criaturas abandonadas
que cruzan por el fango del callejón
cuando todas las puertas están cerradas
y ladran los fantasmas de la canción.
Malena canta el tango con voz quebrada,
Malena tiene pena de bandoneón.

Malena

Malena canta il tango come nessuna
e in ogni verso mette il suo cuore.
Di erbacce del sobborgo la sua voce
profuma,
Malena ha la pena del bandoneón.
Forse là nell'infanzia la voce
sua di allodola
ha preso quel tono buio da vicolo,
oppure in quel breve amore
che soio accenna
quando diventa triste nell'alcol.
Malena canta il tango con voce
d'ombra,
Malena ha una pena da bandoneón.

La tua canzone
ha il freddo dell'ultimo incontro.
La tua canzone
si fa amara nel sale del ricordo.
Io non so
se la tua voce è il fiore di una pena:
so solo
che al sussurro dei tanghi tuoi, Malena,
ti sento più buona, più buona di me.

Hai gli occhi bui come l'oblio,
le labbra strette come il rancore;
le tue mani sono due colombe
che hanno freddo,
nelle vene hai sangue di bandoneón.
I tuoi tanghi sono creature abbandonate
che attraversano il fango del vicolo
quando tutte le porte sono chiuse
e abbaiano i fantasmi della canzone.
Malena canta il tango con voce spezzata,
Malena ha la pena del bandoneón.

Malevaje
Enrique Santos Discépolo
Juan de Dios Filiberto
1928

Decí, por Dios, qué me has dao,
que estoy tan cambiao,
¡no sé más quién soy!
El malevaje extrañao
me mira sin comprender.
Me ve perdiendo el cartel
de guapo que ayer
brillaba en la acción.
¿No ves que estoy embretao,
vencido y maniao
en tu corazón?

Te vi pasar tangueando
altanera,
con un compás tan hondo
y sensual
que no fue más que verte y perder
la fe, el coraje, el ansia
'e guapear.
No me has dejao ni el pucho
en la oreja
de aquel pasao malevo y feroz.
Ya no me falta pa' completar
más que ir a misa
e hincarme a rezar.

Ayer, de miedo a matar,
en vez de pelear
me puse a correr,
me vi a la sombra o finao,
pensé en no verte y temblé.
Si yo, que nunca aflojé,
de noche angustiao
me encierro a llorar.
Decí, por Dios, qué me has dao,
que estoy tan cambiao,
¡no sé más quién soy!

Teppaglia

Dimmi, per Dio, cosa mi hai fatto,
che sono così cambiato,
non so più chi sono!
La teppaglia stupita
mi guarda senza capire.
Mi vede perdere la faccia
del guappo che ieri
brillava nell'azione.
Non vedi che sono stretto al muro,
vinto e imbrigliato
nel tuo cuore?

Mi sei passata vicino ballando il tango
altera,
immersa sino in fondo nel ritmo
sensuale,
e per me vederti significò perdere
la fede, il coraggio, la voglia
di provocare.
Non mi hai lasciato nemmeno la cicca
all'orecchio
di quel passato malvivente e feroce.
Non mi manca altro, per farla completa,
che andare alla messa
e inginocchiarmi a pregare.

Ieri, per paura di uccidere,
invece di combattere
mi sono messo a correre,
mi vedevo al fresco o defunto,
ho pensato di non vederti più e ho tremato.
Io, che non ho mai mollato,
di notte, angosciato,
mi rinchiudo a piangere.
Dimmi, per Dio, cosa mi hai fatto,
che sono così cambiato,
non so più chi sono!

In ubbidienza alla legge della censura, i due versi finali del ritornello (*andare alla messa e inginocchiarmi a pregare*) venivano sostituiti con quelli iniziali del brano.

Mano a mano

Celedonio Esteban Flores
Carlos Gardel / José Razzano
Editorial Musical Piróvano, 1920

Rechiflao en mi tristeza, hoy te evoco
y veo que has sido
en mi pobre vida paria sólo una buena
mujer,
tu presencia de bacana puso calor
en mi nido,
fuiste buena, consecuente, y yo
sé que me has querido
como no quisiste a nadie,
como no podrás querer.
Se dio el juego del remanye cuando vos,
pobre percanta,
gambeteabas la pobreza en la casa
de pensión.
Hoy sos toda una bacana, la vida te ríe
y canta,
los morlacos del otario los jugás
a la marchanta
como juega el gato maula con el mísero
ratón.

Hoy tenés el mate lleno de infelices
ilusiones,
te engrupieron los otarios, las amigas,
el gavión,
la milonga entre manates con sus locas
tentaciones
donde triunfan y claudican milongueras
pretensiones
se te ha entrado muy adentro en el pobre
corazón.
Nada debo agradecerte, mano a mano
hemos quedado:
no me importa lo que has hecho,
lo que hacés ni lo que harás.
Los favores recibidos creo habértelos
pagado
y si alguna deuda chica sin querer
se me ha olvidado
en la cuenta del otario que tenés
se la cargás.

Mientras tanto que tus triunfos, pobres
triunfos pasajeros,
sean una larga fila de riquezas
y placer,
que el bacán que te acamala tenga pesos
duraderos,
que te abrás en las paradas con cafishios
milongueros

Siamo pari

Meri Lao, SADAIC/SIAE 1981

Delirante di tristezza, riconosco
che in passato
nella vita mia da paria sei stata buona
con me.
La presenza tua decisa il mio nido
ha riscaldato,
sei stata calma, paziente, e lo
so che mi hai amato
come nessun altro al mondo,
come mai amar potrai.
Poi è giunta la riscossa della povera
ragazza
che schivava la miseria nella lurida
pension.
Ti sei fatta una signora, ride la vita
e impazza,
il denaro del tuo merlo te lo bevi
nella tazza
da tranquilla parassita di perfetta
digestion.

Oggi hai la zucca gonfia di tristissime
illusioni,
ingannata dagli scemi, dalle amiche,
i protettor.
La baldoria coi potenti e le folli
tentazioni,
il successo e la disfatta di leggere
aspirazioni
sono entrate nel profondo di quel povero
tuo cuor.
Io non devo ringraziarti, ora siam
rimasti pari:
non m'importa cosa hai fatto,
cosa fai, cosa farai.
Dei favori ricevuti son saldati gli
inventari
e se pochi debitucci son scappati
involontari
al ganzo che hai di turno facilmente
addosserai.

Ti desidero un successo che sia sempre
più costante
e una bella lunga fila di ricchezze
e di piacer.
E al viveur che ti mantiene, che abbia
denaro contante
per poter pavoneggiarsi da magnaccia
importante,

y que digan los muchachos: "¡Es una
buena mujer!".
Y mañana cuando seas descolado mueble
viejo
y no tengas esperanzas en el pobre
corazón,
si precisás una ayuda, si te hace falta
un consejo,
acordate de este amigo que ha de jugarse
el pellejo
pa' ayudarte en lo que pueda cuando
llegue la ocasión.

e che dicano i ragazzi: "Magari
poterla aver!".
Quando poi in un domani un inutile
mobilio
senza smalto, abbandonata, sgangherata
tu sarai,
se avrai bisogno di aiuto, anche solo
di un consiglio,
vieni qui da quest'amico che andrà certo
in visibilio
e si giocherà la pelle quando
tu lo chiederai.

Traduzione ironica, pletorica di troncamenti e a volte infedele. Il denaro del tuo merlo lo lanci in aria a chi più ne piglia come fa il gatto vigliacco col misero topo…
Siamo pari fa parte del musical "Tangonero". Cfr. Bronca /Rabbia.

Maquillaje
Homero Expósito
Homero Expósito / Virgilio Expósito
1943

["Porque ese cielo azul que todos vemos,
no es cielo ni es azul, ¡lástima grande
que no sea verdad tanta belleza!"].

No, no es cielo ni es azul,
ni es cierto tu candor,
ni al fin tu juventud.

Tú compras el carmín
y el pote de rubor
que tiembla en tus mejillas,
y ojeras con verdín
para llenar de amor
tu máscara de arcilla.
Tú, que tímida y fatal
te arreglas el dolor
después de sollozar,
sabrás cómo te amé
un día al despertar
sin fe ni maquillaje,
ya lista para el viaje
que desciende hasta el color final.

Mentiras, son mentiras tu virtud,
tu amor y tu bondad,
y al fin, tu juventud.
¡Mentiras!
Te maquillaste el corazón,
mentira sin piedad,
¡qué lástima de amor!

Trucco

["Il cielo azzurro che vediamo tutti,
non è cielo né azzurro; gran peccato
che una tale bellezza non sia vera!"].

No, non è cielo né azzurro,
e nemmeno è vero il tuo candore
e infine neanche la tua gioventù.

Tu compri il rossetto
e il barattolo di rossore
che trema sulle tue guance,
e l'ombretto verde per le palpebre
per riempire d'amore
la tua maschera d'argilla.
Tu, che timida e fatale
ti aggiusti il dolore
dopo che hai singhiozzato,
saprai come ti amai
il giorno che ti sei svegliata
senza fede e senza trucco,
pronta per il viaggio
che affonda nel colore finale.

Menzogne, sono menzogne la tua virtù,
il tuo amore, la tua bontà,
e infine, la tua gioventù.
Menzogne!
Ti sei truccata il cuore,
menzogna senza pietà,
che peccato di amore!

Gli *endecasillabi recitati* all'inizio, su un tema squisitamente epistemologico, appartengono al poeta spagnolo Lupercio Leonardo de *Argensola* (1559-1613).

Margot

Celedonio Esteban Flores
Carlos Gardel / José Razzano
Editorial Julio Korn, 1919

Se te embroca desde lejos,
pelandruna abacanada,
que has nacido en la miseria
de un convento de arrabal,
porque hay algo que te vende,
yo no sé si es la mirada,
la manera de sentarte,
de charlar o estar parada,
o ese cuerpo acostumbrado
a las pilchas de percal.
Ese cuerpo que hoy te marca
los compases tentadores
del canyengue de algún tango
en los brazos de algún gil,
mientras triunfan tu silueta
y tu traje de colores
entre risas y piropos
de muchachos seguidores,
entre el humo de los puros
y el champán de Armenonville.

Son macanas: no fue un guapo
haragán y prepotente,
ni un cafishio veterano
el que al vicio te largó.
Vos rodaste por tu culpa,
y no fue inocentemente:
¡berretines de bacana
que tenías en la mente
desde el día en que un manate
de yuguiyo te afiló!

Yo me acuerdo, no tenías
casi nada que ponerte;
hoy usás ajuar de seda
con rositas rococó.
Me revienta tu presencia,
pagaría por no verte,
si hasta el nombre te has cambiado
como ha cambiado tu suerte:
ya no sos mi Margarita,
¡aura te llaman Margot!

Ahora vas con los otarios
a pasarla de bacana
a un lujoso reservado
del Petit o del Julien,
y tu vieja, pobre vieja,
lava toda la semana
pa' poder parar la olla
con pobreza franciscana
en el triste conventillo
alumbrado a querosén.

Margot

Ti si sgama da lontano,
mezzacalza arricchita,
che sei nata nella miseria
di un casermone di periferia:
c'è qualcosa che ti scopre,
non so se è lo sguardo,
il modo di sederti,
di parlare, di stare in piedi,
o il tuo corpo abituato
ai vestiti di percalle.
Quel tuo corpo che accompagna
gli accordi tentatori
del brio di qualche tango
nelle braccia di qualche merlo,
mentre trionfano la tua linea
e il tuo abito sgargiante
fra risa e complimenti
di ragazzi mattacchioni,
fra il fumo dei sigari
e lo champagne del cabaret.

Sono menzogne: non è stato
un guappo fannullone e prepotente
né un lenone esperto
chi ti ha lanciata al vizio.
Tu sei rotolata per tua colpa
e non è stato innocentemente:
manie di signora che
ti frullavano in mente
dal giorno che un tipo perbene
col colletto inamidato ti corteggiò.

Mi ricordo: non avevi
quasi nulla da metterti.
Oggi usi biancheria di seta
con roselline ricamate.
Mi urta la tua presenza,
pagherei per non vederti,
hai persino cambiato il nome
come è cambiato il tuo destino:
non sei più la mia Margherita,
ora ti chiamano Margot!

Adesso vai con gli amici
a passarla da signora
nei lussuosi séparés
del Petit o del Julien,
e la tua vecchia, povera vecchia,
fa la lavandaia tutta la settimana
per poter mettere qualcosa a tavola
con povertà francescana
nel vecchio tugurio
illuminato a kerosene.

María

Cátulo Castillo
Aníbal Troilo
Editorial Julio Korn, 1945

Acaso te llamaras solamente María,
no sé si eras el eco de una vieja
canción,
pero hace mucho, mucho, fuiste
hondamente mía
sobre un paisaje triste, desmayado
de amor.

El otoño te trajo, mojando
de agonía
tu sombrerito pobre y el tapado
marrón.
Eras como la calle de la melancolía,
que llovía, llovía sobre mi corazón.

María,
en las sombras de mi pieza
es tu paso el que regresa.
María,
y es tu voz, pequeña y triste
la del día en que dijiste:
"Ya no hay nada entre los dos".
¡María!
La más mía, la lejana,
¡si volviera otra mañana
por las calles del adiós!

Tus ojos eran puertos que guardaban
ausentes
su horizonte de sueños y un silencio
de flor,
pero tus manos buenas regresaban
presentes
para curar mi fiebre desteñida de amor.

Un otoño te trajo, tu nombre era María,
y nunca supe nada de tu rumbo infeliz.
Si eras como el paisaje de la melancolía
que llovía, llovía sobre la calle gris.

Maria

Meri Lao, Warner & Chappell, 1994
(in attesa di iscrizione)

E forse ti chiamavi soltanto Maria
ed eri appena l'eco di una vecchia
canzone,
ma molto tempo addietro sei stata
proprio mia
in un paesaggio triste che l'amore
sfumò.

L'autunno ti ha portata, bagnando
d'agonia
l'umile tuo cappello e il cappotto
marron.
Eri come la strada della malinconia,
e pioveva, pioveva su questo mio cuor.

Maria,
nella stanza in penombra
è il tuo passo che ritorna.
Maria,
e la voce tua triste
quando debole mi disse:
"È finita tra di noi".
Maria!
La più mia, la distante,
se tornasse un solo istante
per la strada che lasciò!

Trovavano rifugio negli occhi
tuoi assenti
orizzonti di sogno e silenzi
di fiore
ma le tue mani buone tornavano
presenti
a calmarmi la febbre, scolorite d'amore.

L'autunno ti ha portata, ti chiamavi Maria,
chissà quali percorsi ti aspettavano poi.
Eri come il paesaggio della malinconia
che nel grigio del viale pioveva su di noi.

Marioneta
Armando Tagini
Juan José Guichandut
1928

Tenía aquella casa no sé qué suave encanto
en la belleza humilde del patio colonial
cubierto en el verano por el florido
manto
que hilaban las glicinas, la parra
y el rosal.
¡Si me parece verte...!
La pollerita corta,
sobre un banco empinadas las puntas de
tus pies,
los bucles despeinados y contemplando
absorta
los títeres que hablaban inglés, ruso y
francés.

"¡Arriba, doña Rosa!
Don Pánfilo, ligero!"
Y aquel titiritero
de voz aguardentosa
nos daba la función.
Tus ojos se extasiaban,
y aquellas marionetas
saltaban y bailaban
prendiendo en tu alma inquieta
la cálida emoción.

Los años de la infancia risueña
ya pasaron
camino del olvido, los títeres también.
Piropos y promesas tu oído
acariciaron,
te fuiste de tu casa para jamás
volver.
Allá entre bastidores, ridículo y
mezquino
claudica el decorado sencillo
de tu hogar,
y tú en el proscenio de un frívolo destino
¡eres la marioneta que baila sin cesar!

Marionetta

Aveva quella casa un certo dolce fascino
nell'umile bellezza del patio coloniale
coperto d'estate da una coltre
fiorita
intessuta dai glicini, dalla vite,
dal roseto.
Mi sembra proprio di vederti:
la gonnellina corta,
dritta la punta dei piedi
sulla panca,
i riccioli spettinati, mentre contemplavi
assorta
i burattini che parlavano in inglese, russo
e francese.

"Coraggio, signora Rosa!
Signor Panfilo, svelto!"
Così il burattinaio
dalla voce arsa dall'alcol
presentava il suo spettacolo.
Tu, con lo sguardo rapito,
mentre le marionette
saltavano e ballavano
accendendoti nell'anima inquieta
una calda emozione.

Gli anni dell'infanzia ridente
sono andati
verso l'oblio, insieme ai burattini.
Complimenti e promesse ti hanno
accarezzato l'udito,
hai lasciato la tua casa per non tornare
mai più.
Dietro le quinte, ridicolo
e misero
traballa l'arredo semplice del tuo
focolare,
e tu sulla ribalta di un frivolo destino
sei la marionetta che balla di continuo!

Medianoche aquí

Julio Cortázar
Edgardo Cantón
1979

Es siempre medianoche, aquí,
vivimos en una honda oscuridad,
lo mismo da llorar o reir,
la noche cubre el campo y la ciudad.
¿Por qué no hay mediodía ahora aquí?
Es medianoche siempre, donde uno va.
¿Pa' qué encender la luz,
si al fin total
lo mismo da estar vivo que morir?

¿Dónde está el ayer,
dónde espera el hoy,
pa' qué sirve el corazón?
¿Cómo te llamás
en la oscuridad,
quiénes somos vos y yo?

Un tiempo hubo de sol y de luz
para vivir de pie, para cantar.
Las calles en el norte o sur
se abrían como manos de amistad.
¿Cómo fue posible que la noche
fuera de golpe la muerte,
fuera el aullido,
fuera el sudor y el gemido?

Hermano criollo, abrí
grandes los ojos.
La esperanza, vela aquí,
jineteando un potro.

Clavale las espuelas ya,
soltala a media rienda en la ciudad,
no habrá más medianoche aquí,
volverá el claro tiempo de vivir.

Basta ya de ayer,
dale rienda al hoy,
cancha libre al corazón.
Dale, despertá
de esta oscuridad,
en tus manos está el sol.

El río se borró, mi amor,
y al filo de sus aguas te vas vos.
Ca ranchos de agonía están
comiéndose mis ojos, ya.
Y todo juega a ser el ayer, lo que no es,
con máscaras de sombra te hacen andar.
¿Qué han hecho del rosal y del clavel?
Flores de cementerio y de hospital.

Mezzanotte qui

È sempre mezzanotte qui,
viviamo un profondo buio,
fa lo stesso piangere come ridere.
La notte copre i campi e la città.
Perché adesso non è mezzogiorno qui?
È sempre mezzanotte dove si va.
Perché accendere la luce,
se in fin dei conti
tanto vale essere vivi o morire?

Dove è l'ieri,
dove aspetta l'oggi,
a che serve il cuore?
Come ti chiami
al buio,
chi siamo io e te?

C'è stato un tempo di sole e di luce
per vivere in piedi, per cantare.
Le strade a nord o a sud
si aprivano come mani d'amicizia.
Come è stato possibile che la notte
fosse di colpo la morte,
fosse un grido,
fosse il sudore e il gemito?

Fratello creolo, apri
grandi gli occhi.
Ecco la speranza
in groppa a un puledro.

Colpiscila con lo sperone, su,
con le redini, falla andare per la città,
non ci sarà più mezzanotte qui,
tornerà il tempo chiaro di vivere.

Basta dell'ieri,
sciogli la briglia all'oggi,
fa pista al cuore.
Su, svegliati
da questo buio:
il sole è nelle tue mani.

Il fiume è stato cancellato, amore mio,
e al filo delle sue acque te ne vai tu.
Avvoltoi di agonia stanno
mangiando i miei occhi.
E tutto finge di essere l'ieri, ciò che non è,
con maschere d'ombra ti fanno camminare.
Cosa hanno fatto del roseto e del garofano?
Fiori di cimitero e d'ospedale.

Mi Buenos Aires querido

Alfredo Le Pera
Carlos Gardel
Editorial Julio Korn, 1933

Mi Buenos Aires querido,
cuando yo te vuelva a ver
no habrá más pena ni olvido.

El farolito de la calle en que
nací
fue centinela de mis promesas de amor:
bajo su quieta lucecita yo la vi
a mi pebeta luminosa como un sol.
Hoy que la suerte quiere que te vuelva
a ver,
ciudad porteña de mi único querer,
y oigo la queja de un bandoneón
dentro del pecho pide rienda el corazón.

Mi Buenos Aires,
tierra florida
donde mi vida
terminaré.
Bajo tu amparo
no hay desengaños:
vuelan los años,
se olvida el dolor.
En caravana
los recuerdos pasan
como una estela
dulce de emoción.
Quiero que sepas
que al evocarte
se van las penas
del corazón.

La ventanita de mis calles de arrabal
donde sonríe una muchachita en flor,
quiero de nuevo hoy volver a contemplar
aquellos ojos que acarician
al mirar.
En la cortada más maleva esta canción
dice su ruego de coraje
y de pasión;
una promesa y un suspirar
borró una lágrima de pena
aquel cantar.

Mi Buenos Aires querido,
cuando yo te vuelva a ver
no habrá más pena ni olvido.

Mia cara Buenos Aires

Mia cara Buenos Aires,
quando ti rivedrò
non ci saranno più dolori né oblio.

Il lampioncino della strada in cui son
nato
fu sentinella delle mie promesse d'amore:
sotto la sua fioca luce io ho visto
la mia ragazza luminosa come un sole.
Oggi che il destino vuole che ti
riveda,
città portegna del mio unico affetto,
e ascolto il lamento di un bandoneón,
nel petto il cuore scioglie le redini.

Mia Buenos Aires,
terra fiorita
dove la mia vita
concluderò.
Al tuo riparo
non ci sono disinganni,
volano gli anni,
si dimentica il dolore.
In carovana
i ricordi passano
come una scia
dolce di emozione.
Voglio che tu sappia
che evocandoti
fuggono via le pene
dal cuore.

La piccola finestra delle strade di periferia
dove sorride una ragazza in fiore,
voglio oggi contemplare ancora
quegli occhi che accarezzano quando
guardano.
Nel vicolo più malandrino questa canzone
dice la sua preghiera di coraggio
e di passione;
una promessa e un sospiro
ha cancellato una lacrima di pena
quel canto.

Mia cara Buenos Aires,
quando ti rivedrò
non ci saranno più dolori né oblio.

Mi ciudad y mi gente

Eladia Blázquez
Eladia Blázquez
Premio Festival TV Canción,
Buenos Aires, 1970

Aunque me des la espalda de cemento,
me mires transcurrir indiferente,
s ésta mi ciudad, ésta es mi gente,
es el lugar donde a morir me siento.

Buenos Aires, para el alma mía
no habrá geografía
mejor que el paisaje de tus calles
donde día a día
me gasto los miedos, las suelas y el traje.

No podría vivir con orgullo
mirando otro cielo que no fuera el tuyo,
porque aquí me duele un tango
y el calor de alguna mano,
y me cuesta tanto el mango
que me gano.

Porque soy como vos,
que se niega y se da,
te proclamo, Buenos Aires,
mi ciudad.

Aunque me des la espalda de cemento,
aunque me mires transcurrir indiferente,
te quiero, Buenos Aires,
    y a tu gente,
y entre tu gente sin querer
    te encuentro,
me encuentro.

Porque soy...

La mia città e la mia gente

Anche se mi volti la schiena di cemento,
e mi guardi trascorrere indifferente,
è questa la mia città, questa la mia gente,
e il posto dove a morire mi siedo.

Buenos Aires, per l'anima mia
non esiste altra geografia
che il paesaggio delle tue strade
dove giorno dopo giorno
mi consumo le paure, le suole e il vestito.

Non potrei vivere con orgoglio
guardando un cielo che non sia quello tuo,
perché qui mi fa male il tango
e il caldo di qualche mano,
e mi costa tanto il soldo
che guadagno.

Perché sono come te,
che ti neghi o ti dai,
ti dichiaro, Buenos Aires,
la mia città.

Anche se mi volti la schiena di cemento,
anche se mi guardi trascorrere indifferente,
voglio bene a te, Buenos Aires,
    e alla tua gente,
e in mezzo alla tua gente senza pensarci
    ti trovo,
mi trovo.

Perché sono...

Mi noche triste

Pascual Contursi
Samuel Castriota
1917

Percanta que me amuraste
en lo mejor de mi vida
dejándome el alma herida
y espina en el corazón,
sabiendo que te quería,
que vos eras mi alegría
y mi sueño embriagador.
Para mí ya no hay consuelo
y por eso me encurdelo,
pa'olvidarme de tu amor.

Cuando voy a mi cotorro
y lo veo desarreglado,
todo triste, abandonado,
me dan ganas de llorar.
Me detengo largo rato
campaneando tu retrato
pa' poderme consolar.

Ya no hay en mi bulín
aquellos lindos frasquitos
adornados con moñitos,
todos de un mismo color;
y el espejo está empañado
¡si parece que ha llorado
por la ausencia de tu amor!

De noche cuando me acuesto
no puedo cerrar la puerta
porque dejándola abierta
me hago ilusión que volvés.
Siempre traigo bizcochitos
pa' tomar dos matecitos
como si estuvieras vos.
Y si vieras la catrera,
¡cómo se pone cabrera
cuando no nos ve a los dos!

La guitarra en el ropero
todavía está colgada:
nadie en ella canta nada
ni hace sus cuerdas vibrar.
Y la lámpara del cuarto
también tu ausencia ha sentido
porque la luz no ha querido
mi noche triste alumbrar.

La mia notte triste

Femmina che mi hai piantato
nel meglio della mia vita
lasciandomi l'anima ferita
e una spina nel cuore,
pur sapendo che ti volevo bene,
che eri la mia gioia,
il mio sogno inebriante.
Per me non c'è conforto
e per questo mi ubriaco,
per scordare il tuo amore.

Quando torno alla stanzetta
e la vedo così in disordine,
tutta triste, abbandonata,
mi vien voglia di piangere.
Mi fermo a lungo
a guardare il tuo ritratto
per potermi consolare.

Non sono più nella stanzetta
quei bei barattoli
decorati con fiocchi,
tutti dello stesso colore,
e lo specchio è appannato
come se avesse pianto
per l'assenza del tuo amore!

Di notte quando vado a dormire
non voglio chiudere la porta
perché, lasciandola aperta,
mi illudo che tu torni.
Porto sempre biscottini
per prendere con il mate
come se tu ci fossi.
E, se vedessi il letto
come va su tutte le furie
quando non ci vede tutti e due!

La chitarra è ancora appesa
dentro l'armadio:
non c'è nessuno che canti
né che faccia vibrare le sue corde.
E anche la lampada della camera
ha sentito la tua assenza
perché non ha voluto
illuminare la mia notte triste.

Milonga triste

Homero Manzi
Sebastián Piana
Editorial Julio Korn, 1937

Llegabas por el sendero,
delantal y trenzas sueltas,
brillaban tus ojos negros
claridad de luna llena.
Mis labios te hicieron daño
al besar tu carne fresca,
castigo me dio tu mano
pero más golpeó tu ausencia, ay.

Volví por caminos blancos,
volví sin poder llegar,
grité con mi grito largo,
canté sin saber cantar.

Cerraste los ojos negros,
se volvió tu cara blanca
y llevamos tu silencio
al sonar de las campanas.
La luna cayó en el agua,
el dolor golpeó mi pecho,
con cuerdas de cien guitarras
me trencé remordimientos, ay.

Volví por caminos viejos,
volví sin poder llegar,
grité con tu nombre muerto,
recé sin saber rezar.

Tristeza de haber querido
tu rubor en un sendero,
tristeza de los caminos
que después ya no te vieron.
Silencio del camposanto,
soledad de las estrellas,
recuerdos que duelen tanto,
delantal y trenzas negras, ay.

Volví por caminos muertos,
volví sin poder llegar,
grité con tu nombre bueno,
lloré sin saber llorar.

Milonga triste

Giungevi per la stradina,
grembiule e trecce sciolte,
avevi negli occhi neri
chiarori di luna piena.
Le mie labbra ti ferirono
quando baciai la tua carne fresca,
se con la mano mi hai punito
più mi ha colpito la tua assenza, ahi.

Tornai per sentieri bianchi,
tornai senza arrivare,
gridai con un lungo grido,
cantai senza saper cantare.

Hai chiuso gli occhi neri,
la faccia ti diventò bianca
e portammo il tuo silenzio
col suono delle campane.
La luna cadde nell'acqua,
il dolore colpì il mio petto,
con le corde di cento chitarre
ho intrecciato i rimorsi, ahi.

Tornai per sentieri vecchi,
tornai senza arrivare,
gridai col tuo nome morto,
pregai senza saper pregare.

Tristezza d'avere amato
il tuo rossore in un vicolo,
tristezza delle strade
che dopo non ti videro.
Silenzio del camposanto,
solitudine delle stelle,
ricordi che fan tanto male,
grembiule e trecce nere, ahi.

Tornai per sentieri morti,
tornai senza arrivare,
gridai col tuo nome buono,
piansi senza saper piangere.

Misa de once

José Guichandut
Armando Tagini
1929

Entonces tú tenías diez y ocho primaveras,
yo veinte y el tesoro preciado de cantar.
En un colegio adusto vivías prisionera
y sólo los domingos salías a pasear.
Del brazo de la abuela llegabas
a la misa,
airosa y deslumbrante de gracia juvenil
y yo te saludaba con mi mejor sonrisa,
que tú correspondías con ademán gentil.

Voces de bronce
llamando a misa de once.
¡Cuántas promesas galanas
cantaron graves campanas
en las floridas mañanas
de mi dorada ilusión!
Y eché a rodar por el mundo
mi afán de glorias y besos,
y sólo traigo, al regreso,
cansancio en el corazón.

No sé si era pecado decirte mis
ternuras
allí frente a la imagen divina de Jesús.
Lo cierto es que era el mundo
sendero de venturas
y por aquel sendero tu amor
era la luz.
Hoy te dirá otro labio
la cálida y pausada
palabra emocionada que pide y jura
amor,
en tanto que mi alma, la enferma
desahuciada,
solloza en la ventana del sueño
evocador.

Misa de once,
yo ya no soy el de entonces...

Messa delle undici

Allora tu avevi diciotto primavere,
io venti e il prezioso tesoro del canto.
In un collegio austero vivevi prigioniera
e solo le domeniche uscivi a passeggiare.
A braccetto della nonna arrivavi
alla messa,
ariosa e folgorante di grazia giovanile
e io ti salutavo col sorriso migliore,
e tu rispondevi con un cenno gentile.

Voci di bronzo
che chiamano alla messa delle undici.
Quante promesse graziose
cantarono le gravi campane
nelle fiorite mattine
della mia dorata illusione!
E dissipai per il mondo
la mia brama di gloria e di baci,
e ora porto solo, tornando,
stanchezza nel cuore.

Non so se era peccato dirti della mia
tenerezza
lì, davanti all'immagine divina di Gesù.
Vero è che il mondo sembrava
un sentiero di ventura
e lungo quel sentiero il tuo amore
era la luce.
Oggi un altro labbro ti dirà la calda
e calma
parola emozionata che chiede e giura
l'amore,
e intanto la mia anima, malata
condannata,
singhiozza alla finestra del sogno
evocatore.

Messa delle undici,
io non sono più quello di allora...

Moneda de cobre

Horacio Sanguinetti
Carlos Viván
Corporación Musical Argentina, 1943

Tu padre era rubio, borracho y malevo,
tu madre era negra con labios malvón;
mulata naciste con ojos de cielo
y mota en el pelo de negro carbón.
Creciste entre el lodo de un barrio muy
pobre,
cumpliste veinte años en un cabaret,
y ahora te llaman "Moneda de cobre"
porque vieja y triste muy poco valés.

Moneda de cobre,
yo sé que ayer fuiste hermosa.
Yo, con tus alas de rosa
te vi volar, mariposa
y después te vi caer.
Moneda de fango,
¡qué bien bailabas el tango!
¡Qué linda estabas entonces
como una reina de bronce
allá en el Folies Bergère!

Aquel barrio triste de barro y de latas
igual que tu vida desapareció.
Pasaron veinte años, querida mulata,
no existen tus padres, no existe el farol.
Quizás en la esquina te quedes
perdida
buscando la casa que te vio nacer;
seguí, no te pares, no muestres la herida,
no llores, mulata, total, para qué.

Moneta di rame

Meri Lao, 1996
(in attesa di iscrizione)

Tuo padre era biondo, beone e tiranno,
tua madre era nera, le labbra geranio;
sei nata mulatta con occhi celesti,
di scuro catrame i crespi capelli.
Passasti dal fango di un misero
rione
ai fasti ingannevoli del cabaret,
ma ora è "Moneta di rame" il tuo nome,
perché vecchia e triste non vali granché.

Moneta di rame,
io so che splendida eri:
con le tue ali di seta
come farfalla volavi,
ma poi sei rimasta giù.
Moneta di fango,
che bene ballavi il tango,
bellezza senza confronto
come una dea di bronzo,
gloria del Folies-Bergère.

Il triste quartiere di fango e di latta
svanì con i sogni della gioventù.
Passati vent'anni, mia cara mulatta,
tuo padre e tua madre non ci sono più,
nemmeno c'è un segno del fioco
lampione
né di quella casa che ora cerchi tu.
Ma non ti fermare, nascondi il dolore,
fa finta di niente, mulatta, dai, su.

Montevideo

Carlos María Gutiérrez
Gustavo Beytelmann
Ediciones Sonido y Técnica, 1979

Abro los ojos a tus cinco y media
en todos los países,
y a veces es de noche y es la nieve,
y a veces hay campanas y el sol alto.

Cada día despierto justo a las cinco
y media
de todos los hoteles, las alcobas
prestadas,
pero ya no pregunto donde estoy,
y confundo el olor de los pisos, el sitio de
la mesa,
el agua polvorienta en su botella triste.

Abro el recuerdo y son las cinco y media
para mi lista de ejercicios pobres:
cómo fue aquella esquina,
cuál calle y si había un muro,
el árbol a la izquierda o ningún árbol,
el calor de tu puerta,
si el sol daba al jardín en la hora de verano,
qué dije aquella noche,
quién lloraba mirando hacia el avión.

[Todo se va borrando, y si demoro
mucho no me esperes,
que despierto asombrado, y me lavo y me
visto
ya sin sombra de lo que está
olvidándome y me crece,
de lo que traspapelo
y se me muere].

A no ser vos, ciudad violada y mía,
a no ser vos, a tiros por tus plazas,
a no ser vos, con árboles de luto,
a no ser vos, cuando es la hora que digo
y aquí no estás, y no dormí contigo.

A no ser vos, mi amada verdadera,
tu cabeza de viuda,
tu mejilla de muerta,
tu rostro siempre que marcó la
almohada.

Montevideo

Apro gli occhi alle tue cinque e mezzo
in tutti i paesi,
a volte è di notte e c'è la neve,
a volte ci sono campane e il sole alto.

Ogni giorno mi sveglio alle cinque
e mezzo giuste
in tutti gli alberghi, le camere
in prestito,
ma ormai non chiedo dove sono,
e confondo l'odore dei pavimenti,
il posto del tavolo,
l'acqua polverosa nella sua triste bottiglia.

Apro il ricordo e sono le cinque e mezzo
per la mia tabella di esercizi poveri:
come era quel bivio,
quale la strada e se c'era un muro,
l'albero a sinistra o nessun albero,
il calore della tua porta,
se il sole batteva sul giardino d'estate,
cosa ho detto io quella notte,
chi piangeva guardando verso l'aereo.

[Tutto va cancellandosi, e se tardo
molto non aspettarmi,
ché mi sveglio sorpreso, e mi lavo e mi
vesto
senz'ombra ormai di ciò che mi sta
dimenticando e mi cresce,
di ciò che smarrisco tra le carte
e mi muore].

Eccetto te, città violata e mia,
eccetto te, sparando nelle tue piazze,
eccetto te, con alberi vestiti a lutto,
eccetto te, quando è l'ora che dico
e non sei qui, e non ho dormito con te.

Eccetto te, la mia vera amata,
la tua testa di vedova,
le tue guance di morta,
il volto tuo sempre a marcare il mio
cuscino.

Muñeca brava

Enrique Cadícamo
Luis Visca
Editorial Musical Piróvano, 1928

Che madám que parlás
en francés
y tirás ventolina a dos manos,
que caviás copetín bien frappé
y tenés gigoló bien bacán,
sos un biscuit de pestañas muy arqueadas,
muñeca brava, bien cotizada,
sos del Trianón, del Trianón de Villa
Crespo,
milonguerita, juguete de ocasión.

Tenés un camba que te hace gustos
y veinte abriles que son diqueros,
y bien repleto tu monedero
pa' patinarlo de norte a sur.

Te baten todos "Muñeca Brava"
porque a los giles mareás sin grupo.
Pa' mí sos siempre la que no
supo
guardar un cacho de amor y juventud.

Campaneás la ilusión que se va
y embrocás tu silueta sin rango,
y si el llanto te viene a buscar
escurrís tu dolor y reís.
Meta champán, que la vida
se te escapa,
muñeca brava, flor de pecado,
cuando llegués al final de tu carrera
tu primavera verás languidecer.

Bambola rude

Senti, madame che chiacchieri
in francese
e butti la grana a piene mani,
che tracanni cocktail frappé
e hai un gigolò che padroneggia,
sei un bibelot dalle ciglia inarcate,
bambola rude, quotata bene,
sei del Trianon, del Trianon di Villa
Crespo,
sgualdrinella, giocattolo d'occasione.

Hai un riccone che ti vizia
e vent'anni da mettere in mostra,
e bello zeppo il portafoglio
per dargli sotto da sud a nord.

Tutti ti chiamano "Bambola rude"
perché fai girare sul serio la testa ai merli.
Per me sei sempre quella che non ha
saputo
tenersi una fetta d'amore e di gioventù.

Fai il palo all'illusione che se ne va
e sgami che la tua figura manca di classe,
e se il pianto ti viene a cercare
riesci a strizzare il dolore e a ridere.
Giù con lo champagne, che la vita
ti scappa via,
bambola rude, fiore del peccato,
quando arriverai alla fine della corsa
la tua primavera vedrai illanguidire.

Questo brano, adottato dagli avversari di Perón per inveire contro sua moglie *Evita*, è stato sottoposto a varie espurgazioni tendenti a eufemizzare gli abbondanti lunfardismi e a toglierne l'aspetto malavitoso.

Naranjo en flor

Homero Expósito
Virgilio Expósito
Ediciones Musicales Ramón Sopena, 1944
Editorial Musical Korn-Intersong, 1967

Era más blanda que el agua,
que el agua blanda.
Era más fresca que el río,
naranjo en flor,
y en esa calle de hastío,
calle perdida,
dejó un pedazo de vida
y se marchó.

Primero hay que saber sufrir,
después amar, después partir,
al fin andar sin pensamiento.
Perfume de naranjo en flor:
promesas vanas de un amor
que se escaparon en el viento.

Después, ¿qué importa del después?
Toda mi vida es el ayer
que me detiene en el pasado,
eterna y vieja juventud
que me ha dejado acobardado
como un pájaro sin luz.

¿Qué le habrán hecho mis manos,
qué le habrán hecho,
para dejarme en el pecho
tanto dolor?
Dolor de vieja arboleda,
canción de esquina
con un pedazo de vida,
naranjo en flor.

Arancio in fiore

Meri Lao, 1998
Warner & Chappell

Era più liscia dell'acqua,
dell'acqua liscia.
Era più fresca del fiume,
arancio in fiore,
e in quella strada di noia,
strada perduta,
lasciò un brandello di vita
e se ne andò.

Prima di tutto soffrirai,
dopo amerai e partirai,
infine andrai senza pensiero.
Profumo dell'arancio in fiore:
promesse vane dell'amore
fuggite via con il vento.

Domani, che importanza ha?
Tutta la mia vita è ieri,
il passato mi trattiene.
L'eterna e vecchia gioventù
mi ha lasciato impaurito
come un passero senza luce.

Con queste mani che ho fatto,
cosa le ho fatto,
da avere tanto dolore
dentro di me?
Dolore d'albero vecchio,
canto di strada
con un brandello di vita,
arancio in fiore.

Negra María

Homero Manzi
Lucio Demare
1940

Bruna bruna nació María,
está en la cuna,
nació de día, tendrá fortuna.
Bordará la madre su vestido blanco
y entrará en la pista con su traje largo
y será la reina cuando María
cumpla quince años.
Te llaman negra,
negra María que abriste los ojos
en carnaval.

Ojos grandes tendrá María,
dientes de nácar, color moreno.
¡Ay qué rojos serán tus labios,
ay qué cadencia tendrá su cuerpo!
Vamos al baile, vamos María,
negra la madre, negra la niña,
cantarán para vos las guitarras
y los violines
y los rezongos del bandoneón.

Bruna bruna murió María,
está en la cuna,
se fue de día sin ver la luna.
Cubrirán tu sueño con un paño
blanco
y jamás ya nunca, negra María,
tendrás quince años.
Te lloraremos,
negra María, cerraste los ojos
en carnaval.

Negra Maria

Scura scura nasce Maria,
è nella culla,
nasce di giorno, avrà fortuna.
La madre ricamerà il suo vestito bianco
e lungo col quale entrerà nella pista,
perché Maria sarà una regina
quando avrà quindici anni.
Ti chiamano negra,
negra María che hai aperto gli occhi
in carnevale.

Grandi occhi avrà Maria,
denti di madreperla, carnagione mora.
E come saranno rosse le tue labbra,
e quali movenze avrà il tuo corpo!
Andiamo al ballo, andiamo, Maria,
negra la madre, negra la bambina,
canteranno per te le chitarre
e i violini
e brontoleranno i bandoneón.

Scura scura muore Maria,
è nella culla,
se ne va di giorno, senza vedere la luna.
Copriranno il tuo sogno con un lino
bianco
e mai più, negra Maria,
avrai quindici anni.
Ti piangeremo,
negra Maria, che hai chiuso gli occhi
in carnevale.

Milonga candombe, si esegue con aggiunta di tamboriles, i tamburi oblunghi del candombe uruguayano.

Niebla del riachuelo

Enrique Cadícamo
Juan Carlos Cobián
Ediciones Internacionales Fermata, 1937

Turbio fondeadero donde van a recalar
barcos que en el muelle para siempre
han de quedar,
sombras que se alargan en la noche
del dolor,
náufragos del mundo que han perdido
el corazón.
Puentes y cordajes donde el viento viene
a aullar,
barcos carboneros que jamás han de
zarpar,
torvo cementerio de las naves que al
morir
sueñan sin embargo que hacia el mar han
de partir.

Niebla del Riachuelo,
amarrado al recuerdo
yo sigo esperando.
Niebla del Riachuelo,
de ese amor, para siempre,
me vas alejando.
Nunca más volvió,
nunca más la vi,
nunca más su voz dijo mi nombre junto a
mí,
esa misma voz que dijo: "adiós".

Sueña marinero con tu viejo
bergantín,
bebe tus nostalgias en el sordo
cafetín.
Llueve sobre el puerto; mientras tanto
mi canción
llueve lentamente sobre tu desolación.
Anclas que ya nunca, nunca más han
de levar,
bordas de lanchones sin amarras que
soltar,
triste caravana sin destino ni ilusión,
como un barco preso en la botella
del figón.

Nebbia del riachuelo

Torbido ancoraggio dove vanno a finire
le navi che sul molo per sempre
resteranno,
ombre che si allungano nella notte
del dolore,
naufraghi del mondo che hanno perduto
il cuore.
Ponti e sartiame dove il vento arriva
ululando,
navi di carbone che non salperanno
mai,
torvo cimitero dei vascelli che pur
morendo
sognano di partire verso
il mare.

Nebbia del Riachuelo,
aggrappato al ricordo
continuo a sperare.
Nebbia del Riachuelo,
mi allontani per sempre
da quel mio amore.
Mai più ritornò,
non la vidi più,
mai la voce sua disse il mio nome vicino a
me,
la stessa voce che mi disse addio.

Sogna, marinaio, la tua vecchia
imbarcazione,
bevi i tuoi rimpianti nella sordida
taverna.
Piove sul porto, mentre
la mia canzone
piove lentamente sulla tua desolazione.
Ancore che mai più
si leveranno,
vele di barconi senza ormeggi da
sciogliere,
triste carovana senza destino né illusione,
come il modellino della bèttola, chiuso
in bottiglia.

Ninguna

Homero Manzi
Raúl Fernández Siro
1942

Esta puerta se abrió para tu paso,
este piano tembló con tu
canción,
esta mesa, este espejo y estos cuadros
guardan ecos del eco de tu voz.
Es tan triste vivir entre recuerdos,
cansa tanto escuchar ese rumor
de la lluvia sutil que llora el tiempo
sobre aquello que quiso el corazón.

No habrá ninguna igual, no habrá
ninguna,
ninguna con tu piel ni con tu voz.
Tu piel, magnolia que mojó
la luna,
tu voz, murmullo que entibió
el amor.
No habrá ninguna igual, todas murieron
en el momento en que dijiste adiós.

Cuando quiero alejarme del pasado,
es inútil, me dice el corazón:
ese piano, esta mesa y esos cuadros
guardan ecos del eco de su voz.
En un album azul están los versos
que tu ausencia cubrió
de soledad,
es la triste ceniza del recuerdo,
nada más que ceniza, nada más.

Nessuna

Questa porta si è aperta al tuo passaggio,
questo piano ha tremato con la tua
canzone,
il tavolo, lo specchio e quei quadri
conservano echi dell'eco della tua voce.
È così triste vivere fra ricordi,
così stancante ascoltare il mormorio
della pioggia sottile che piange il tempo
su ciò che ha amato il cuore.

Nessuna sarà uguale a te, nessuna
mai,
nessuna con la tua pelle o la tua voce.
La tua pelle, magnolia bagnata
dalla luna,
la tua voce, sussurro riscaldato
dall'amore.
Nessuna sarà uguale a te, tutte son morte
nel momento in cui hai detto addio.

Quando voglio allontanarmi dal passato,
è inutile, mi dice il cuore:
il piano, il tavolo, e quei quadri
conservano echi dell'eco della sua voce.
In un album blu ci sono i versi
che la tua assenza ha coperto
di solitudine,
è la triste cenere del ricordo,
nient'altro che cenere, nient'altro.

Nostalgias
Enrique Cadícamo
Juan Carlos Cobián
Ediciones Internacionales Fermata, 1936

Quiero emborrachar mi corazón
para apagar un loco amor
que más que amor es un sufrir,
y aquí vengo para eso,
a borrar antiguos besos
en los besos de otras bocas.
Si su amor fue flor de un día,
¿por qué causa es siempre mía
esa cruel preocupación?
Quiero por los dos mi copa alzar
para olvidar mi obstinación,
y más la vuelvo a recordar.

Nostalgias
de escuchar su risa loca
y sentir junto a mi boca
como un fuego su respiración.
Angustia
de sentirme abandonado
y pensar que otro a su lado
pronto, pronto le hablará de amor.
Hermano,
yo no quiero rebajarme,
ni pedirle, ni llorarle,
ni decirle que no puedo más vivir.
Desde mi triste soledad veré caer
las rosas muertas de mi juventud.

Gime, bandoneón, tu tango gris:
quizás a ti te hiera igual
algún amor sentimental.
Llora mi alma de fantoche
sola y triste en esta noche,
noche negra y sin estrellas.
Si las copas traen consuelo,
aquí estoy con mis desvelos
para ahogarlos de una vez.
Quiero emborrachar el corazón
para después poder brindar
por los fracasos del amor.

Rimpianto
Meri Lao, 1996
(autorizzazione senza proventi)

Voglio ubriacarmi e poi chissà
un pazzo amore affogherò
e di soffrire smetterò.
Vengo qui per cancellare
il sapore dei suoi baci
con i baci di altre bocche.
Un amore tanto breve
come mai può diventare
un'ossessione così?
Voglio ubriacarmi e poi chissà
dalla mia mente se ne andrà
ma la rimpiango sempre più.

Rimpianto
della sua risata folle,
di sentire il suo respiro
come fuoco ardente su di me.
Tormento
di vedermi abbandonato
e pensare che un altro
molto presto il suo amore avrà.
Amici,
non ho voglia di umiliarmi,
non la chiamo, non la imploro,
non le dico che non vivo senza lei.
E dalla mia solitudine vedrò
morte le rose della gioventù.

Ora il bandoneón mi suonerà
un tango grigio perché sa
che più non vivo senza lei.
Piangi, cuore di pagliaccio,
solo e triste in questa notte,
notte nera senza stelle.
Se un bicchiere ci consola,
resto qui col mio tormento:
prima o poi lo annegherò.
Voglio ubriacarmi e poi chissà,
ancora un brindisi farò
alle sconfitte dell'amore.

No tan gotán

Daniel Viglietti
Daniel Viglietti

En un gotán voy a exprimir
un otro gajo de guitarra
la naranja sigue ajena
y el guardián nos madrugó

con el pulgar quiero marcar
donde está el bien donde está el mal
la mordaza bien mordida
por el tango que arrancó

no arrancó la piel del hambre
que es muy dura de pelar
después buscó la justicia
le cortaron el pulgar

tango muñón para golpear
la dura puerta nacional
la de bisagras extranjeras
la de mentiras bien de veras

de contragol de cantegril
de jubilados de esperar
la patria dio parte de enferma
y marchó presa al hospital

hospital de las mentiras
que quedan sin contestar
esta gripe del silencio
viene tirando a matar

muertos de sed y de estudiar
allá en la plaza libertad
la lección nueva del liceo
esa que dice ¡nunca más!

nunca más oiremos tangos
como los del tiempo aquél
pero hay que seguir cantando
aunque ya no esté Gardel

en un gotán quise exprimir
un otro gajo de guitarra
la naranja sigue ajena
pero el tango
pero el tango corte y hacha
no acabó.

Non tanto tango

In un tango voglio spremere
un altro spicchio di chitarra
l'arancia continua a essere altrui
e il poliziotto è arrivato prima

con il pollice voglio marcare
dove è il bene e dove il male
il bavaglio bene stretto
dal tango che è cominciato

non ha strappato la pelle della fame
che è un osso duro
poi ha cercato la giustizia
gli hanno tagliato il pollice

tango moncherino per colpire
la dura porta nazionale
quella con cerniere straniere
e con bugie proprio vere

dal gol, dalle baracche
dai pensionati dell'attesa
la patria ha notificato di essere malata
e l'hanno portata all'ospedale in arresto

ospedale delle menzogne
che rimangono senza replica
questa febbre del silenzio
viene con intenzioni di uccidere

morti di sete e di studio
là nella piazza libertà
la nuova lezione alle medie
quella che dice: mai più!

mai più ascolteremo tanghi
come quelli di allora
ma bisogna continuare a cantare
anche se non c'è Gardel

in un tango ho voluto spremere
un altro spicchio di chitarra
l'arancia continua a essere altrui
ma il tango
ma il tango tagliato con l'ascia
non è finito.

Cocoliche voluto nel secondo verso: "un otro" anziché "otro".

Nunca tuvo novio
Enrique Cadícamo
Agustín Bardi
Southern, 1928

Pobre solterona te has quedado,
sin ilusión, sin fe.
Tu corazón de angustia se ha enfermado,
puesta de sol es hoy tu vida trunca.
Sigues como entonces releyendo
el novelón sentimental
en el que una niña aguarda en vano
consumida por un mal de amor.

En la soledad
de tu cuarto de soltera está el dolor,
triste realidad
es el fin de tu jornada sin amor.
Lloras y al llorar
van las lágrimas temblando tu emoción
y en las hojas de tu viejo novelón
te ves sin fuerza palpitar.

Deja de sufrir
por el príncipe soñado que no fue
junto a ti a volcar
el rimero melodioso de su voz.
Tras el ventanal,
mientras pega la llovizna en el cristal,
con los ojos más nublados
    de dolor
soñás un paisaje de amor.

Nunca tuvo novio, pobrecita,
porque el amor no fue
a su rincón de humilde muchachita
a reanimar las flores de sus años.
Yo, con mi montón de desengaños
igual que vos, vivo sin luz,
sin una caricia venturosa
que me haga olvidar mi cruz.

Mai avuto un fidanzato

Povera zitella sei rimasta
senza illusione, senza fede.
Il tuo cuore è malato di angoscia:
un tramonto, la tua vita tronca.
Continui a rileggere come ieri
il romanzo d'appendice
in cui una fanciulla spera invano
consumata da un male d'amore.

Nella solitudine
della tua stanza da ragazza c'è il dolore,
triste realtà
è la fine della tua giornata senza amore.
Piangi e nel piangere
le lacrime fanno tremare la tua emozione
e nelle pagine del vecchio romanzo
ti vedi palpitare esausta.

Smetti di soffrire
per il principe sognato che non è giunto
da te a versare
il rimario melodioso della sua voce.
Oltre la finestra,
mentre la pioggia batte sul cristallo,
con gli occhi ancora più nuvoli
    dal dolore
tu sogni un paesaggio d'amore.

Non ha mai avuto un fidanzato, poveretta,
perché l'amore non arrivò
al suo cantone di umile ragazzetta
a riaccendere i fiori degli anni.
Io, col mio fardello di disinganni,
uguale a te vivo senza luce,
senza una carezza fortunata
che mi faccia dimenticare la mia croce.

Pan

Celedonio Esteban Flores
Eduardo Pereyra
1932

El sabe que tiene para un largo rato,
la sentencia en fija lo va a hacer sonar.
Así, entre cabrero, sumiso
y amargo,
la luz de la aurora lo va a saludar.
Quisiera que alguno pudiera escucharlo
en esa elocuencia que las penas dan,
y ver si es humano querer condenarlo
por haber robado un cacho de pan.

Sus pibes no lloran por llorar,
ni piden masitas,
ni dulces, ni chiches, Señor.
Sus pibes se mueren de frío
y lloran hambrientos de pan.
La abuela se queja de dolor,
doliente reproche que ofende a su
hombría.
También su mujer,
escuálida y flaca
en una mirada
toda la tragedia le ha dado a entender.

¿Trabajar? ¿Adónde? Extender
la mano
pidiendo al que pasa limosna, ¿por qué?
Recibir la afrenta de un "perdone,
hermano"
él que es fuerte y tiene valor y altivez...
Se durmieron todos. Cachó la barreta,
se puso la gorra resuelto a robar.
Un vidrio, unos gritos, auxilio, carreras,
un hombre que llora y un cacho de pan.

Pane

Sa che ne avrà per molto tempo,
la sentenza sicuramente lo fregherà.
Così, tra l'iracondo, il rassegnato
e l'amaro,
lo sorprende il saluto dell'alba.
Vorrei che qualcuno potesse ascoltarlo
quando la sofferenza parla per lui,
e vedere se è umano volere condannarlo
per aver rubato un pezzo di pane.

I suoi figli non piangono per piangere,
né chiedono dolci,
né golosità, né giocattoli, Signore.
I suoi figli muoiono di freddo
e piangono affamati di pane.
La nonna si lamenta dal dolore,
triste rimprovero che offende la sua
dignità.
Anche sua moglie,
squallida e magra,
con uno sguardo
gli ha fatto capire tutta la tragedia.

Lavorare, dove? Tendere la mano
per strada
chiedendo elemosina, perché?
Ricevere l'affronto di un "perdono,
fratello"
lui che è forte e ha coraggio e fierezza...
Tutti dormivano. Prese la sbarra di ferro,
si mise il berretto, deciso a rubare.
Un vetro, delle grida, aiuto, corse,
un uomo che piange e un pezzo di pane.

Percal

Homero Expósito
Domingo S. Federico
Editorial Musical Korn-Intersong, 1943

Percal, ¿te acuerdas del percal?
Tenías quince abriles,
anhelos de sufrir y amar,
de ir al centro a triunfar
y olvidar el percal.
Percal, camino del percal,
te fuiste de tu casa,
tal vez nos enteramos mal:
sólo sé que al final
olvidaste el percal.

La juventud se fue,
tu casa ya no está
y en el ayer, tirados,
han quedado acobardados
tu percal y mi pasado.
La juventud se fue,
yo ya no espero más.
Mejor dejar perdidos
los anhelos que no han sido
y el vestido de percal.

Llorar, ¿por qué vas a llorar?
¿Acaso no has vivido?
¿Acaso no aprendiste a amar,
a sufrir, a esperar,
y también a callar?
Percal, son cosas del percal...
Saber que estás sufriendo,
saber que sufrirás aún más
y saber que al final
no olvidaste el percal.

Percal, ¡tristeza del percal!

Percalle

Percalle, ricordi il percalle?
Avevi quindici primavere,
desideravi soffrire e amare,
andare in centro a trionfare
e dimenticare il percalle.
Percalle, cammino del percalle,
sei andata via dalla tua casa,
forse abbiamo capito male:
so solo che alla fine
hai scordato il percalle.

La gioventù se ne è andata,
la tua casa non c'è più
e nell'ieri, gettati via,
son rimasti avviliti
il tuo percalle e il mio passato.
La gioventù se ne è andata,
io non spero più ormai;
meglio lasciare indietro
i desideri che non furono
e il vestito di percalle.

Piangere, perché dovresti piangere?
Non hai forse vissuto,
non hai forse imparato ad amare,
a soffrire, ad aspettare,
e anche a tacere?
Percalle, son cose del percalle...
Sapere che stai soffrendo,
sapere che soffrirai ancora più
e sapere che alla fine
non hai scordato il percalle.

Percalle, tristezza del percalle!

Por la vuelta
Enrique Cadícamo
José Tinelli
Ediciones Internacionales Fermata, 1938

"Afuera es noche y llueve tanto,
¡ven a mi lado!" me dijiste.
Hoy tu palabra es como un manto,
un manto grato de amistad.
"Tu copa es ésta", y la llenaste.
"Bebamos juntos, viejo amigo",
dijiste mientras levantaste
tu fina copa de champán.

La historia vuelve a repetirse,
mi muñequita dulce y rubia.
El mismo amor, la misma lluvia,
el mismo, el mismo loco afán.
¿Te acuerdas? Hace justo un año
nos separamos sin un llanto.
Ninguna escena, ningún daño:
simplemente fue un adiós
inteligente de los dos.

"Tu copa es ésta", y nuevamente,
los dos brindamos "por la vuelta".
Tu boca roja y oferente
bebió en el fino bacarat.
Después, quizá mordiendo un llanto,
"Quedate siempre", me dijiste.
"Afuera es noche y llueve tanto"...
¡y comenzaste a llorar!

Al ritorno

"Di fuori è notte e piove tanto,
vieni accanto a me!", mi dicesti.
Oggi le tue parole sono come un manto,
un grato manto di amicizia.
"Questo il tuo calice?", e l'hai riempito.
"Beviamo insieme, vecchio amico",
dicesti mentre alzavi
la fine coppa di champagne.

La storia torna a ripetersi,
mia bambola dolce e bionda.
Lo stesso amore, la stessa pioggia,
la stessa folle angoscia.
Ricordi? Giusto un anno fa
senza un pianto ci separammo.
Nessuna scena, nessun danno:
semplicemente un addio
intelligente fra i due.

"Questo il tuo calice?", e nuovamente
brindammo "al ritorno".
La tua rossa bocca invitante
bevve dal fine baccarat.
Poi, forse mordendo un pianto,
"Rimani per sempre", mi dicesti.
"Fuori è notte e piove tanto"...
e cominciasti a piangere!

Por una cabeza

Alfredo Le Pera
Carlos Gardel
1935

Por una cabeza
de un noble potrillo
que justo en la raya
afloja al llegar,
y que al regresar
parece decir:
"No olvidés, hermano,
vos sabés, no hay que jugar".
Por una cabeza,
metejón de un día
de aquella coqueta
y burlona mujer,
que al jugar sonriendo
el amor que está mintiendo
quema en una hoguera
todo mi querer.

Por una cabeza
todas las locuras.
Su boca que besa
borra la tristeza,
calma mi amargura.
Por una cabeza
si ella me olvida,
qué importa perderme
mil veces la vida,
para qué vivir.

¡Cuántos desengaños
por una cabeza!
Yo juré mil veces
"No vuelvo a insistir",
pero si un mirar
me hiere al pasar
sus labios de fuego
otra vez quiero besar.
Basta de carreras,
se acabó la timba,
un final reñido
yo no vuelvo a ver,
pero si algún pingo
llega a ser fija el domingo,
yo me juego entero,
¡qué le voy a hacer!

Per un'incollatura

Per un' incollatura
del nobile puledro
che proprio quando arriva
al traguardo rallenta,
e che quando torna
sembra dire:
"Non dimenticare, fratello,
lo sai che non si deve giocare".
Per una incollatura,
capriccio di un giorno
di quella donna
civetta e frivola,
che sorridente gioca
fingendo il suo amore
e brucia in un falò
tutto il mio desiderio.

Per un' incollatura,
tutte le follie.
La sua bocca che bacia
cancella la tristezza,
calma l'amarezza.
Per una incollatura
se lei mi dimentica,
che cosa importa se perdo
mille volte la vita,
a che pro vivere?

Quanti disinganni
per un'incollatura!
Ho giurato mille volte:
"Non insisto più",
ma se uno sguardo di donna
mi ferisce quando passo,
mi torna la voglia di baciare
le sue labbra di fuoco.
Basta con le corse,
smettiamo di puntare,
un finale combattuto
non torno più a vederlo,
ma se qualche cavallo
domenica dovesse andare favorito
io mi gioco tutto,
che ci posso fare!

Qué falta que me hacés

Federico Silva
Miguel Caló / Armando Pontier
1960

No estás,
te busco y ya no estás,
espina de la espera
que lastima más y más.
Gritar tu nombre enamorado,
desear tus labios despintados
como luego de besarlos.
No estás,
te busco y ya no estás.

¡Qué largas son las horas
ahora que no estás!
¡Qué ganas de encontrarte
después de tantas noches!
¡Qué ganas de abrazarte!
¡Qué falta que me hacés!

Si vieras qué ternura
que tengo para darte
capaz de hacer un mundo
y dártelo después.
Y entonces, si te encuentro,
seremos nuevamente,
desesperadamente,
los dos para los dos.

Come mi manchi

Non ci sei,
ti cerco e non ci sei,
spina dell'attesa
che ferisce sempre più.
Gridare il tuo nome innamorato,
desiderare le tue labbra
rimaste senza rossetto dopo i miei baci.
Non ci sei,
ti cerco e non ci sei.

Che lunghe le ore
adesso che non ci sei!
Che voglia di incontrarti
dopo tante notti!
Che voglia di abbracciarti!
Come mi manchi!

Vedessi quale tenerezza
ho da darti,
capace di fare un mondo
per poi donartelo.
E allora, se ti trovo,
saremo nuovamente,
disperatamente,
l'uno per l'altra.

Qué me van a hablar de amor

Homero Expósito
Héctor Stamponi
1927

Yo he vivido dando tumbos
rodando por el mundo
y haciéndome el destino,
y en los charcos del camino
la experiencia me ha ayudado
por baqueano y porque yo
comprendo que en la vida
se cuidan los zapatos andando
de rodillas.
Por eso me están sobrando los consejos,
que en las cosas del amor,
aunque tenga que aprender,
nadie sabe más que yo.

Yo anduve siempre en amores,
qué me van a hablar de amor.
Si ayer la quise, qué importa,
qué importa si hoy no la quiero.
Eran sus ojos de cielo
el ancla más linda que ataba a mi sueño.
Era mi amor, pero un día se fue
de mis cosas
y entró a ser recuerdo.
Después rodé en mil amores,
¡qué me van a hablar de amor!

Muchas noches en invierno
me echó desde la ausencia
la soga del recuerdo,
pero siempre me he soltado
como un potro mal domado,
por mañero y porque yo,
que anduve enamorado,
rompí como una rosa
las cosas del pasado.
Y ahora que estoy viviendo en otra aurora,
no me expliquen el amor,
que aunque tenga que aprender,
nadie sabe más que yo.

Chi può parlarmi d'amore

Ho vissuto sbalestrato
rotolando per il mondo
a costruirmi il destino,
e nelle pozzanghere della strada
l'esperienza mi ha aiutato
a destreggiarmi, anche perché
comprendo che nella vita
si salvano le scarpe se si cammina
in ginocchio.
Perciò i consigli mi bastano e avanzano,
ché nelle cose dell'amore,
anche se ho da imparare,
nessuno sa più di me.

Io ho sempre avuto amori,
chi può parlarmi d'amore.
Se ieri l'ho amata, che importa,
che importa se oggi non l'amo.
Erano i suoi occhi di cielo
l'ancora più bella che legava i miei sogni.
Era il mio amore, ma un giorno uscì
dalle cose mie
e passò a essere ricordo.
Dopo mi sono buttato in mille amori,
chi può parlarmi d'amore!

Tante volte d'inverno
mi ha lanciato, dalla sua assenza,
il laccio del ricordo,
ma mi sono sempre liberato
come un puledro male addestrato
e furbo, perché io
che sono stato innamorato
ho spezzato come una rosa
le cose del passato.
E ora che vivo un'altra aurora,
non spiegatemi l'amore
perché anche se ho da imparare,
nessuno sa più di me.

Ranatango
Meri Lao
Meri Lao
Edizioni Musicali Frorias, 1996

El tango
te acompaña y te hace volver,
oh rana, con enaguas de satin,
la soberana
de mi noche suburbana,
que una mañana
se metió a hacer macanas
y ahora es la sombra vana
que llora en mi corazón.

¿Dónde está el tango con voces
de membrana
que vos bailabas con tanta filigrana?
¿Qué fue del bulincito, aquel verde
nirvana?
¡La lava de cemento ya todo sumergió!
Y pasan los recuerdos en larga caravana
y me parece verte tras un velo de smog.
La vida te ha cambiado, ya no sos más
mi rana:
en la laguna insana todos te baten...
¡frog!

El tango
me persigue y me matará,
oh rana, sin más rango ni color.
Yo estoy en cana
por hacerte de campana
y vos bacana
a la busca de programas
sos la llaga cotidiana
que sangra en mi corazón.

Ranatango
Meri Lao
Meri Lao
Edizioni Musicali Frorias, 1987

Col tango
io permango e rivedo te,
la rana dal vestito di satin.
Eri sovrana
nella notte suburbana
ma poi la frana
rovinò la tua sottana
e ora sei un'ombra vana
che fa soffrire il mio cuor.

Dov'è quel tango dei tempi
di buriana
che tu cantavi con voce di membrana?
Dov'è la nostra tana, il verde
mio nirvana?
La metropolitana ormai ti divorò.
E passano i ricordi in lunga carovana
ora che ti nascondi dietro veli di smog.
La vita ti ha cambiata, non sei più
la mia rana:
laggiù nella marrana ti fai chiamare...
frog!

Col tango
io rinvango e m'infango ancor,
oh rana, non hai rango né color.
Nella fiumana
perdesti la tramontana.
Strana e malsana
la tua forma sovrumana
è la smania quotidiana
di questo povero cuor.

Scherzo su certi stereotipi dei testi: il corazón, l'interrogazione del passato, il cambiamento nefasto dell'amata, Cfr. *Margot, Mi Buenos Aires querido. Ranatango*, nato dapprima in italiano, ha fatto parte della musica di scena del *Discorso sull'inferiorità della rana* di V. Ciurlo e M. Lao, che ha avuto come attrice protagonista Patrizia La Fonte.

Rencor
Luis César Amadori
Charlo
Editorial Perrotti, 1932

Rencor, mi viejo rencor,
dejame olvidar la cobarde
traición.
No ves que no puedo más,
que ya me he secao de tanto llorar.
Dejá que viva otra vez
y olvide el dolor que ayer
me cacheteó.
Rencor, yo quiero volver a ser
lo que fui,
yo quiero vivir.

Este odio maldito
que llevo en las venas
me amarga la vida
como una condena.
El mal que me han hecho
es herida abierta
que me inunda el pecho
de rabia y de hiel.
La odian mis ojos
porque la miraron,
mis labios la odian
porque la besaron.
La odio con toda
la fuerza de mi alma,
y es tan fuerte mi odio
como fue mi amor.

Rencor, mi viejo rencor,
no quiero sufrir esta pena sin fin.
Si ya me han muerto una vez,
¿por qué llevaré la muerte en mi ser?
Ya sé que no tiene perdón,
ya sé que fue vil y fue cruel su traición,
por eso, viejo rencor, dejame vivir
por lo que sufrí.

Dios quiera que un día
la encuentre en la vida,
llorando vencida
su triste pasado,
para echarle en cara
todo este desprecio
que llena mi vida
de amargo rencor.
La odio por el daño
de mi amor deshecho,
y por una duda
que me escarba el pecho;
no repitas nunca
lo que he de decirte:
rencor, ¡tengo miedo
de que seas amor!

Rancore

Rancore, vecchio mio rancore,
lasciami dimenticare quel vigliacco
tradimento.
Non vedi che non posso più,
sono arido dopo tanto piangere.
Lascia che viva un'altra volta
e dimentichi il dolore che ieri
mi ha schiaffeggiato.
Rancore, io voglio tornare a essere ciò
che sono stato,
io voglio vivere.

Quest'odio maledetto
che porto nelle vene
mi amareggia la vita
come una condanna.
Il male che mi hanno fatto
è una ferita aperta
che inonda il mio petto
di rabbia e fiele.
La odiano i miei occhi
perché l'hanno guardata,
le mie labbra la odiano
perché l'hanno baciata.
Io l'odio con tutta
la forza dell'anima,
ed è così forte l'odio
come prima era l'amore.

Rancore, vecchio mio rancore,
non voglio soffrire questa pena senza fine.
Se mi hanno già ucciso una volta,
perché porto dentro di me la morte?
Lo so che non ha perdono,
che il suo tradimento è stato vile e crudele,
perciò, vecchio rancore, lasciami vivere
per tutto quello che ho sofferto.

Dio volesse che un giorno
la trovassi nella vita,
a piangere distrutta
il suo triste passato,
per gettarle in faccia
tutto questo disprezzo
che riempie la mia vita
di amaro rancore.
La odio per il danno
del mio amore in frantumi
e per un dubbio
che mi corrode il petto;
non ripetere mai
ciò che sto per dirti:
rancore, ho paura
che tu sia amore!

Secreto

Enrique Santos Discépolo
Enrique Santos Discépolo
1932

Quién sos, que no puedo salvarme,
muñeca maldita, castigo de Dios,
ventarrón que desgaja en su furia un ayer
de ternuras de hogar y de fe.
Por vos se ha cambiado mi vida
sagrada y sencilla como una oración
en un bárbaro horror
de problemas
que atora mis venas y enturbia
mi honor.

No puedo ser más vil,
ni puedo ser mejor,
vencido por tu hechizo
que trastorna mi deber.
Por vos a mi mujer
la vida he destrozao
y es pan de mis dos hijos
todo el lujo que te he dao.

No puedo reaccionar,
no puedo comprender,
perdido en la tormenta
de tu voz que me embrujó.
La seda de tu piel
que me estremece
y al latir florece
con mi perdición.

Resuelto a borrar con un tiro
tu sombra maldita que ya es obsesión,
he buscao en mi noche un rincón
pa' morir,
pero el arma se afloja a traición.
No sé si merezco este oprobio feroz
pero en cambio he llegado a saber
que es mentira que yo no me mato
pensando en mis hijos: no lo hago
por vos.

Segreto

Chi sei, che non posso salvarmi,
bambola maledetta, castigo di Dio,
vento che con furia schianta un passato
di affetti, di focolare, di fede.
Per te la mia vita,
semplice e sacra come una preghiera,
è diventata un barbaro pozzo
di problemi
che mi soffoca le vene e intorbida
il mio onore.

Non posso essere più vile,
non posso essere migliore,
vinto dal tuo maleficio
che frastorna i miei doveri.
Per te a mia moglie
ho distrutto la vita
e pane dei miei due figli
è tutto il lusso che ti ho dato.

Non posso reagire,
non posso capire,
perduto nella tempesta
della tua voce che mi ha stregato;
la seta della tua pelle
mi fa fremere
e palpitando fiorisce
con la mia perdizione.

Deciso a cancellare con uno sparo
l'ombra tua maledetta che è un'ossessione,
ho cercato nella notte un cantone
dove morire,
ma l'arma mi tradisce e cede.
Non so se merito quest'estremo obbrobrio
ma sono riuscito a comprendere
che è falso che io non mi ammazzo
perché penso ai figli: se non lo faccio
è per te.

Siempre París
Homero Expósito
Virgilio Expósito
EDAMI, 1957

No fue Mimí, ni fue Manón:
fue una muchacha sin canción.
Cuando murió en mis manos
ya era un paisaje muerto,
pueblo de pantanos
sin caminos y sin puertos.

Y atrás de un tul siempre París
vendiendo azul lo gris.
El bulevar prieto de sol
y para amar, alcohol.
Y la navaja del jornal
un dólar tal más tierno que el muguet
y el agua baja del percal
y astral del cabaret.

Y así el pernod y el strip-tease
-medio cocotte y actriz-
y los barbudos sin razón
y el mal de Koch, París,
siempre París para soñar,
siempre París para morir,
siempre París para rodar
¡sin ser Manón ni ser Mimí.

Sempre Parigi

Non è stata una Mimì né una Manon,
ma una ragazza senza canzone.
Quando moriva fra le mie mani
era già un paesaggio morto,
contrada di paludi
senza strade e senza porto.

E dietro un velo sempre Parigi
che vende per azzurro il grigio.
Il boulevard nero di sole
e per amare, l'alcol.
E il rasoio del salario,
un dollaro tale più tenero del mughetto
e l'acqua bassa del percalle
e astrale del cabaret.

E così pernod e strip-tease
-metà cocotte, metà attrice-
e i barboni privi di senno
e il male di Koch, Parigi,
sempre Parigi per sognare,
sempre Parigi per morire,
sempre Parigi per rotolare
senza essere una Manon né una Mimì.

Siga el corso

Francisco García Jiménez
Anselmo Aieta
1925

Esa Colombina
puso en sus ojeras
humo de la hoguera
de su corazón.
Aquella Marquesa
de la risa loca
se pintó la boca
por besar a un clown.
Cruza del palco hasta el coche
la serpentina nerviosa y fina
como un pintoresco broche
sobre la noche de carnaval.

Te quiero conocer, saber adónde vas,
alegre mascarita que me gritas
al pasar:
"¡Adiós, adiós, adiós!
¿Quién soy? ¿Adónde voy?
Yo soy la misteriosa mujercita
de tu afán."
No finjas más la voz, sacate
el antifaz,
tus ojos en el corso van buscando
mi ansiedad,
mostrate como sos, tu risa me hace mal,
detrás de tus desvíos todo el año
es carnaval.

Con sonora burla
truena la corneta
de una pizpireta
dama de organdí.
Entre grito y risa,
linda maragata,
jura que la mata
la pasión por mí.
Bajo los chuscos carteles
pasan los fieles del Dios Jocundo
y le van prendiendo al mundo
sus cascabeles de carnaval.

Siga el corso

Quella Colombina
si è messa nelle occhiaie
il nerofumo fatto con la brace
del suo cuore.
Quella Marchesa
dal riso folle
si è dipinta le labbra
baciando un clown.
Attraversa il palco fino al carro
la stella filante nervosa e sottile
come una pittoresca chiusa in bellezza
della notte di carnevale.

Voglio conoscerti, sapere dove vai,
allegra mascherina che gridi passandomi
vicino:
"Ciao, ciao, ciao!
Chi sono? Dove vado?
Sono la misteriosa donnina
dei tuoi sogni."
Non contraffare la voce, togliti
la maschera,
i tuoi occhi nella sfilata cercano
il mio desiderio,
mostrati come sei, il tuo riso mi fa male,
sotto la tua finzione tutto l'anno
è carnevale.

Burlone e sonoro
vibra il fischietto
di una vispa
damina in organdi.
Fra grida e risate,
ornata da una bella gorgiera,
giura che sta morendo
di passione per me.
Sotto i chiassosi cartelloni
passano i fedeli del Dio Giocondo,
che appendono sul mondo
i campanelli del carnevale.

Soledad
Alfredo Le Pera
Carlos Gardel
Ricordi Americana, 1934

Yo no quiero que nadie a mí me diga
que de tu dulce vida
vos ya me has arrancado,
mi corazón una mentira pide
para esperar tu imposible llamado.
Yo no quiero que nadie se imagine
cómo es de amarga y honda mi eterna
    soledad,
pasan las noches y el minutero muele
la pesadilla de su lento tic-tac.

En la doliente sombra de mi cuarto al
    esperar
sus pasos que quizá no volverán,
a veces me parece que ellos detienen
    su andar
sin atreverse luego a entrar.
Pero no hay nadie y ella no viene,
es un fantasma que crea mi ilusión
y que al desvanecerse va dejando
    su visión:
cenizas en mi corazón.

En la plateada esfera del reloj
las horas que agonizan se niegan a pasar;
hay un desfile de extrañas figuras
que me contemplan con burlón mirar.
Es una caravana interminable
que se hunde en el olvido con su mueca
    espectral;
se va con ella su boca que era mía,
sólo me queda la angustia de mi mal.

Solitudine
Meri Lao, 1996
(in attesa di iscrizione)

Non voglio che nessuno me lo dica
che dalla tua vita
per sempre mi hai strappato.
Il cuore mio implora una bugia:
che tu lo chiami aspetta, ma invano.
Non voglio che nessuno si figuri
l'amara solitudine che sta crescendo
    in me.
Passa la notte e l'orologio batte
l'incubo nero al lento suo tic tac.

Nell'ombra dolorosa della stanza
    aspetterò
colei che forse non ritornerà,
persino di sentire i suoi passi
    crederò,
però non entrerà, non oserà.
Ma sono solo, e lei che non viene
è un fantasma che il sogno mio creò
e quando svanirà e cercherò dentro
    di me
la cenere mi resterà.

Ha un disco d'argento l'orologio:
le ore in agonia non vogliono passare.
È una sfilata di strane figure,
chi è che guarda, chi ride di me?
È come un'infinita carovana
che va verso l'oblio
    e s'inabisserà,
con la sua bocca, che smorfia è diventata,
e io qui solo, e lei che se ne va.

Soy un arlequín

Enrique S. Discépolo
Enrique S. Discépolo
1928

Soy un arlequín,
un arlequín que salta y baila
para ocultar
su corazón lleno de pena.
Me dejó en la cruz
tu folletín de Magdalena
porque soñé
que era Jesús y te salvaba.
Me engañó tu voz,
tu llorar de arrepentida sin perdón;
eras mujer:
pensé en mi madre,
¡y me callé!

Viví en tu amor una esperanza,
la inútil ansia de tu salvación.
Perdoname si fui bueno,
si no sé más que sufrir,
si he vivido entre las risas
por quererte redimir.
¡Cuánto dolor
que hace reir!

Sono un arlecchino

Sono un arlecchino,
un arlecchino che balla e salta
per nascondere
un cuore pieno di pena.
Mi ha messo in croce
la tua Maddalena da melodramma:
ho sognato
di essere Gesù e di salvarti.
Mi ha ingannato la tua voce,
il tuo pianto di pentita senza perdono;
eri donna:
ho pensato a mia madre
e ho taciuto!

Ho vissuto nel tuo amore una speranza,
il vano desiderio della tua salvezza.
Perdonami se sono stato buono,
se non so fare altro che soffrire,
se ho vissuto fra risate
per volerti redimere.
Quanto dolore
da far ridere!

Sueño de barrilete

Eladia Blázquez
Eladia Blázquez
Edizione 1960

Desde chico yo tenía en el mirar
esa loca fantasía de soñar.
Fue mi sueño de purrete
ser igual que un barrilete
que elevándose entre nubes
con un viento de esperanza sube y sube...
Y crecí en ese mundo
 de ilusión
y escuché sólo a mi propio corazón.
Mas la vida no es juguete
y el lirismo es un billete sin valor.

Yo quise ser un barrilete
buscando altura en mi ideal,
tratando de explicarme que la vida
es algo más que darlo todo
 por comida.
Y he sido igual que un barrilete
al que un mal viento puso fin.
No sé si me falló la fe,
 la voluntad
o acaso fue que me faltó piolín.

En amores sólo tuve decepción,
regalé por no vender
 mi corazón.
Hice versos olvidando
que la vida sólo es prosa dolorida
que va ahogando lo mejor y abriendo
 heridas,
¡ay, la vida!
Hoy me aterra este cansancio
 sin final,
se hizo trizas mi sonrisa de cristal.
Cuando miro un barrilete
me pregunto: aquel purrete, ¿dónde está?

Sogno d'aquilone

Fin da bambino avevo nello sguardo
la folle fantasia di sognare.
Il mio sogno d'infanzia
era quello di essere uguale a un aquilone
che alzandosi fra le nuvole
come un vento di speranza sale e sale...
E son cresciuto in quel mondo
 di illusione
e ho ascoltato solo il mio cuore.
Ma la vita non è un giocattolo
e il lirismo è un biglietto senza valore.

Volevo essere un aquilone,
cercavo altezza nel mio ideale,
tentavo di spiegarmi che la vita
è qualcosa di più del cedere a tutto
 per mangiare.
E son finito come un aquilone
distrutto da un cattivo vento.
Non so se è venuta meno la fede,
 la volontà
o forse era corto lo spago.

In amore ho avuto solo delusione,
ho regalato, per non venderlo,
 il mio cuore.
Ho scritto versi dimenticando
che la vita è solo prosa indolenzita
che soffoca il meglio di te e lascia aperte
 le ferite,
ah, la vita!
Oggi mi terrorizza questa stanchezza
 senza fine,
fatto a pezzi il mio sorriso di cristallo.
Quando guardo un aquilone
mi domando: quel bambino, dove sarà?

Sur
Homero Manzi
Aníbal Troilo
Editorial Julio Korn, 1948

San Juan y Boedo antigua, y todo el cielo,
Pompeya, y más allá la inundación.
Tu melena de novia en el recuerdo
y tu nombre florando en el adiós.
La esquina del herrero, barro y pampa,
tu casa, tu vereda y el zanjón,
y un perfume de yuyos y de alfalfa
que me llena de nuevo el corazón.

Sur,
paredón y después...
Sur,
una luz de almacén.
Ya nunca me verás como me vieras
recostado en la vidriera
y esperándote.
Ya nunca alumbraré con las estrellas
nuestra marcha sin querellas
por las noches de Pompeya.
Las calles y las lunas suburbanas
y mi amor y tu ventana:
todo ha muerto, ya lo sé.

San Juan y Boedo antiguo, cielo perdido,
Pompeya y al llegar al terraplén
tus veinte años temblando de cariño
bajo el beso que entonces te robé.
Nostalgia de las cosas que han pasado,
arena que la vida se llevó,
pesadumbre del barrio que han cambiado
y amargura del sueño que murió.

Sud
Meri Lao, 1992
(in attesa di iscrizione)

Quartiere Sud della periferia
col cielo sopra e la palude giù,
la tua chioma che ondeggia nel ricordo
e il tuo nome che non pronuncio più.
L'androne dove martellava il fabbro,
la porta dalla quale uscivi tu,
e un profumo di erbacce e di fieno
mi rimanda a un'epoca che fu.

Sud,
muraglione e poi..
Sud,
e si illumina il bar.
Mai più mi rivedrai come una volta
appoggiato alla tua porta
che aspettavo te.
Mai più rischiareremo con le stelle
le serene passeggiate
nelle nostre notti belle.
Le strade e le lune suburbane
e il mio amore al tuo balcone,
tutto è morto, lo so già.

Quartiere Sud della periferia,
perduto il cielo, il terrapieno è là,
tenerezza tremante dei vent'anni
per il bacio che allora ti rubai.
Rimpianto dei momenti ormai passati,
polviscolo di vita che svanì,
sofferenza dei luoghi trasformati
e amarezza del sogno che morì.

Sus ojos se cerraron
Alfredo Le Pera
Carlos Gardel
1935

Sus ojos se cerraron
y el mundo sigue andando,
su boca que era mía
ya no me besa más.
Se apagaron los ecos
de su reír sonoro
y es cruel este silencio
que me hace tanto mal.
Fue mía la piadosa
dulzura de sus manos,
que dieron a mis penas
caricias de bondad.
Y ahora que la evoco
hundido en mi quebranto,
las lágrimas trenzadas
se niegan a brotar,
¡y no tengo el consuelo
de poder llorar!

¿Por qué tus alas, tan cruel quemó la vida,
por qué esta mueca siniestra de la suerte?
Quise abrigarla, y más pudo la muerte,
¡cómo me duele y se ahonda la herida!
Yo sé que ahora vendrán caras extrañas
con su limosna de alivio a mi tormento.
Todo es mentira, mentira es el lamento,
¡hoy está solo mi corazón!

Como perros de presa
las penas traicioneras,
celando mi cariño
galopaban detrás,
y escondida en las aguas
de su mirada buena,
la muerte agazapada
marcaba su compás.
En vano yo alentaba
febril una esperanza:
clavó en mi carne viva
sus garras el dolor,
y mientras en las calles
en loca algarabía
el carnaval del mundo
lloraba y se reía,
¡burlándose el destino
me robó su amor!

E lei ha chiuso gli occhi
Meri Lao,
SADAIC 1980

E lei ha chiuso gli occhi
ma il mondo non si ferma,
la bocca che adoravo
mai più mi bacerà.
Ormai si è spenta l'eco
del riso suo felice
e crudo e lacerante
il silenzio verrà.
Mai più le sue mani
pietose di dolcezza
daranno alle mie angosce
carezze di bontà.
E ora che la invoco,
immerso nel dolore,
le lacrime imbrigliate
non sgorgheranno mai,
così nemmeno il pianto
mi conforterà!

Perché la vita ha bruciato le sue ali
e questo perfido gesto della sorte?
Io l'ho difesa invano dalla morte
che scava nelle mie piaghe fatali.
Io so che adesso verranno facce strane
con l'elemosina a lenire il mio tormento.
Tutto è menzogna, menzogna il lamento,
la solitudine, sola realtà!

Come cani da preda
gelosi del suo amore
le pene la braccavano
con l'infelicità,
e nascosta nell'acqua
del suo mite sguardo
la morte decideva
la sua caducità.
Invano io serbavo
febbrile una speranza,
quand'ecco che il dolore
gli artigli mi inchiodò,
e mentre per le strade
la fervida allegria
del mondo in carnevale
rideva e gioiva,
beffandomi il destino
l'amor mio rubò!

E lei ha chiuso gli occhi fa parte del musical "Tangonero". Cfr. Bronca /Rabbia.

Taconeando

José H. Staffolani
Pedro Maffia
1929

¡Vengan a ver!
El bailongo se formó en su ley
a la luz de un gran farol medioeval.
Todo el barrio se volcó en aquel
caserón bajo el parral a bailar,
y al quejarse el bandoneón se escuchó
triste las notas de un tango
que nos hablaba de amor,
de mujer, de traición,
de milongas manchadas de sangre,
de sus malevos, y el "Picaflor".

Se fue el arrabal
con toda su ley:
su historia es tal vez
la cruz del puñal.
Se fue el arrabal
que hablaba de amor
y aquel taconear
también se perdió.

¿Quién no sintió
la emoción del taconear y el ardor
que provoca el bandoneón al llorar?
Tango brujo de arrabal, triste son
que se agita en el misal de un querer
y en la lírica pasión del matón.
Notas que muerden las carnes
con su motivo sensual
al volcar la pasión
que llevamos tal vez muy adentro
en lo más hondo del corazón.

Battendo i tacchi

Venite a vedere!
Il ballo si è formato secondo le regole,
alla luce di un lampione coloniale.
Tutto il quartiere si è riversato in quel
casermone sotto la vite a ballare,
e col lamento del bandoneón si udirono
tristi le note di un tango
che ci parlava d'amore,
di donna, di tradimento,
di balere macchiate di sangue,
dei suoi bravacci, e del "Colibrì".

È scomparsa la periferia
insieme alla sua legge:
la sua storia è forse
la croce del pugnale.
È scomparsa la periferia
che parlava d'amore
e quel battere di tacchi
si è pure perduto.

Chi non ha sentito
l'emozione del battere di tacchi e l'ardore
che provoca il bandoneón quando piange?
Tango, stregone di periferia, triste suono
che si agita nel messale di un desiderio
e nella lirica passione del facinoroso.
Note che mordono la carne
col loro motivo sensuale
versando la passione
che portiamo dentro
nel profondo del cuore.

Tal vez será su voz

Homero Manzi
Lucio Demare
1943

Sueña un piano, la luz está sobrando,
se hace noche en la pista y sin querer
las sombras se arrinconan,
evocando a Griseta, a Malena,
a María Ester.

Las sombras que a la pista trajo
el tango
me obligan a evocarla a mí también.
Bailemos, que me duele estar soñando
con el brillo de su traje de satin.

¿Quién pena en el violín?
¿Qué voz sentimental
cansada de sufrir
se ha puesto a sollozar así?
Tal vez será su voz,
aquella que una vez
de pronto se apagó,
tal vez será mi alcohol, tal vez...
Su voz no puede ser,
su voz ya se durmió.
Tendrán que ser nomás
fantasmas del alcohol.

Como vos era pálida y lejana,
negro el pelo, los ojos verde gris.
Y era también su boca
entre la luz del alba una triste flor
de carmín.

Un día no llegó, quedé esperando,
y luego me contaron su final.
Por eso con la sombra de los tangos
la recuerdo vanamente más y más.

Sarà forse la sua voce

Sogna un piano, la luce è di troppo,
si fa notte nella pista e senza volere
le ombre si appartano,
per evocare Griseta, Malena,
Maria Ester.

Le ombre che il tango ha trascinato
sulla pista
costringono anche me a evocarla.
Balliamo, che mi fa male sognare
il luccichìo del suo vestito di satin.

Chi soffre nel violino?
Quale voce sentimentale
stanca di penare
si è messa a singhiozzare così?
Sarà forse la sua voce,
quella che una volta
si spense all'improvviso,
sarà forse l'alcol, forse...
La sua voce non può essere,
la sua voce ormai dorme.
Dovranno essere semplicemente
i miei fantasmi dell'alcol.

Come te era pallida e lontana,
capelli neri, gli occhi grigioverdi.
E pure la sua bocca
alla luce dell'alba, era un triste fiore
di carminio.

Un giorno non tornò, rimasi ad aspettare,
e dopo mi raccontarono la sua fine.
Perciò con l'ombra dei tanghi
la ricordo vanamente sempre più.

Tiempos viejos

Manuel Romero
Francisco Canaro
Editorial Musical Piróvano, 1925

¿Te acordás, hermano, qué tiempos
aquellos?
Eran otros hombres, más hombres,
los nuestros,
no se conocía cocó ni morfina,
los muchachos de antes no usaban
gomina.
¿Te acordás, hermano?
¡Qué tiempos aquellos!
Veinticinco abriles que no
volverán,
veinticinco abriles, volver a tenerlos...
¡Si cuando me acuerdo me pongo a llorar!

¿Dónde están los muchachos de entonces?
Barra antigua de ayer, ¿dónde están?
Yo y vos sólo quedamos, hermano,
yo y vos sólo para recordar.
Te acordás las mujeres aquellas,
minas fieles de gran corazón
que en los bailes de Laura peleaban
cada cual defendiendo su amor.

¿Te acordás, hermano, la rubia Mireya,
que quité en lo de Hansen
al loco Cepeda?
Casi me suicido una noche por ella
y hoy es una pobre mendiga harapienta.
¿Te acordás, hermano, lo linda que era?
¡Se formaba rueda pa' verla bailar!
Cuando por la calle la veo
tan vieja,
doy vuelta la cara y me pongo a llorar.

Vecchi tempi

Ricordi, fratello, quei
tempi?
Erano altri uomini, più uomini,
quelli nostri;
non si conosceva la coca né la morfina,
i ragazzi di allora non usavano
la gomina.
Ricordi, fratello,
che tempi!
Venticinque primavere che non
torneranno,
venticinque primavere, magari riaverle!
Quando ci penso mi metto a piangere...

Dove sono i ragazzi di allora?
Vecchia combriccola di ieri, dove sarà?
Io e te soli restiamo, fratello,
io e te soli, per ricordare.
Ricordi quelle donne?
Femmine fedeli dal cuore generoso
che nei balli di Laura litigavano
ciascuna per difendere il proprio amore.

Ricordi, fratello, la bionda Mireya
che nel locale di Hansen portai
via a Cepeda il pazzo?
Quasi mi suicido una notte per lei,
e oggi è una povera mendica cenciosa.
Ricordi, fratello, come era bella?
Si faceva cerchio per vederla ballare;
e oggi quando la vedo per strada
così vecchia,
volto la faccia e piango.

Tinta roja
Cátulo Castillo
Sebastián Piana
COMAR, 1941

Paredón,
tinta roja en el gris del ayer.
Tu emoción
de ladrillo feliz
sobre mi callejón
con un borrón
pintó la esquina.
Y al botón
que en el ancho de la noche,
puso el filo de la ronda como
un broche.

Y aquel buzón carmín
y aquel fondín
donde lloraba el tano
su rubio amor lejano
que mojaba con bon vin.

¿Dónde estará mi arrabal?
¿Quién se robó mi niñez?
¿En qué rincón, luna mía,
volcás como entonces
tu clara alegría?
Veredas que yo pisé,
malevos que ya no son,
bajo tu cielo de raso
trasnocha un pedazo
de mi corazón.

Paredón,
tinta roja en el gris del ayer,
borbotón
de mi sangre infeliz
que vertí en el malvón
de aquel balcón
que la escondía.
Yo no sé
si fue el negro de mis penas
o fue el rojo de tus venas
mi sangría.

¿Por qué llegó y se fue
tras del carmín
y el gris fondín lejano,
donde lloraba un tano
sus nostalgias de bon vin?

Inchiostro rosso

Muraglione,
inchiostro rosso nel grigio di ieri.
La tua emozione
di mattone felice
sul mio vicolo
come una macchia
ha dipinto l'angolo.
E il vigile
che lungo la notte
ha messo la lama della ronda come
una spilla.

E la cassetta delle lettere color carminio
e il bar
dove piangeva l'italiano
il suo biondo amore lontano
bagnandolo con buon vino.

Dove sarà la mia periferia?
Chi ha rubato la mia infanzia?
In quale cantone, luna mia,
spargi come allora
la tua chiara allegria?
Marciapiedi dove ho camminato,
guappi che non esistono più,
sotto il tuo cielo di raso
è rimasto a fare nottata
un pezzo del mio cuore.

Muraglione,
inchiostro rosso nel grigio di ieri,
fiotto
del sangue infelice
che ho versato dentro il geranio
di quel balcone
che la nascondeva.
Io non so
se era il nero delle mie pene
o il rosso delle tue vene
il mio salasso.

Perché è venuta e se ne è andata
dietro il carminio
e il grigio del bar lontano
dove piangeva un italiano
la sua nostalgia di buon vino?

Toda mi vida

José María Contursi
Aníbal Troilo
Editorial Julio Korn 1940

Hoy, después de tanto tiempo
de no verte, de no hablarte,
ya cansado de buscarte
siempre, siempre.
Siento que me voy muriendo
por tu olvido lentamente
y en el frío de mi frente
tus besos no dejarás.

Sé que mucho me has querido,
tanto, tanto como yo,
pero en cambio yo he sufrido
mucho, mucho más que vos.
No sé porqué te perdí,
tampoco sé cuando fue,
pero a tu lado dejé
toda mi vida.
Y hoy que estás lejos de mí
y has conseguido olvidar,
soy un pasaje de tu vida,
¡nada más!

Es tan poco lo que falta
para irme con la muerte,
y mis ojos no han de verte
nunca, nunca.
Y si un día por mi culpa
una lágrima vertiste
porque tanto me quisiste
sé que me perdonarás.

Tutta la mia vita

Oggi, dopo tanto tempo
senza vederti, senza parlarti,
stanco ormai di cercarti
sempre, sempre.
Sento che sto morendo
per il tuo oblio lentamente
e sul freddo della mia fronte
i tuoi baci non ci saranno.

So che mi hai amato molto,
tanto, tanto quanto me,
e che invece io ho sofferto
molto, molto più di te.
Perché ti ho perduta, non so,
nemmeno so quando avvenne,
ma accanto a te ho lasciato
tutta la mia vita.
E oggi che ti trovi lontano
e sei riuscita a dimenticare
io sono un episodio della tua vita,
niente più!

Mi manca così poco
per andarmene con la morte.
I miei occhi non ti vedranno
mai, mai.
E se un giorno per colpa mía
hai versato una lacrima,
per quanto mi hai amato
so che mi perdonerai.

Tomo y obligo

Manuel Romero
Carlos Gardel
1928

Tomo y obligo, mándese un trago
que hoy necesito el recuerdo matar,
sin un amigo, lejos del pago,
quiero en su pecho mi pena
volcar.
Beba conmigo, y si se empaña
de vez en cuando mi voz al cantar:
no es que llore porque me
engaña:
yo sé que un hombre no debe llorar.

Si los pastos conversaran, esa pampa le
diría
de qué modo la quería, con qué fiebre
la adoré.
Cuántas veces, de rodillas, tembloroso yo
me he hincado
bajo el árbol deshojado donde un día
la besé,
y hoy al verla envilecida a otros brazos
entregada,
fue pa' mí una puñalada y de celos
me cegué,
y le juro, todavía no consigo
convencerme
cómo pude contenerme y ahí nomás
no la maté.

Tomo y obligo, mándese un trago,
de las mujeres mejor no hay que hablar;
todas, amigo, dan muy mal pago
y hoy mi experiencia lo puede afirmar.
Siga un consejo, no se enamore,
y si una vuelta le toca
hocicar,
fuerza canejo, sufra y no llore,
que un hombre macho no debe llorar.

Bevo e offro da bere

Bevo e offro da bere, qui il bicchiere
che ho bisogno di uccidere il ricordo,
senza un amico, lontano da casa,
voglio versare la mia pena sul petto
di qualcuno.
Beva con me, e se si appannasse
qualche volta la mia voce cantando,
non vuol dire che piango perché lei mi
ha tradito:
so bene che un uomo non deve piangere.

Se l'erba parlasse, questa terra
racconterebbe
come l'amavo, con quale forza
l'ho adorata.
Quante volte, tremante, mi sono
inginocchiato
ai piedi dell'albero brullo dove
la baciai,
ma oggi, vederla invilita, abbracciata
a un altro,
è stata come una pugnalata, divenni cieco
dalla gelosia
e lo giuro, ancora non riesco
a convincermi
come mai mi sono fermato e non l'ho
uccisa subito.

Bevo e offro da bere, qui il bicchiere;
di donne, meglio non parlare:
tutte, amico, ripagano male
e oggi per esperienza posso affermarlo.
Segua il mio consiglio, non si innamori,
e se un giorno le capita di sbattere
il muso,
forza, diamine, soffra e non pianga,
ché l'uomo maschio non deve piangere.

Trenzas

Homero Expósito
Armando Pontier
Edizione 1944

Trenzas, seda dulce de tus trenzas,
luna en sombra de tu piel
y de tu ausencia.
Trenzas que me ataron
en el yugo de tu amor,
yugo casi blando de tu risa
y de tu voz.
Fina caridad de mi rutina
me encontré tu corazón
en una esquina.
Trenzas del color del mate amargo
que endulzaron mi letargo gris.

¿Adónde fue tu amor de flor
silvestre?
¿Adónde, adónde fue después de
amarte?
Tal vez mi corazón tenía que perderte
y así mi soledad se agranda
por buscarte.
Y estoy llorando así, cansado de llorar,
trenzado a tu vivir
con trenzas de ansiedad, sin ti.
¿Por qué tendré que amar y al fin partir?

Pena, vieja angustia de mi pena,
frase trunca de tu voz
que me encadena.
Pena que me llena
de palabras sin rencor,
llama que te llama con la llama
del amor.
Trenzas, seda dulce de tus trenzas,
luna en sombra de tu piel
y de tu ausencia.
Trenzas, nudo atroz de cuero crudo
que me ataron a tu mudo adiós.

Trecce

Trecce, dolce seta delle tue trecce,
luna d'ombra della tua pelle
e della tua assenza.
Trecce che mi hanno legato
al giogo del tuo amore,
giogo quasi morbido del tuo riso
e della tua voce.
Carità fine della mia routine
mi fece trovare il tuo cuore
in un angolo di strada.
Trecce del colore del mate amaro
che resero dolce il mio letargo grigio.

Dov'è finito il tuo amore di fiore
silvestro?
Dove, dov'è andato dopo che ti ho
amata?
Forse il mio cuore doveva perderti
e così la mia solitudine si ingigantisce
cercandoti.
E piango così, stanco di piangere,
intrecciato alla tua vita,
con trecce di ansia, senza di te.
Perché dovrò amare e infine partire?

Pena, vecchia angoscia della mia pena,
frase tronca della tua voce
che mi incatena.
Pena che si fa piena
di parole senza rancore,
fiamma che ti chiama con la fiamma
dell'amore.
Trecce, dolce seta delle tue trecce,
luna d'ombra della tua pelle
e della tua assenza.
Trecce, nodo atroce di duro cuoio
che mi hanno legato al tuo muto addio.

Tristeza de la calle Corrientes

Homero Expósito
Domingo S. Federico
1942

Calle como valle
de monedas para el pan,
río sin desvío
donde sufre la ciudad.
Qué triste palidez tienen tus luces,
tus letreros sueñan cruces,
tus afiches, carcajadas de cartón
Risa que precisa
la confianza del alcohol,
llantos hechos canto
pa' vendernos un amor.
Mercado de las tristes alegrías,
cambalache de caricias
donde cuelga la ilusión.

Triste, sí, por ser nuestra.
Triste, sí, porque sueñas.
Tu alegría es tristeza
y el dolor de la espera te atraviesa,
y con pálida luz vivís llorando
tus tristezas.
Triste, sí, por tu cruz.

Vagos con halagos
de bohemia mundanal,
pobres sin más cobres
que el anhelo de triunfar,
ablandan el camino de la espera
con la sangre toda llena
de cortados, en la mesa de algún bar.

Calle como valle
de monedas para el pan,
río sin desvío
donde sufre la ciudad.
Los hombres te vendieron como
a Cristo,
y el puñal del obelisco
te desangra sin cesar.

Tristezza della strada Corrientes

Strada come vallata
di monete per il pane,
fiume senza svolta
dove soffre la città.
Che triste pallore hanno le tue luci,
le tue insegne sognano croci,
i tuoi manifesti, ghigni di cartapesta.
Il riso ha bisogno
di affidarsi all'alcol,
i pianti si fanno canto
per venderci un amore.
Mercato delle tristi gioie,
robivecchi di carezze
dove è appesa l'illusione.

Triste, sì, perché sei nostra.
Triste, sì, perché sogni.
La tua allegria è tristezza
e il dolore dell'attesa ti trafigge,
e con pallida luce piangi sempre
la tua tristezza.
Triste, sì, per la tua croce.

Fannulloni osannati
come artisti del gran mondo,
poveri senz'altro spicciolo
che la brama di riuscire,
addolciscono il cammino dell'attesa
riempiendosi il sangue
di cappuccini, al tavolo dei bar.

Strada come vallata
di monete per il pane,
fiume senza svolta
dove soffre la città.
Gli uomini ti hanno venduta come
Cristo,
e il pugnale dell'obelisco
ti dissangua senza tregua.

Uno

Enrique Santos Discépolo
Mariano Mores
1941

Uno busca lleno de esperanzas
el camino que los sueños
prometieron a sus ansias.
Sabe que la lucha es cruel y es mucha,
pero lucha y se desangra
por la fe que lo empecina.
Uno va arrastrándose entre espinas
y en su afán de dar su amor
sufre y se destroza hasta entender
que uno se ha quedao sin corazón:
precio de castigo que uno entrega
por un beso que no llega
o un amor que lo engañó,
vacío ya de amar y de llorar
tanta traición.

Si yo tuviera el corazón,
el corazón que di...
Si yo pudiera como ayer
querer sin presentir,
es posible que a tus ojos
que me gritan su cariño
los cerrara con mis besos,
sin pensar que eran como ésos,
otros ojos, los perversos,
los que hundieron mi vivir.
Si yo tuviera el corazón,
el mismo que perdí...
Si olvidara a la que ayer
lo destrozó y pudiera amarte,
me abrazaría a tu ilusión
para llorar tu amor.

Pero Dios te trajo a mi destino
sin pensar que ya es muy tarde
y no sabré cómo quererte.
Déjame que llore como aquel
que sufre en vida la tortura
de llorar su propia muerte.
Pura como sos, habrías salvado
mi esperanza con tu amor.
Uno está tan solo en su dolor,
uno está tan ciego en su penar,
pero un frío cruel que es peor que
el odio,
punto muerto de las almas,
tumba horrenda de mi amor,
maldijo para siempre y me robó
toda ilusión.

Uno

Uno cerca pieno di speranze
la strada che i sogni
hanno promesso alle sue brame.
Sa che la lotta è crudele
e grande, ma lotta e si svena
per la fede che lo intestardisce.
Uno si trascina fra le spine
e nel desiderio di dare l'amore
soffre e si distrugge fino a capire
che è rimasto senza cuore:
prezzo del castigo che uno offre
per un bacio che non arriva
o un amore che l'ha ingannato,
ormai vuoto a furia di amare e piangere
tanto tradimento.

Se avessi il cuore,
il cuore che ho dato...
Se potessi come ieri
amare senza prevedere,
è possibile che i tuoi occhi
eloquenti di affetto
li avrei chiusi coi miei baci,
senza pensare che erano uguali
a quegli altri occhi, perversi,
che hanno affondato la mia vita.
Se avessi il cuore,
il cuore che ho perduto...
Se dimenticassi colei
che l'ha distrutto e potessi amarti,
mi aggrapperei alla tua illusione
per piangere il tuo amore.

Ma Dio ti ha messa nel mio destino
senza pensare che ormai è troppo tardi
e non saprò come amarti.
Lasciami che pianga come uno
che soffre in vita la tortura
di piangere la propria morte.
Pura come sei, avresti salvato
la mia speranza col tuo amore.
Uno è così solo nel suo dolore,
uno è così cieco nella sua fatica,
ma un freddo crudele che è peggio
dell'odio,
punto morto delle anime,
orrida tomba del mio amore,
ha maledetto per sempre e mi ha rubato
ogni illusione.

Ventanita de arrabal
Pascual Contursi
Antonio Scatasso
Editorial Musical Piróvano, 1927

En el barrio caferata
en un viejo conventillo
con los pisos de ladrillo,
minga de puerta cancel,
donde van los organitos
sus lamentos rezongando,
está la piba esperando
que pase el muchacho aquel.

Aquél que solito
entró al conventillo,
echado en los ojos
el funyi marrón;
botín enterizo,
el cuello con brillo,
pidió la guitarra
y para ella cantó.
Aquél que un domingo
bailaron un tango,
aquél que le dijo:
"Me muero por vos",
aquél que su almita
arrastró por el fango,
aquél que a la reja
más nunca volvió.

Ventanita del cotorro
donde sólo hay flores secas,
vos también abandonada
desde que él no se quedó.
La garúa del invierno,
el rocío de tus hojas
con el dolor de un suspiro
tu tronquito destrozó.

Finestrina di periferia

Nel rione malandrino
in un vecchio casermone
con pavimento di mattone,
senza cancello,
dove vanno gli organetti
a borbottare i loro lamenti,
c'è una ragazza che aspetta
che passi quel ragazzo là.

Quello che da solo
entrò nel casermone,
infilato fino agli occhi
il feltro marrone;
stivaletto tutto intero,
colletto inamidato,
chiese una chitarra
e per lei cantò.
Quello che una domenica
la invitò a ballare un tango,
quello che le disse:
"Io muoio per te",
e la piccola anima
trascinò per il fango,
quello che alla grata
non tornò mai più.

Finestrina della camera,
oggi hai solo fiori secchi,
anche tu sei stata abbandonata
da quando lui se ne andò.
La pioggerella dell'inverno,
la rugiada delle tue foglie
col dolore di un sospiro
il tuo stelo distrussero.

Volver

Alfredo Le Pera
Carlos Gardel
1935

Yo adivino el parpadeo
de las luces que a lo lejos
van marcando mi retorno.
Son las mismas que alumbraron
con sus pálidos reflejos
hondas horas de dolor.
Y aunque no quise el regreso,
siempre se vuelve al primer amor,
la vieja calle donde el eco dijo:
"Tuya es su vida, tuyo es su querer",
bajo el burlón mirar de las estrellas
que con indiferencia hoy me ven volver.

Volver
con la frente marchita:
las nieves del tiempo
platearon mi sien.
Sentir
que es un soplo la vida,
que veinte años no es nada,
que febril la mirada
errante en las sombras
te busca y te nombra.
Vivir
con el alma aferrada
a un dulce recuerdo
que lloro otra vez.

Tengo miedo del encuentro
con el pasado que vuelve
a enfrentarse con mi vida.
Tengo miedo de las noches
que pobladas de recuerdos
encadenan mi soñar.
Pero el viajero que huye
tarde o temprano detiene su andar.
Y aunque el olvido, que todo destruye,
haya matado mi vieja ilusión,
guardo escondida una esperanza humilde
que es toda la fortuna de mi corazón.

Tornare

Indovino lo scintillio
delle luci che da lontano
accompagnano il mio ritorno.
Sono le stesse che hanno illuminato
con pallidi riflessi
ore profonde di dolore.
E pur non volendo,
sempre si torna al primo amore,
alla vecchia strada dove l'eco disse:
"Tua è la sua vita, tuo il suo amore",
sotto lo sguardo beffardo delle stelle
che con indifferenza mi vedono tornare.

Tornare
con la fronte appassita:
le nevi del tempo
hanno argentato le mie tempie.
Sentire
che è un soffio la vita,
che vent'anni non è niente,
che febbrile lo sguardo
errante nelle ombre
ti cerca e ti chiama.
Vivere
con l'anima aggrappata
a un dolce ricordo
che piango ancora.

Ho paura dell'incontro
con il passato che torna
a mettersi davanti alla mia vita.
Ho paura delle notti
che popolate di ricordi
incatenano il mio sognare.
Ma il viandante che fugge
presto o tardi arresta il suo passo.
E anche se l'oblio, che tutto distrugge,
ha ucciso la mia vecchia illusione,
io serbo nascosta un'umile speranza
che è tutta la fortuna del mio cuore.

Volvió una noche

Alfredo Le Pera
Carlos Gardel
1934

Volvió una noche, no la esperaba,
había en su rostro tanta ansiedad
que tuve pena de recordarle
su felonía y su crueldad.
Me dijo, humilde: "Si me perdonas
el tiempo viejo otra vez vendrá.
La primavera es nuestra vida,
verás que todo nos sonreirá".

Mentira, mentira, yo quise decirle,
las horas que pasan ya no vuelven más
y así mi cariño al tuyo enlazado
es sólo un fantasma del viejo pasado
que ya no se puede resucitar.

Callé mi amargura y tuve piedad,
sus ojos azules muy grandes se abrieron,
mi pena inaudita pronto comprendieron
y con una mueca de mujer vencida
me dijo: "Es la vida", y no la vi más.

Volvió esa noche, nunca lo olvido,
con la mirada triste y sin luz
y tuve miedo de aquel espectro
que fue locura en mi juventud.
Se fue en silencio, sin
un reproche.
Busqué un espejo y me quise
mirar:
había en mi frente tantos inviernos
que también ella tuvo piedad.

Tornò una sera

Tornò una sera, non l'aspettavo,
nel suo viso c'era tanta ansietà
che non ebbi il coraggio di ricordarle
il suo tradimento e la sua crudeltà.
Mi disse, umile: "Se mi perdoni,
come ai vecchi tempi ogni cosa sarà.
La primavera è la nostra vita,
vedrai che tutto ci sorriderà".

Menzogne, menzogne, avrei voluto dirle,
le ore che passano non tornano più
e così il sentimento che ci legava
è solo un fantasma del vecchio passato
che ormai non può risuscitare.

Tacqui la mia amarezza, ebbi pietà,
lei, spalancando gli occhi azzurri,
comprese subito la mia pena inaudita
e con una smorfia di donna vinta
mi disse: "È la vita", e non la rividi più.

Tornò una sera, come dimenticarlo,
lo sguardo triste e senza luce,
ed ebbi paura di quello spettro
che era stata la follia della mia gioventù.
Se ne andò in silenzio, senza
un rimprovero.
Cercai uno specchio e mi ci volli
guardare:
sulla mia fronte c'erano tanti inverni
che anche lei deve aver provato pietà.

Vuelvo al sur

Fernando Ezequiel Solanas
Astor Piazzolla
1990

Vuelvo al Sur, como se vuelve
siempre al amor.
Vuelvo a vos, con mi deseo,
con mi temor.
Llevo el Sur
como un destino en el corazón.
Soy del Sur
como los aires del bandoneón.
Sueño el Sur, inmensa luna,
cielo al revés.
Busco el Sur,
el tiempo abierto y su después.
Quiero el Sur,
su buena gente, su dignidad.
Siento el Sur
como tu cuerpo en la intimidad.
Te quiero, Sur.
Te quiero.

Torno al sud

Torno al Sud, come si torna
sempre all'amore.
Torno a te, con desiderio,
con timore.
Porto il Sud
come un destino nel cuore.
Sono del Sud
come i suoni del bandoneón.
Sogno il Sud, immensa luna,
cielo capovolto.
Cerco il Sud,
il tempo aperto e il dopo.
Amo il Sud,
la sua brava gente, la dignità.
Sento il Sud
come il tuo corpo nell'intimità.
Ti amo, Sud.
Ti amo.

Y siempre igual

Luis Caruso
Arturo Gallucci
Ediciones Musicales Ramón Sopena, 1943

Y siempre igual, con sus luces mortecinas,
un cigarrillo y café para esperar,
ruido de dados, palabras con sordina
y una esperanza rodando en el billar.
Es siempre igual, todos los sueños
sentados,
sed de llegar, sed del que no
pudo ser.
Y siempre igual, el teléfono ocupado,
"Express! Marche un cortado!"
o "Mozo, ¿cuánto es?".

Espera que se acodó en la mesa
con triunfos que tardan en llegar.
Fracaso que pinta una cabeza
con canas, así no sueña más.
Pitada con pretensión de beso,
recuerdos con nombres de mujer.
Poetas, yo también hice un verso,
el verso que nunca les diré.

Vuelvo al café, ya no soy aquel
que era;
tal vez los años, cansancio o qué sé yo.
Vuelvo al café y en su mesa
de madera
no ha de emprender nuevos viajes mi
ilusión.
Y siempre igual: todos los sueños
sentados,
un nuevo autor que anda en busca
de laurel.
Y siempre igual: el teléfono ocupado,
"Express! Marche un cortado!"
y "Mozo, ¿cuánto es?".

E sempre uguale

E sempre uguale: le luci fioche,
una sigaretta, caffè mentre si aspetta,
rotolare di dadi, parole in sordina
e una speranza che scivola sul biliardo.
È sempre uguale, tutti i sogni
seduti,
brama di arrivare, brama di chi non ha
potuto essere.
E sempre uguale, il telefono occupato,
"Espresso! Presto un cappuccino!"
o "Cameriere, quanto è?".

Attesa che ha messo i gomiti sul tavolo,
trionfi che tardano ad arrivare.
Fallimento che segna una testa
dai capelli bianchi, così non sogna più.
Boccata di fumo con pretesa di bacio,
ricordi con nomi di donna.
Poeti, io pure ho scritto un verso,
il verso che non vi dirò mai.

Torno al caffè, non sono più quello
di prima;
forse gli anni, la stanchezza, che ne so.
Torno al caffè, ma sul legno
dei suoi tavoli
non mi illuderò di intraprendere nuovi
viaggi.
E sempre uguale: tutti i sogni
seduti,
un nuovo autore che va in cerca
di allori.
E sempre uguale: il telefono occupato,
"Espresso! Presto un cappuccino!"
e "Cameriere, quanto è?".

Yira yira

Enrique Santos Discépolo
Enrique Santos Discépolo
Editorial Julio Garzón, 1930

Cuando la suerte, que es grela,
fallando y fallando te largue parao,
cuando estés bien en la vía,
sin rumbo y desesperao.
Cuando no tengas ni fe,
ni yerba de ayer
secándose al sol,
cuando rajés los tamangos
en busca del mango que te haga morfar,
la indiferencia del mundo
que es sordo y que es mudo
recién sentirás.

Verás que todo es mentira,
verás que nada es amor
y al mundo nada le importa,
yira, yira.
Aunque te quiebre la vida,
aunque te muerda un dolor,
no esperés nunca una ayuda,
ni una mano, ni un favor.

Cuando estén secas las pilas
de todos los timbres que vos apretás
buscando un pecho fraterno
para morir abrazao.
Cuando te dejen tirao
después de cinchar,
lo mismo que a mí.
Cuando manyés que a tu lao
se prueban la ropa que vas a dejar,
te acordarás de este otario
que un día, cansado,
se puso a ladrar.

Gira gira

Quando la fortuna, che è femmina,
ti verrà meno e ti lascerà impalato,
quando sarai sul lastrico,
senza meta e disperato.
Quando non avrai fiducia,
né fondi vecchi di mate
asciugandosi al sole,
quando spaccherai le suole
in cerca del soldo che ti faccia mangiare,
l'indifferenza del mondo
che è sordo ed è muto
solo allora sentirai.

Vedrai che tutto è menzogna,
vedrai che niente è amore
e al mondo nulla importa,
gira, gira.
Quando ti spezzerà la vita,
quando ti morderà il dolore,
non aspettarti un aiuto,
né una mano, né un favore.

Quando si saranno seccate le batterie
di tutti i campanelli che premerai
cercando un petto fraterno
su cui morire abbracciato.
Quando ti lasceranno per terra
dopo che hai faticato
come è successo a me.
Quando capirai che accanto a te
la gente si prova i vestiti che lascerai,
ricorderai questo scemo
che un giorno, sfinito,
si è messo ad abbaiare.

Yuyo verde

Homero Expósito
Domingo Federico
EDAMI, 1944

Callejón, callejón
lejano, lejano;
íbamos perdidos de la mano
bajo un cielo de verano
soñando en vano.
Un farol, un portón,
igual que en un tango,
y los dos perdidos de la mano
bajo el cielo de verano que partió.

Déjame que llore crudamente
con el llanto viejo del adiós.
Adonde el callejón se pierde
brotó ese yuyo verde
del perdón.
Déjame que llore y te recuerde,
trenzas que me anudan al portón,
de tu país ya no se vuelve
ni con el yuyo verde
del perdón.

¿Dónde estás, dónde estás,
adónde te has ido?
¿Dónde están las plumas de mi nido,
la emoción de haber vivido
y aquel cariño?
Un farol, un portón,
igual que en un tango,
y ese llanto mío entre mis manos
y ese cielo de verano
que partió.

Erbaccia verde

Vicolo, vicolo
lontano, lontano,
noi perduti, presi per mano
sotto un cielo d'estate,
sognando invano.
un lampione, un portone,
proprio uguale a un tango,
e noi due perduti, presi per mano
sotto un cielo d'estate che se ne andò.

Lasciami piangere alacremente
col vecchio pianto dell'addio.
Laddove il vicolo si perde
è spuntata l'erbaccia verde
del perdono.
Lasciami piangere e ricordarti,
trecce che mi legano al portone,
dal tuo paese ormai non si torna
nemmeno con l'erbaccia verde
del perdono.

Dove sei, dove sei,
dove sei andata?
Dove sono le piume del mio nido,
l'emozione di aver vissuto
e quella tenerezza?
Un lampione, un portone,
proprio uguale a un tango,
e quel mio pianto fra le mani
e quel cielo d'estate
che se ne andò.

INDICE DEI NOMI

I brani inclusi in Incipit e in Letras compaiono sotto il nome dell'autore. In corsivo sono indicati i nomi nelle illustrazioni.

TANGO WEB

ITALIANI

www.faitango.it (FAI Tango, il sito più importante del tango "ballato" in Italia)

www.argentango.net (rivista "Argen Tango" diretta da Miguel Angel García)

http://digilander.libero.it/medialuna (Il tango di Cesena)

http://it.groups.yahoo.com/group/malena/ (Malen@, una delle più antiche e numerose comunità virtuali tanguère italiane)

www.sirenalatina.com (Sirena latina – Tangolao – Non solo bolero, di Meri Lao, con riferimenti personali e un indirizzario dei compositori e degli interpreti in Italia)

ARGENTINI

www.todotango.com.ar (di gran lunga il migliore, diretto da Ricardo García Blaya e l'Asociación Coleccionistas de Tango, con Julio Nudler)

www.tangocity.com (gli eventi dei media a Buenos Aires, produzioni Juan Fabbri)

http://ladytango.cjb.net (gestito da Liliana Tijman, documentatissima e simpatica)

http://lamerello.cjb.net (premiato dalla città di Buenos Aires, gestito dalla Tijman)

http://www.buenosairestango.com (della studiosa Lidia Ferrari)

http://www.clubdetango.com.ar (fondato da Oscar Himschoot)

ALTRI PAESI

http://www.piazzolla.org (sito neerlandese fra i migliori dedicati a Piazzolla)

http://members.ping.at/kdf-wien/tango/ (link geografici, libri, musica)

www.torito.nl (indicazioni su dove trovare il Tango in tutto il mondo)

http://argentina.informatik.uni-muenchen.de/tangos/index.html (specie per le Letras)

ALTRI SCRITTI DI MERI LAO SU TEMI AFFINI

Basta! Chants de témoignage et de révolte de l'Amérique Latine (François Maspero, Parigi, 1967); *Basta, Storia rivoluzionaria dell'America Latina attraverso la canzone* (Jaca Book Milano, 1970-1976); *¡Basta ! Canciones de testimonio y rebeldía de América Latina* (Ediciones Era, México, 1970)

Tempo di tango, La storia, lo sfondo sociale, i testi, i personaggi, la fortuna e il revival (Editrice Valentino Bompiani, Milano, 1975); *Tiempo de tango, La historia, el ambiente, los personajes, los textos, pasado y destino* (América Norildis Editores, Buenos Aires, 1977)

Trovatori dell'America Latina: Atahualpa Yupanqui, Violeta Parra, Daniel Viglietti, Chico Buarque de Hollanda, Silvio Rodríguez (Edizioni Borla, Roma, 1977)

Voglia di tango, SugarCo Edizioni, Milano, 1986

T come Tango, Un invito a muoversi al di là degli stereotipi, Melusina Editrice, Roma, 1996-1997 (vedasi in particolare la filmografia)

T come tango, Musica, parole, spartiti, scuole, Elleu Multimedia, Roma, 2001 (vedasi in particolare la filmografia)

Intervista "O tango é um museu de cera ou o que nos espera depois da moda da nostalgia?" di José Monserrat Filho, "Tribuna da Imprensa", Rio, 17 agosto 1974

Intervista "Da bambino ti guardaba da fuori, café di Buenos Aires", "El Diario", Montevideo, 21 agosto 1974

Intervista "Un atasco en el Puente de los Suspiros" di Luis Freire S., "La Prensa", Lima, 29 settembre 1974

Intervista "Io col tango ho chiuso" di Giulio Moschen, "Tribuna Letteraria", quotidiano parlamentare, Roma, 7 aprile 1975

"La letteratura latinoamericana e la sua problematica europea", Tavola rotonda dell'Istituto Italo-Latinoamericano di Roma / La Sorbonne Nouvelle Littérature Comparée di Parigi / Università di Roma, ottobre 1976

"I Tupamaros e la canzone", "Tempi Moderni", 26 ottobre 1971

Programma di sala per la tournée El Tango di Milva e Piazzolla, Ater / Bouffes du Nord di Parigi, aprile 1985

Rubrica "Il Tango della settimana" sul Supplemento umoristico "Tango" de "L'Unità" diretto da Sergio Staino, Roma, 8 marzo 1986-4 maggio 1987

"È morto Piazzolla, tanghista impertinente", "Giornale della Musica", Torino, 8 luglio 1992

"Symphonia", numero dedicato a Piazzolla, tesori musicali della Radio Svizzera Italiana, settembre 1992

Interventi nella guida Argentina Uruguay di Alfredo Luís Somoza, Club-Guide, Milano, 1996-2000

Intervento al Colloquio "El fenómeno tanguero y la literatura", Berlino 13-15 febbraio 1997, Vervuert Verlag, Frankfurt am Main, 2000

"Piazzolla, la musica che guarda al futuro", "Tango", il disco del mese, "La Repubblica", novembre 1997

Programma di sala per "María de Buenos Aires", operita in due parti e sedici quadri, musica di Astor Piazzolla, testo di Horacio Ferrer – Teatro Massimo di Palermo, Teatro di Verdura di Villa Castelnuovo 3, 4, 6 luglio 1999

Programma di sala per "A fuego lento" della coreografa Catherine Berbessou, Teatro Comunale di Ferrara, 2 marzo 2000

"Latinoamerica in salsa italiana", settimanale "La Rinascita", Roma, 15 settembre 2000

"Tango e Desaparecidos", in "Latinoamerica e tutti i Sud del mondo", Trimestrale n. 73, settembre-dicembre 2000

"Traduzione delle canzoni di lingua spagnola", *La Tradotta, Storie di canzoni amate e tradite*, Editrice Zona, 2003, atti del Convegno del Club Tenco "Tradutori & Tradittori", Sanremo, 24 ottobre 2002

Programma di sala per il Concerto straordinario di Juanjo Domínguez, Rassegna Nuove Carriere-CIDIM, Palermo, 6 novembre 2002

Poeti nella canzone latinoamericana al Convegno del Club Tenco "L'anima dei poeti. Quando la canzone incontra la letteratura", Sanremo, 24 ottobre 2003

Programma di sala per "Tango, vals, tango" della coreografa Ana María Stekelman, Teatro Massimo Bellini, Catania, 6 giugno 2004

L'articolo sul Tango pubblicato da "National Geographic" (Vol. 12 N. 6 dicembre 2003, pp. 104-105-106), dichiarato "di Meri Lao", è invece l'opera di un'altra persona

I GRANDI Tascabili Bompiani
Periodico quindicinale anno XVIII numero 826
Registr. Tribunale di Milano n. 133 del 2/4/1976
Direttore responsabile: Elisabetta Sgarbi
Finito di stampare nel mese di gennaio 2005 presso
Tip.le.co., Via S. Salotti 37
S. Bonico - Piacenza
Printed in Italy

ISBN 88-452-3282-4